したいけど、めんどくさい

日本のセックスレス現象を社会学する

パッハー・アリス
ALICE L. PACHER

晃洋書房

したいけど，めんどくさい
日本のセックスレス現象を社会学する

目　　次

第Ⅱ部　インタビューを通じたセックスレスの分析

第Ⅲ部　セクシュアリティの国際比較

はじめに

1　本書の問題関心と目的

　2000年代以降，特に2010年代にカップル（夫婦）間のセックスレス現象は一般的になった。1994年に精神科医の阿部輝夫は「特殊な事情が認められないにもかかわらず，カップルの合意した性交あるいはセクシュアル・コンタクトが1ヶ月以上なく，その後も長期にわたることが予想される場合」をセックスレスと定義付けた（阿部 2004）。現代日本社会においてカップル間のセックスレス化が進んでいる中，どのような要因がセックスレス化に影響を及ぼしているかについては，社会学を含め，学問的な研究はわずかしかなされていない。

　このような現象については学問領域よりも，著書，およびファッション雑誌，健康雑誌などに掲載される記事（メディア）などで雑多な意見が交わされている。その経緯を確認すると，90年代からセックスレスに関する記事が雑誌に登場し，2000年代からその記事数は増加の一途をたどり，小説，漫画，ドラマなどの領域でも取り上げられるようになった。「セックスレス小説」という分野が誕生するほどだ。だが，そこではセックスレスについて取り上げているものの，それを引き起こす複雑な諸要因には詳細に言及しておらず，セックスレスの構造が単純化されている。セックスレス現象は未だ詳細な分析がなされていないと言えるだろう。

　また，現代日本社会におけるセックスレス化は日本だけではなく，海外でも注目されている。そのため，① 日本ではセックスレス現象はどのように議論されているか，② 日本のセックスレス現象は日本以外の国ではどのように議論されているのかという2つの領域に分けて本書で紹介する。

　■ 日本でのセックスレス現象についての議論
　日本家族計画協会によると，2000年代から現在までに，夫婦（カップル）間のセックスレス（セックスや性的接触が月に1回未満）化が進んでいる。日本家族計画協会（2017）とJEX Japan Sex Survey（2020）によると，既婚者のセックスレス率は2001年に28%であったが，2016年に47.2%，そして2020年は51.9%まで

に増加している[1]（日本家族計画協会 2016「第 8 回男女の生活と意識に関する調査」；JEX Japan Sex Survey 2020）。

　セックスレス現象だけではなく，セックスレス化をもたらす性意識・性行動のトレンドも日本で注目されている。例えば，セックスをすることに関心がない既婚者の割合が，2004 年から 2016 年の間に 31.9％から 47.2％に増加した（日本家族計画協会 2016）。キスと性交渉経験を含めた性行動経験率の低下が若者層で見られる。中高年齢層の場合，夫婦間の（性的）コミュニケーションと身体的な触れ合いの減少と，婚外恋愛を許容する割合が増えていることも注目されている。

　人間の性意識・性行動が変化する要因としては社会環境が大きく，主に仕事の疲労，出産後の子育て中心になる家族形態，そしてセックスが面倒なことなどが指摘されている（第 8 回男女の生活と意識に関する調査）。このような説明だと，セックスレスとは，ある特定の条件を満たせば生じる「法則」のように考えられてしまう。だとすれば，同様の現象は他文化・社会でも起こりうると想定できる。例えば，仕事の疲れを例にすると，西欧でもグローバル化で労働の形態が変わり，働き方に可動性と柔軟性を期待する時代となっている。共働き，長時間労働と家庭と仕事の両立の困難は，西欧でも重要な話題となっている。だが，西欧では，仕事の疲れと長期にわたるカップル間のセックスレスの関係は日本ほど問題視されていない。また，西欧ではセックスレス現象よりも，性生活の満足度を向上させることも含むセクシュアル・ヘルス（セクシュアル・プレジャー，または性の健康とも呼ぶ）の議論が中心となっている。特に 2000 年以降からセックス・ポジティビティ［Sex positivity］の思想が主流となっている。西欧ではカップルのセックスレス現象が先述した要因から起きるという議論はほとんどされないため，より多くの要因を考慮してセックスレスの増加を説明する必要がある。

　日本の場合は，社会環境の変化によって，夫婦での性の位置付けが希薄化になったことからもセックスレス化が説明されている。従来の性生活は夫婦を結ぶ大切な絆だと考えられていたが，現代では夫婦関係に性生活は重要ではないと考える人々が増え，さらには女性は望まないセックスを拒否することができるようになったことでセックスレスが増加したと荒木は指摘する（荒木 2014：18）。

1）「第 8 回男女の生活と意識に関する調査」は，全国の 16 〜 49 歳の男女 3,000 人（未婚者含む）を対象とする調査である。その中，既婚者（655 人）の回答に限ってみると，47.2％（男性 47.3％，女性 47.1％）が「この 1 カ月間セックスをしなかった」と回答した。

■ 西欧でのセックスレス現象についての議論

　2000 年以降のセクシュアリティ研究において西欧と日本の研究に差が生じている。

　西欧のセクシュアリティ研究は 2000 年以降から性的快楽（セクシュアル・プレジャー）を含めるセクシュアル・ヘルス（性の健康）を中心とする研究が盛んである。例えば The World Health Organization（WHO）は次のようにセクシュアル・ヘルスを定義付ける。

> 性的存在に付随する身体的，情緒的，知的，社会的側面を統合したもので，人格やコミュニケーションや愛情を豊かにし高めるもの。（中略）このようにセクシュアル・ヘルスの概念は，人間のセクシュアリティについて積極的に取り組むことを意味する。またセクシュアル・ヘルスケアは，単に妊娠・出産や性感染症に関する相談とケアにとどまらず，人生と人間関係を豊かにするものであるべきである（WHO 2019）。

　人間存在にとってセクシュアリティは重要であるため，西欧では性的権利が求められる。西欧では，性的満足度がどのように増減するかの研究や，カップルがどのように性的快楽を得るかの研究があらゆる分野で行われている。また，世界性の健康学会（World Association for Sexual Health：WAS）では，セクシュアル・ヘルス，性的快楽の獲得などという話題が中心的に議論されている。

　以上で述べたように，欧米の中でも特に西欧では，個々人とカップル間のセクシュアル・プレジャー［Sexual pleasure］を含めたセクシュアル・ヘルスの議論があらゆる分野（性科学，医学，社会学，心理学，教育学，哲学など）で論じられている。社会は人間の性的な満足［Sexual satisfaction］を推進するため，さまざまな社会的サポートを提供している（各年齢層への性教育，セックスカウンセリング，専門書など）。だが，日本社会の公共領域ではカップル間のセクシュアル・プレジャーよりもセックスレス化についての議論だけが進み，カップルで両者が望ましいと考える性生活を作り上げる議論には至っていない[2]。

■ 本書の問題意識

　本書の問題意識として，次の 2 点を取り上げる。

　1 つ目の問題意識は現代日本社会におけるセックスレス現象はなぜ生じるのか。

2）ここでいう望ましい性生活というのは，カップル同士で性生活の必要性・不必要性の合意に至るまでのコミュニケーションを意味する。

4

　先に述べたように，セックスレス現象が生じる要因として社会環境が大きい。主に仕事の疲労，出産後の子育て中心になる家族形態，そしてセックスが面倒なことなどが指摘されている。だが，この枠組みで考察すると，社会構造といった外的観点からセックスレスの要因が説明される。この枠組みでは自分自身のセクシュアリティや，カップル間におけるセックスの意味といった内的要因が汲み取れない。外的観点のみではセクシュアリティの全体像が把握できず，セックスレス現象が正確に捉えられないのではないか。

　以上のような問題意識から，本書では先行研究を紹介する上で筆者が行ったインタビュー調査を踏まえながら，外的要素だけではなく，カップル関係および性関係という内的要素から分析する。内的観点の1つ目に女性のセクシュアリティが挙げられる。例えば，現代日本社会では女性の性意識の変化が議論されている。つまり，女性の社会的地位の上昇で望まない性行動において「ノー」と言えるようになったこともセックスレスの増加と関連付けられている。とはいえ，望まないセックスを断れるようになった女性がどのようなセックスを望んでいるのかは十分に議論されていない。そこで，2つ目の内的観点はカップル間のコミュニケーションについて考察する。先行研究によればパートナーとのセックスが楽しくなく，「気乗りしないセックス」を行う女性が依然として多いことも無視できない。そして，どのようなセクシュアリティを望むのかについては女性側だけではなく男性側についても議論されるべきであろう。もし，カップル関係で互いが望む性生活を構築できれば，カップル間のセックス（レス）で苦痛を感じる男女が減るだろう。そのためにはカップルがどのようなセックスを望む・望まないのかを互いに了解する必要がある。つまり，カップル間でのコミュニケーションを問い直す必要がある。そのため本書では，カップル同士で性生活の必要性・不必要性の合意に至るまでのコミュニケーションの困難性を分析する。

　以上2つの内的観点を明らかにするべく，本書ではインタビュー調査[3]を用いて，セックスレス現象の複雑な過程を提示し，どのような要因が男女の性生活に影響を及ぼすのかを考察する。そして，先行研究で示されていなかったセックスレスカップル（夫婦）にとってセックスはどのような意味・価値を持つのかを明らかにする。

　2つ目の問題意識は，セックスレス現象は日本特有な現象なのか，西欧社会で

[3]　日本人男女におけるインタビュー調査期間は2012年8月から2013年7月と，2017年4月から2019年4月であり，調査対象者は20代から40代の未婚・既婚の日本人男女に限定し，43人にインタビューを行った（第3章）。

もセックスレス現象が存在するのか。カップル間のセックスレス現象は西欧では
まだそれほど注目されていない。西欧のメディアでもセックスレス現象は日本特
有の現象として取り上げられているが，本当に日本特有の現象なのか，海外でも
存在するのか，メディアで取り上げられていないだけなのだろうか。この点につ
いて筆者は西欧でも，セックスレスという現象はあるものの，現象があっても議
論しにくい状況があると考える。では，なぜ西欧でセックスレスという現象は論
じにくいのか。本書では，まずドイツ語圏の男女関係の事例から，西欧のカップ
ル関係において，なぜセックスレスは議論しにくい現象となっているのかを考察
する。そこで，筆者が行ったドイツ語圏でのインタビュー調査[4]を紹介し，性に
ついての言説は日本とドイツ語圏で異なることを明らかにし，西欧社会では
「セックスレス」についての話題を取り上げる困難を紹介する。

　問題意識 1 と 2 の考察を通して，現代日本社会におけるセックスレス現象を含
めたカップル（夫婦）におけるセクシュアリティの再検討をする。そして，セク
シュアリティの意味や価値は文化や社会によって形成されることを明らかにする。

　以上の考察を踏まえて，本書では，セックスレス現象の定義における言及と，
セックスレス現象がもたらす新たなセクシュアリティの形態についての仮説を立
てて終わる。Foucault（2017），Bauer（2003）は，特定なセクシュアリティの形（セ
クシュアリティの現象）がなくなると，新しいセクシュアリティの形態が必ず生ま
れることを指摘する。本書ではセックスレスが生じる背景だけではなく，カップ
ル間のセックスレスを通じて新たなセクシュアリティが見られるのかも考察した
い。その際，大きく 2 つの方向性が見られることを提示したい。1 つ目は，セッ
クスレス化が増加する 2000 年以降，特に 2010 年には婚外恋愛が増加し許容度も
高くなっていることである。カップル（夫婦）内での性生活はカップル（夫婦）外
にシフトしていると考えられる。2 つ目は，セックスという行為は 2 人の身体が
密着して親密な空間を味わう行為ではなく，セックスは「自分だけのもの」に
なっていることも見受けられる。セックスという行為における「身体」への認識
が変化しており，「2 人のセックス」から「個人のセックス」にシフトしている
ことが考えられる。以上の 2 点について「おわりに」で考察する。

4）ドイツ語圏の男女におけるインタビュー調査は 2014 年 8 月から 2015 年の 8 月までで，
　対象者は 20 代から 30 代のドイツ語圏の未婚者男女 22 人である（第 5 章）。

■ 本研究の立場

　セックスレス現象については，従来は２つの角度から論じられてきた。１つ目は，セックスレスの問題化。つまり，セックスレスは病理であるという議論のことである。このような論じ方は主に 1994 年以降から見られる。当時，医学領域で「セックスレス」の定義が定着し，セックスを避ける男女が増えていることを問題視する議論が進んでいた。セックスレスが定義された直後よりは，少なくなっているものの，現在でもカップル間でセックスをしないのが問題だという見方が確認できる。

　２つ目は，夫婦（カップル）関係のセックスレスは長く付き合っていると「当然」に起こりうるという捉え方である。このような考えは主に 2000 ～ 2010 年代に目立っており，特にセックスレスに関連する雑誌記事に散見される。

　本書の目的は，日本社会におけるセックスレス現象はどのように生じるのか，そしてどのように語られてきたのかを再検討することである。そして，「セクシュアリティ」には多様な側面が含まれているため，１つの学問領域の視点からのみ見ることは不十分である。そのため，本研究では社会学と性科学的観点からセックスレス現象を取り上げる。セクシュアリティを理解するためには，多面的な考察をする必要がある。日本のセックスレス現象に関する日本と西欧の主な先行研究を検討し，筆者が実施したインタビュー調査を踏まえて，セックスレスに陥る背景について考察する。男女がどのような性意識を持ち，どのような性行動の経験を通じて，セックスレスになるかを検討することで，セックスレスに至る要因が浮き彫りになる。カップル間のセックスの意味（価値），そしてカップル間の性生活で生じている問題点を明らかにし，セックスレスの要因を多面的な角度から考察することが本書の課題である。

2　本書の構成

　以下に各章の概要を記し，本書の構成を示す。

　第Ⅰ部ではセックスレス現象における先行研究を紹介する。

　第１章では，社会学はどのような観点からセクシュアリティと向き合ってきたのかを整理する。

　西欧の社会学領域では男女関係，および性関係の独自の研究は存在するが，日本ではこのような研究領域はまだ乏しいことからセクシュアリティの全体性が捉えにくいことを提示する。続けて，本書の議論の前提であるセックスレス現象について，実態調査を踏まえて検討する。そして，セックスレス化をもたらす性意

識・性行動と実際にセックスレス化が進んでいるのかという論点を整理する。

　第2章では，セックスレス現象における先行研究を学術領域の観点から整理する。まず，阿部輝夫が定義付けた「セックスレス」の意味を説明し，その上で2010年から現在までセックスレス現象がどのような社会背景と関連付けて語られてきたのかを確認する。このように，セックスレス現象の学術諸領域での研究批判も含めて総覧した上で，本研究の意義を提示する。

　第Ⅱ部からは筆者が行ったインタビュー調査の結果を紹介する。

　第3章では20代から40代を中心に未婚者・既婚者のセックスレスが生じる要因をインタビュー結果から分析する。加えて，本章では20代から40代の男女本人が意識しているセックスレスの要因，セックスレスを生み出すカップル，そして性関係からセックスレスの実態を考察するために，セックスレスが生じる要因を年代別・男女別に詳しく分析する。

　第4章では，婚外恋愛の観点からセックスレス現象を取り上げる。2000年代にセックスレス現象が増えると同時に，配偶者以外の交際相手がいる男女が増加したことが先行研究で提示されている。婚外恋愛（不倫）を実際に経験する男女は，どのように夫婦間と夫婦外の性を分け，セックスをどのように認識しているかを検討する。

　第Ⅲ部では西欧的観点から日本のセックスレス現象を取り上げる。特にドイツ語圏を中心に考察する。

　第5章では，国際比較の観点から日本の性意識・性行動の特徴を簡単に整理し，西欧的観点から日本のセックスレス現象を取り上げる困難性を明らかにする。また，西欧でもセックスレス化が進んでいるのかどうかを取り上げる。そこで，ドイツ語圏を中心として，セックスレス現象が存在するのか，もし存在するのであれば，なぜ日本のように広く注目されないのかを，先行研究と筆者が行ったドイツ語圏におけるインタビュー調査を基にして考察する。

　補論では，セックスレスに関するマスメディアでの言説について考察する。そこで，雑誌記事でセックスレスの改善法がどのように紹介されているのかを整理し，雑誌の改善法を実践する困難性について考察する。

3　補　注

• 社会学領域での男女のセックスレス現象に関する研究は乏しい。一方，セックスレス現象はルポルタージュやファッション雑誌で記述されていることが多いため，本研究では，ルポルタージュも先行研究として利用する。亀山早苗，衿野未

矢などの雑誌記事やルポルタージュに報告されているセックスレスの事例はどのように論じられているのかを検討する。ルポルタージュは学術的な調査研究ではなく，①作者のバイアスがかかったり，②当事者が偏ったりすることから，ルポルタージュを先行研究として利用することは，客観性が不十分であるという批判も少なくない。だが，セックスレス現象については先行研究が乏しい中，セックスレスの実態を考察するためにルポルタージュは重要な研究材料となる。そして，セックスレス現象の言説を把握するため，このようなルポルタージュが十分説得力を与える。

・本書では性交渉がないカップル関係（セックスレス）がもたらす性意識・性行動の特徴を中心に論じるが，実際のところ，カップル間でセックスをしないことを問題視することはできない。交際相手とのセックスの有無によって，一律に良い・悪い，満足・不満ということはできないからだ。カップル間で定期的に性行為があったとしても何らかの不満を抱えている人たちもいる。本書では問題視や価値判断をするのではなく，「セックスレス」という現象から，カップル関係においてどのような特徴が見られるのか，そして，セックスレスで不満を抱えている場合，どのような背景があるのかを問いなおす[5]。

・筆者が行ったインタビュー調査を紹介する第3章では，1つの同性愛カップルにおけるセックスレスの事例が含まれているが，本書では男女間の性関係を中心的に論じる。2000年代から2019年までのセックスレスの言説は異性愛カップルに限定された議論が中心であり，偏りが生じているため，同性愛，両性愛などの性的ダイバーシティ[6]のセクシュアリティを十分考察することができなかった。また，社会学の領域では現在，クィア理論やセクシュアリティの多様性に関する研究が盛んになっている。だが，本書の問題関心はセックスレスが生じるジェンダー差は存在するのか（例えば，パートナーとの望まないセックスに応じることや，結婚後・出産後の意識にジェンダーの差はあるのか）についてである。また，異性愛同士以外のカップル関係では性的枠組みについての問題関心が異なる場合もある。そのため，本書の分析対象はまず異性愛のカップルに限定して「男女関係および性関

5）実際のところ，カップル間のセクシュアリティ全体に関して問う必要がある。セックスレス問題の現れはその1つである。

6）日本語では「性的ダイバーシティ」という用語の他に「性的マイノリティ」という用語もあるが，「マイノリティ」と呼称することで，あたかも少数であったり特殊であったりするようなイメージを助長しかねない。本書は，あくまでも，多様な性のあり方があることを示したいので「性的ダイバーシティ」という用語で統一する。

係」の実態を整理し，それを踏まえて今後，ヘテロセクシュアル以外の多様な関係性および性関係を深く考察したい。

本書で利用する概念についての説明
■ セックスレスの定義

阿部は，「特殊な事情が認められないにもかかわらず，カップルの合意した性交あるいはセクシュアル・コンタクトが1ヶ月以上なく，その後も長期にわたることが予想される場合」セックスレスと定義付けた。だが，阿部が定義付けた「セックスレス」と一般人の「セックスレス」の解釈が異なる場合もある。例えば，阿部は，セックス行為そのものと，セックス以外の場面での性的な触れ合いが欠如していることを「セックスレス」と呼ぶ。一方，ルポや筆者が行ったインタビュー調査では，日常の場面では「キス」や身体的触れ合い（例えば，肩を触る，抱きしめるなど）はあるが，カップル間で長期にわたってセックス行為はないことを当事者が「セックスレス」と解釈していることもある。もしくは，挿入はないが，定期的にオーラル・セックス，またはマスターベーションはある場合もある（衿野 2012；Pacher 2018）。

本書では長期間性交渉（半年以上）が行われていない場合という一般的に解釈される定義を利用する。そして，セックスレスは夫婦だけではなく，未婚のカップルにも起こりうるため，筆者も阿部のように「カップル」という言葉を使用する。

しかし，「夫婦」のセックスレスを強調したい場合，「夫婦」という言葉を用いることもある。そして，セックスレス・カップルの中には，カップル間では性行為がないが，コミットしているパートナー以外との性的な関係を持つ場合も含まれる（第4章）。本書の「おわりに」でセックスレス定義の再検討を行う。

第Ⅰ部

セックスレス現象における概要

第1章

セクシュアリティ研究

　本章では，社会学がどのような観点からセクシュアリティと向き合ってきたのかを整理する。まずは，カップル関係に関する社会学理論，そして筋書きと枠組み，性的アイデンティティ（自分自身のセクシュアリティ）理論を用いて説明する（第1節）。

　次に，研究の対象であるセックスレス現象について，実態調査を踏まえて検討する。そして，セックスレス化をもたらす性意識・性行動に関する先行研究を整理する（第2節）。

1 │ 社会学領域のセクシュアリティ研究

　これまで，日本でのセクシュアリティ研究は医学や歴史・人類学領域などで主に行われてきたが，社会学の側面からの研究はまだ少ない。そのため，海外の社会学研究も紹介する。これまでの研究では，セクシュアリティとは「自然」「本能」とみなすことから脱して，歴史と文化のコンテクストの中で構築されると考えられてきた。この立場からすれば，セクシュアリティとは何かという問いに一言で説明するのは困難である。セクシュアリティという概念は普遍的ではなく，多様な意味を持ち，矛盾することもある。そして，社会・文化・時代によってセクシュアリティの意味は異なる。本節では，社会学でのセクシュアリティ研究の特徴を簡単に整理し，第2節では本研究で扱う社会学思想を紹介する。

1.1　セクシュアリティの社会学理論とカップル関係

　社会学は性愛・セクシュアリティを「感情」として捉えるだけではなく，人間が作る関係性と性的な行為も合わせて扱う点が特徴である。そして，人間が性的な行動や性経験をすること，感じることは，先に述べたように「自然」や「本能」ではなく，個人や集団で形成されたものである。つまり，構築主義の理解がベースにある。そのため，セクシュアリティの社会的および個人的思想というの

は常に歴史的・文化的に変化する（Matthiesen 2007：54）。

　Sigusch（2002）によると，人間は生きていく中で，性的な感情や性的な行動を継続的な学びから形成する。それは，ある特定の文化で，「これは性的である」と定義されている経験を継続的に行い，性的な相互作用に意味を与え，実践を身につけることで形成される。構築主義の立場からセクシュアリティを考えると，性的な行動と経験はさまざまな方法で生活に結びつき，多様な機能（例えば精神的・社会的・感情的）を果たす（Sigusch 2002：12）。

　瀬地山（2017）は日本と中国のジェンダーやセクシュアリティの比較を行い，社会環境によって，性意識や性行動が異なるため，セクシュアリティは「本能」といった単純な概念で説明できるようなものではないと指摘している。セクシュアリティ，特に性欲に関しては次のように述べている。「性欲はしばしば飲食，睡眠欲と並んで，3大欲求の1つに挙げられる。それもあってか，多くの人が『性欲は本能だ』と勘違いし，そして『性欲があるから自慰をする』と勘違いしている。確かに性欲の存在自体は，種の保存のためにヒトにある程度は埋め込まれているものかも知れない。しかし，その性欲がどのような形で発現するかは，とても『本能』といった単純な概念で説明できるようなものではない」（瀬地山2017：227）。

　社会学ではセクシュアリティを文化的影響と社会構造の影響の2つから考察している。この2つの要素は時代によって変化する。セクシュアリティを生殖行動の意味として捉える人々は現代でも変わらずにいるが，そのように捉える人の割合も社会，文化や時代に依拠している（Lautmann 2002）。日本社会でのカップル関係および性関係の特徴も時代により変化している。

　2000年以降，特に2010年からセックスレス化が既婚者や未婚者に増加傾向にあると言われていることから，カップル間のセックスは必ずしも親密性を深めるのに必要な行為ではなく，「自然」な行為とも言えない。

1.2　セクシュアリティ理論と日本のカップル関係

　日本では「カップル間の性」の研究はまだ乏しい。西欧ではセクシュアリティを中心的テーマとする研究は「カップル社会学」や「家族社会学」[1]などといった社会学領域にあるが，日本で同様の領域の，カップルや家族の研究を見ると，

1）ドイツ語圏のカップル社会学者（Burkart 2018；Lenz 2009a；Lewandowski 2008）によると，カップル関係の性意識・性行動を中心的に扱う研究はまだあまり行われていないと述べられているが，それでも日本と比較をすると少なくはないと言えよう。

セクシュアリティではなく，母子関係，夫婦の役割分担などのジェンダー規範の研究が多い。加えて，日本の社会学では「恋愛」を考察する場合にもカップル間のセクシュアリティの実践に焦点を当てる研究が少なく，または捨象されてしまう。夫婦関係やカップル関係における量的調査でも，性生活の実態を把握する質問は僅かしか設けられておらず，性生活の実態は把握しにくい。

　一方，現時点では，社会学におけるジェンダー論では，女性の労働問題，リプロダクティブ・ライツ[2]やセクシュアル・ダイバーシティという領域は重要視され，そのための研究が多々なされているが，ジェンダー論でもセクシュアリティの実践を詳細に取り上げる研究は少ない。その点で，カップル間の性的な相互行為の実態は学術領域上あまり注目されていないものと推察できる[3]。加えて，男女関係の形態は社会とともに変化する。そして，性に対する感じ方，考え方の変化や性行動の変化なども夫婦（カップル）の関係に変化を及ぼしているものと認識する必要がある。そのため，社会学における社会と人間の相互作用の理解には，男女関係のセクシュアリティも重要な位置を占めている。とはいえ，日本の社会学におけるセクシュアリティ研究は進んでおらず，さらに性に関する研究対象として近年注目を集めているセックスレス現象を詳細に扱う研究は存在しない。そのため，体験記（ルポルタージュ），雑誌記事（体験記も含まれている）やインタビュー調査などが重要な研究上の手がかりとなる。本書はその点で今後のセックスレス研究の土台になることが期待できるものである。

1.3　セクシュアリティはどのように構築されるのか

　1.3では，社会学観点からセクシュアリティを取り上げる時に重要な理論を紹介する。それは，筋書きと枠組みの理論と，性的アイデンティティ（自分自身のセクシュアリティ）の理論である。

2）宇都宮京子（2009）『よくわかる社会学第2版』ミネルヴァ書房。

3）そして，セクシュアリティ社会学では，性風俗産業やアダルトビデオのようなカップル外の事象は注目されるが，カップルの事象と合わせた相互的な考察はされていない。

　このような現状を踏まえれば，公的領域と私的領域（親密性）は，分けられて議論されていると考えられる（平山 2015）。公私の領域を分けて研究や調査を進めると，セックスのようなプライベートな領域（カップル内）とセクシュアリティの商品化と多様性（カップル外）の「因果関係」は把握しにくく，その全体性を把握することには困難が伴う。

1.3.1　筋書きと枠組みについて

John H. Gagnon and William Simon（2005；orig. 1973）は枠組みの理論を踏まえて，カップル間の性行為には継続するパターンが作り出されると説明している。

　彼らによると，人間の性的欲求は生物学的な由来よりも社会や文化により構築されるものであるとされている（Gagnon & Simon 2005：16）。換言すれば，「性行動を含む全ての社会的行動は，社会的に筋書きされている」。また，性的規範は，社会によってだけではなく，社会の中での各制度によって筋書き［Script］や行動枠［Frame］が形成されたものであるという。筋書き［Script］とは，人はどこでどのように行動するべきか，ということである。筋書きは文化的に異なり，ジェンダーのステレオタイプや，行動期待が反映される。行動枠［Frame］（Gregory Bateson）[4]というのは，行動パターン，要するに，いつ，どこで，何をするのかまたは，ある状況でどのように行動するべきかを教えてくれるものである。また，文化的背景だけではなく，人間と人間との性的な相互作用で作られる枠組みもあれば，個人だけの枠組み（性的な願望，ファンタジー，経験の認識と体験）も存在する（Lenz 2009a：239）。

> The sequence of what ought to be done in a sexual act depends on the preexistence of a script that defines what is to be done with this or that person, in this or that circumstance, at this or that time, and what feelings and motives are appropriate to the event. (Gagnon 2004：136)

　行動枠は完全に固定されているのではなく，各々のライフステージや経験により変化する。そして，カップル関係の行動枠は 2 人で形成するものである[5]。「カップル」という共同体（ゲマインシャフト）になる際には，互いが新しい関係性に対して望みや不安などを含み持つ。このような要素は，例えば，過去の個人的な経験や観察による学習，または，他者やメディアといった第 3 者からの情報などに由来する（Lenz 2009a：225）。

　本書では，以上のような理論をベースにしながらカップル関係および性関係に

4）もともと Gregory Bateson に由来する「行動枠」の理論であるが，Erving Goffman（2000）がその理論をより詳細に発展させた（Lenz 2009a：83）。
5）Burkart（2018）はその形成過程を，関係を構築するための作業［Beziehungsarbeit］と呼ぶ。現代社会の状況では，何もせずに男女関係を形成することは期待できないと述べている。他の社会学者 Bodenmann（2010）も同様の意見だが「作業」ではなく「愛のケア」［Pflege der Liebe］と呼ぶ（Burkart 2018：119-120）。

おいてセックスをする・しないこと，特に婚外恋愛と夫婦間のセックスレスの関連性に着目し考察する。なお，後述する第 5 章においては，以上の理論を中心にして論を進めていく。

1.3.2　自分自身のセクシュアリティとアイデンティティ

　現代西欧社会では，人間はそれぞれ自分自身のセクシュアリティを持ち[6]（セックスの意味や，ファンタジー，好み，速さ，セックスの頻度など），それがパーソナリティ（アイデンティティ）の中心的要素であることが「事実」として捉えられている（Eder 2002 ; Lewandowski 2008）。

　つまり，セクシュアリティは人間のアイデンティティの大きな部分であるため（Eder 2015 : 12），人それぞれ自己の性意識・性行動を持ち[7]，それに対して再帰的に省察することが重要となる。単に自分自身のセクシュアリティを相手に押し付けるのではなく，男女関係を育んでいくなかで，特に性的快楽も含めての性意識をどのように充足していくか考えることも重要である。互いのセクシュアリティを発見する中で 2 人独自の性関係を作り上げ（Eder 2015 : 12），男女関係を育む中で性的に成長することが重要となっている（Sydow 2015 : 1 ; Schnarch 2011）。

　以上のことから，現代西欧社会では，セクシュアリティというのは人間の行動の中で，普遍的な意味を持っているのではなく，制度の中でそれぞれの意味が生まれてくる。

　現代西欧社会において，人は性的な実現を従来のように与えられた制度（例えば夫婦）の中で見つけるのではなく，自分で自分の願望を確かめてから，男女関係の中で性的願望を満たさなくてはいけなくなった。つまり，自分はどのような性意識を持っているのか，どのような好みがあるのかなどを考える必要がでてきた。セクシュアリティは自分自身の真実を発見する手段である（Benkel & Akalin 2010）。要するに，自己を認識するため，自己実現のため，自己のアイデンティティを見つけるための手段でもあると言われている。

　自己のセクシュアリティを構築するために重要な強い内面的土台は以下で構成される。「自己愛」「内面的な安定」「自己と他者の境界線を上手に取れる能力」「相手に願望を上手に伝えられる能力」「男女の性差についての基本知識と，自分

6）Clement（2005）は自分自身のセクシュアリティという言葉ではなく，「自己の性的なプロフィール」と定義付ける。つまり，男性も女性も自己の性的なプロフィールを持っていると述べている。

7）本書では自己の性意識・性行動を「自分自身のセクシュアリティ」と呼ぶ。

とパートナーの精神面・健康面も含めた知識」や，「人を愛することへの注意深さ」（Poschenrieder 2011：16）。

　以上，西欧中心の思想を紹介した。日本には固有の文化があるため，完全に西欧の思想を受け入れることは困難であり，受け入れる必要もない。また，「セクシュアリティ」は普遍的ではなく，時代・社会によって異なる価値観や思想があり，また強まったり弱まったりするにもかかわらず，以上に述べた西欧中心主義的な思想が世界中のセクシュアリティ研究でも中心となっているという批判も無視できない。

　しかし，セックスレスを経験する男女は自分自身のセクシュアリティに満足しているのだろうか。The World Health Organization（WHO 2019）が指摘するように，各々が快適で満足するセクシュアリティを体験することは大切であると筆者は考える。「セクシュアル・ヘルス」にまつわる課題は 2030 年までの持続可能な開発の 1 つのアジェンダでもある。また，現代日本社会では従来の性別役割分業を基盤とした「カップル関係」が成り立たなくなる中で，「自己のセクシュアリティ」や「カップル間のセクシュアリティ」について考える重要性が高まっているのではないだろうか。日本でセックスレスを経験する男女にはどのような性規範と性的な意味が内包されているのかを本書で分析する。

2 ｜ 現代日本の性意識・性行動の実態（2000 年〜 2019 年）

　前節ではセクシュアリティが社会や文化において形成されることを述べた。そのことを踏まえて，本節ではまず，セックスレス現象の実態を紹介する。続けて，セックスレスをもたらす性意識・性行動の実態調査も含めて整理し，2000 年から 2019 年までの性意識・性行動における現状を「高齢者と性」「若者の性」「全体調査」に分けて把握する。既婚者のセックスレス増加以前に，そもそも恋人との交際経験率や，性的欲望（イメージ，関心）の減少が見られる。性的な欲望の減少に関しては特に女性に見られ，性差も大きくなっている。

2.1　セックスレスの実態調査

　ここでは，「セックスレス」という問題が定義されて以降，セックスレスがどのように取り上げられるようになったのかを整理する。まず，実態調査からセックスレスは本当に増加傾向にあるかどうかを検討し，その後にセックスレスの要因と特徴を検討する。

2.1.1　セックスレスの増加

セックスレス現象は日本家族計画協会の調査によって増加が報告されている。しかし，可視化される 2001 年以前にもセックスレス現象は存在したと考えられるだろう。

例えば，『性──妻たちのメッセージ』（グループわいふ 1984）では，既婚者の妻に性生活の頻度を聞いている。その結果を見ると，20 代の 3.8％，30 代の 6.6％，そして 40 代の 11.8％は性交渉が 1 ヶ月に 1 回未満，つまりセックスレスであることが判明している。続いて，『日本人と性』（1984 年）では，この 1 ヶ月での性交回数を聞いた結果，（管理職と一般職に分かれて男女が調査されている）約 5 ％の夫婦がセックスレスであることが示されている。

1999 年の NHK「日本人の性行動・性意識」調査ではセックスレスの割合を指摘し，セックスレスと非セックスレスとに分けて性意識の相違点を考察している（NHK 2002）。この調査では，20 〜 40 代でのセックスレス割合は全体の 14.7％を示す。年代別に見ると 20 代で 4.1％，30 代で 19.3％，40 代で 15.9％である（NHK 2002：61）。

日本家族計画協会が発表した「第 8 回男女の生活と意識に関する調査」では，16 〜 49 歳の既婚者によるセックスレス割合を 2001 年から 2016 年まで紹介し，セックスレス率が増えていることが見られる。特に 2010 年で 40.8％に増え，2016 年には 47.2％までに達している。そして，日本家族計画協会の「男女の生活と意識に関する調査」の後には 2020 年に「第 4 回ジェクス・ジャパン・セックスサーベイ」が夫婦間のセックスレス割合が 51.9％までに増加したことを示す（図 1-1）。

これらのデータは，既婚者限定であるため，未婚者におけるカップル間のセックスレス割合が把握できない。また，男女の年齢や交際年数が明らかではないためこのような調査結果は曖昧である。つまり，日本では離婚率は少し増えているが，欧米ほどは多くない。そのため，カップル間で不満が生じても離婚せずに暮らし続けることもあるだろう。そうすると，セックスレスが生じても驚くことではない。また，長期間交際をすると性生活が変化することも考えられるため，以上に紹介したデータは偏っている可能性もある。

2.1.2　セックスレスになる要因

日本家族計画協会の調査とジェクス・ジャパン・セックスサーベイによると，2010 年から 2020 年の間，セックスレスに至る最も多い要因は回答率に少し上下

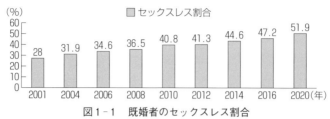

図 1‐1　既婚者のセックスレス割合

出所：「日本家族計画協会」ホームページ（2017）[8]，ジェクス・ジャパン・セックス
　　　サーベイ（2020）より著者作成[9]。

があるが，大きな変化が見られない（図 1‐2）。例えば，2010 年の調査結果を見
ると，セックスに対して積極的になれない理由は主に 3 点挙げられている。それ
は，「面倒くさい」[10]（男性 10.7％，女性 26.9％），「仕事で疲れている」（男性 19.7％，
女性 13.9％），「出産後なんとなく」（男性 18.9％，女性 22.1％）の 3 点である（この
質問は複数回答である）。

　2014 年[11]の調査結果を見ると，セックスレスが生じる要因となる「仕事の疲
れ」は男性の場合，19.7％（2010 年）から 21.3％（2014 年），そして女性も 13.9
％（2010 年）から 17.8％（2014 年）に増えていることが明らかである。「家族（肉親）
のように思えるから」という回答も男性の場合 3.3％（2010 年）から 10.1％（2014
年），女性は 4.8％（2010 年）から 5.4％（2014 年）と増えていることがわかる。ま
た，「無回答」と選択した女性率も 1.9％（2010 年）から 4.3％（2014 年）に増え
た（一方，男性は 1.6％から 1.1％に減った）。

8）社会実情データ図録「配偶者のセックスレスの割合」https://honkawa2.sakura.ne.
　jp/2265.html（2019 年 10 月 2 日閲覧）。
9）2001 年は朝日新聞インターネット調査「夫婦 1000 人に聞く」，2004 年から 2016 年の
　データは「男女の生活と意識に関する調査」による。2020 年のデータは「第 4 回ジェク
　ス・ジャパン・セックスサーベイ 2020」のデータである。
10）朝日新聞社 2001 年 6 月調査でも男女とも「面倒くさい」という回答が圧倒的に多い。次
　に男性の場合「仕事の疲れから」，女性の場合「セックスより趣味など楽しいことがある」
　と続く。朝日新聞 digital, https://www.asahi.com/articles/ASK2B4TCNK2BUTFK00B.html
　（2019 年 10 月 2 日）。
11）2014 年の調査結果には「出産後なんとなく」の他に「現在妊娠中，出産後すぐだから」
　という項目が設けられているが，この項目は 2010 年には設けられていなかった。一方，
　2010 年に掲載されていた「相手の一方的なセックスに不満がある」という項目は 2014 年
　には設けられていない。

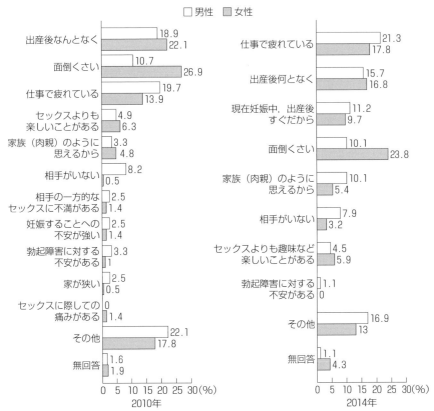

図 1 - 2　セックスレスの既婚者がセックスに対して積極的になれない理由

出所：「日本家族計画協会調査」12)（2010 年・2014 年）より著者作成。

　続いて 2016 年の調査結果では，さらに数字の変化が見られる。特に，「仕事で疲れている」と答える男性は 35.2％に増えた（女性は 17.4％でほぼ変わりはない）。「家族（肉親）のように思えるから」という項目も男性の場合 3.3％（2010 年）→ 10.1％（2014 年）→ 12.8％（2016 年）と増えている。女性の場合，特に「出産後なんとなく」が 20.1％で 2014 年以降からまた増えていることがわかる（男性 12.0％）。2020 年の調査結果でも，同様な理由がセックスレスになる原因となっ

12）社会実情データ図録「セックスレスの有配偶者がセックスに対して積極的になれない理由」（2014 年）https://honkawa2.sakura.ne.jp/2265.html（2019 年 10 月 2 日閲覧）

ている。

　以上のような結果から，特に 2010 年から 2014 年の調査結果を見ると「仕事で疲れている」と「家族（肉親）のように思える」というセックスレスの要因が男女ともに増えている。では，この調査結果からどのような疑問が生じるのか。2010 年，そして 2014 年の結果に注目したい。男性側がセックスを拒む理由として「仕事で疲れている」ことが多く挙げられているため，本来であれば，女性側がセックスレスの要因として「相手に拒否されている」からという項目を挙げることが予測できる。しかし，この調査に「相手に拒否されている」という選択肢がないため，「その他」「無回答」を選んでしまっていると考えられる。一方で，同調査では，女性が「面倒くさい」という選択率が高い。女性のセックスに対する「面倒くさい」という率が高いことから，男女の性的なズレが生じていることが予測できる。そのため，この調査では「拒否されている」割合が明らかとなっていないため，結果の偏りが生じている可能性がある。また，2014 年には「仕事の疲れ」は男性だけではなく，女性にも増えていることが明らかとなっている。その当時の社会背景として男女ともに仕事と家事を両立する家庭が増えていたことが挙げられる。

　共働きが増えるにつれて，性生活を充実させることが困難となった可能性も考えられる。例えば，長時間労働や仕事と家事の両立の困難，仕事を優先したいと考える人が増えたことなどが反映されていると言える。女性は特に仕事と家事や子育てで多忙であると思われる。この調査では，セックスレス要因が曖昧に定義され，明確な実態を把握することが難しい。例えば，ここで「出産後なんとなく」という選択肢に注目すると，出産後に夫婦間の関係が変化した結果，セックスレスになったのか，あるいは，出産前に関係性に変化があり，その延長線でセックスレスになったのかも読み取れない。

　出産の場合，不妊治療を受ける女性は少なくない。不妊治療を行う前後でも関係性に変化が生じることもある。出産と言ってもさまざまなセックスレスになる過程と要因があるため，この調査をベースにしてセックスレスの実態を詳細に把握するのは困難である。

　家族計画協会における量的調査では，既婚者に限定してセックスレスの実態を取り上げているため，未婚者のセックスレスの実態や割合が把握できていないことが 1 つの限界である。その他の限界としては，異性愛者中心の枠組みで分析しているため，同性愛者が排除された狭い枠組みからセックスレスの実態を捉えているのではないか。結局のところ，家族計画協会の行った調査はセックスレスが

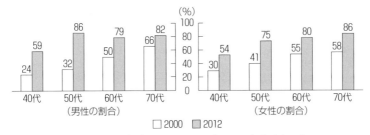

図1-3　配偶者とのセックス「この1年全くない」

出所：日本性科学会セクシュアリティ研究会「セックスレス時代の中高年性白書」（2016：28-29）より著者作成。

生じる対象を異性愛の既婚者に限定している。そのため，セックス（レス）は婚姻関係を結んだ異性愛者同士の間で生じるものという枠組みを再生産している。

2.2　中高年のセクシュアリティ

　本書では，中高年のセクシュアリティを中心に取り上げないが，カップル間のセックスレス化が増加傾向にあることを考察する際に重要な調査結果があるため，簡単に触れておきたい。日本性科学会セクシュアリティ研究会は中高年セクシュアリティ調査を2000年，2003年，2012年と3度にわたって実施し，40代から70代の男女の性意識・性行動に関するアンケート調査を行っている。それによると，2000年から2012年の間に，配偶者とのセックスが「この1年全くない」が40代から70代の男女の間で増えていることが明らかとなった（図1-3）。

　セックスレスが増えている背景として，夫婦での性の位置付けが希薄化したと説明されている（荒木 2014：18）。従来の性生活は夫婦を結ぶ大切な絆だと考えられていたが，現代では夫婦関係に性生活は重要と考えない人々が増え，特に女性は望まないセックスを拒否することができるようになったことからセックスレスが増加したと荒木が指摘している。日本性科学会セクシュアリティ研究会（2016）では，夫婦での性の位置付けの希薄化は2つの枠組みから捉えている。1つ目は夫婦内の性生活の変化。2つ目は，夫婦外の恋愛の増加である（第4章）。

　また，同調査では，性的な言語コミュニケーションをとる頻度が減っていることも見られる。自分の性的感情や欲求を「伝え合うことはない」というセックスレス男女の割合は40代〜60代で増えている（女性89％，男性92％）。さらに，セックスレス夫婦の場合では，そもそも性的なコミュニケーション以前に日常会話が少ないこともわかる（日本性科学会セクシュアリティ研究会2016：58-59）。そして，

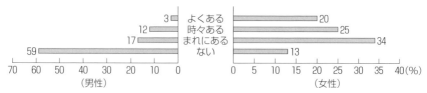

図 1‑4　気乗りしないセックスに応じる頻度

出所：日本性科学会セクシュアリティ研究会「セックスレス時代の中高年性白書」（2016：48）より著者作成。

　非言語的コミュニケーションにおいて，既婚者の中でもセックスレスであるかどうかによっても身体的な触れ合いの度合いが異なる。例えば，セックスレスである既婚者では，男女共最も多いのは「ほとんどない」で女性88％，男性86％。次には「肩もみ・マッサージ」で女性63％，男性74％。そして「手を繋ぐ」は女性58％，男性70％である。セックスレスではない（月1回以上性行為はある）男女の場合，身体的触れ合いは「ほとんどない」と回答する女性は12％，男性は14％。次には肩もみ・マッサージは女性37％，男性26％を示す。そして手を繋ぐと答える女性は42％，男性は30％である（日本性科学会セクシュアリティ研究会2016：58‑59）。

　夫婦間のセックスでの肉体的・精神的満足感については男女差が見られる。まず肉体的満足感を見てみると，全体的に男性の約8割が「いつも得られる」と「だいたい得られる」と示されている。一方，女性の場合は6割である。女性の方は「あまり得られない」と「得られない」は3割に上るが，男性の場合は同じ項目に対して1割を示す（日本性科学会セクシュアリティ研究会2016：37‑38）。他，「気乗りしないセックス」の率でも性差が見られる。

　「気乗りしないセックスに応じる頻度」（図1‑4）の項目については「時々ある」，「よくある」を含めると女性は45％，男性は15％を示す。そして，「応じることはない」については女性の13％と男性の59％で大きな差がある。どのような理由から気乗りしないセックスに応じるのか。理由としては女性の場合は「相手が喜ぶから」が47％で最も高く，「妻の役割だから」35％，「相手がかわいそうだから」は28％，そして「相手が不機嫌になる・怒るから」は18％と続く。一方，同様な回答では，男性の場合も，「相手が喜ぶから」は59％，「夫の役割だから」45％，「相手がかわいそうだから」13％，そして「相手が不機嫌になる・怒るから」は18％を示す（日本性科学会セクシュアリティ研究会2016：46‑50）。

　男性の場合，「ない」の数字が女性よりも高い。さまざまな解釈が可能となるが，1つの解釈として，女性からセックスを求められることが少ないことが考え

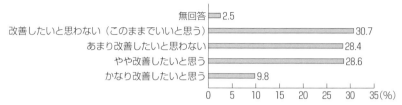

図1-5　セックスに対して積極的になれないことについて，改善したいと思いますか（n=521）

出所：2015年社会保障・人口問題基本調査の「結婚と出産に関する全国調査」（国立社会保障・人口問題研究所 2017）より著者作成。

られる。篠田（2004）の調査にも似た調査項目が存在する。そこでは，「ご主人からセックスを求められたとき，あなたはどうしていますか」という質問に対し（妻・N=1547，夫・N=1545），33％の女性は「必ず応じている」と答え，49％の女性は「時には拒むことがある」と答える。一方，妻にセックスを求められると36％の男性は「必ず応じている」，18％は「時には拒むこともある」，そして44％は「妻から求めることはない」と答える（篠田 2004：245-246）。

　セックスレス化が進み，また，性意識・性行動に男女差が存在する中，性生活を改善したいかどうかにおいて「やや改善したいと思う」と「かなり改善したいと思う」を合わせて38.4％である一方，「改善したいと思わない」と「あまり改善したいと思わない」は59.1％で高い数字を示している（国立社会保障・人口問題研究所の「結婚と出産に関する全国調査」（2017）（図1-5））。

　これらの調査結果を見ると，パートナー間における性的環境が希薄化している。セックスの言語的・非言語的コミュニケーションを育てる空間がなく，パートナーとの性交渉を望む割合も減少する一方，「精神的な愛情やいたわりのみ」が増加していることが明らかになっている（日本性科学会セクシュアリティ研究会 2014）。特に女性の場合，男性よりも気乗りしないセックスを行う率が多く，セックスという行為では満足感が得られにくい。そのため，性交渉がなくて満足という回答が高く見られる。

2.3　セックスレスをもたらす性意識・性行動

　以上，セックスレス現象を中心的に取り上げている実態調査を紹介した。しかし，既婚者のセックスレス現象を考察する以前，そもそもセックスへの消極化や性交経験のない未婚者の増加が見られる。そのため，セックスレスをもたらす性意識・性行動の実態調査を次に紹介する。

2.3.1　若年層の性意識・性行動の実態調査から

■ 性行動の経験率

　性行動経験は，2005 年以降から 2017 年にかけて男女とも低下していることが明らかとなっている。『「若者の性」白書――青少年の性行動全国調査報告』（日本性教育協会 2013；2019）では，中学生・高校生・大学生に分けて性意識・性行動の変化を提示している。中学生から大学生まで男女共に，キスと性交渉経験を含めた性行動経験率が 1987 年から増加し続けており，ピークは 2005 年である。その後は 2011 年から 2017 年にかけて低下している。大学生の「キス経験率」（図 1‐6）を見てみると，男子大学生の場合 2005 年に 73.7％でピークだが，2017 年は 59.1％と低下している。女子大学生の場合，キス経験率は 2005 年に 73.5％であるのに対して 2017 年は 54.3％と低下している。性交渉経験率（図 1‐7）においても大学生の男女において低下が見られる。男子大学生では 63.0％（2005 年）→ 47.0％（2017 年），そして，女子大学生では 62.2％（2005 年）→ 36.7％（2017 年）と下がっている。その低下率は高校生と大学生が最も際立っている。男女別でみると，女性の性交経験率の数字が男性よりも減少している。

　性交経験率が低下した原因として，性的欲望の縮小に基づくセックスへの否定的なイメージが広がったことが考えられる。

　『2014 年度　児童・生徒の性に関する調査報告』でも中学生から大学生の性交経験率は 2002 年から 2014 年の間に減少していると提示されている。その理由としては，若年者・未婚者のセックスが否定的に捉えられるようになったことが挙げられている。例えば，「あなたは，高校生が性交することについてどう思いますか」についての許容的見解は 2005 年以降から下がり，「しない方が良い」と「結婚まで不可」と考える男女が増えていることが次の引用で説明されている（日本性教育協会 2014：5, 50）。

> 　「許容的見解」については，2008 年調査では男女平均で 14.1 ポイント減少したが，今回【引用者注：2014 年のこと】はさらに 6.6 ポイント減少している。対照的に「否定的見解」は 2008 年調査では 2.6 ポイント増加し，今回はさらに 6.4 ポイント増加している。また，「考えたことがない」の回答が，2008 年調査では男女平均で 5.1 ポイント増加し，今回ではさらに 5.6 ポイント増加していることが指摘されている。

　加えて，許容的見解の内容を 2008 年と 2014 年の調査結果と比較すると，「愛情が深まれば可」，「お互いが納得すれば可」は男女とも減少している。

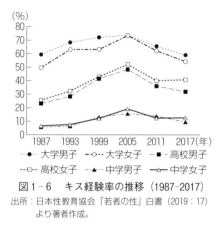

図 1 - 6　キス経験率の推移（1987-2017）
出所：日本性教育協会「若者の性」白書（2019：17）
より著者作成。

図 1 - 7　性交経験率の推移（1987-2017）
出所：日本性教育協会「若者の性」白書（2019：18）
より著者作成。

　興味深いのは，「避妊・感染症予防を心がけるなら可」と，セックスについて「考えたことがない」は，男女とも増加しているという点である。「楽しくない」というイメージの増加からも，セックスの否定的イメージが前景化していることがわかる。「青少年の性行動全国調査」でも同様の結果が見られ，1999 年以降から増えつづけ，2005 年からさらなる増加傾向にある。

　否定的イメージの増加はセックスに関心がないことにも繋がり，「ネガティブな方向への変化」が見られる（日本性教育協会 2013：49）。

　このような意識を持つ男女はセックスについて友達と会話しない傾向にある。性に関して友人と会話経験があるかないかによって，意識が大きく異なり，その差異は年々拡大する傾向がある。2005 年から性に関する会話経験がないという割合（大学生男女，高校生男女）が増えていると同時に，性のイメージとして「楽しくない」というのも増えている。友人とのコミュニケーションは性に対するリスク意識を低下させると考えられる。つまり，友人と「性の会話や相互の干渉を通じて共同的に性的関心を培養する」ことや「お互いの情報交換を通じてリスクに対する免疫（実践的ノウハウ）を獲得していく」ことで，性に対するリスク意識を低下させると推測できる（日本性教育協会 2013：58）。

　本節では性行動の変遷をもたらす背景を詳細に分析することはできなかったが，以上のデータから，2005 年以降からの男女の性行動の不活発化が明確になった。そして，「男女とも性的関心の経験年齢が遅くなるとともに，性やセックスに関する否定的イメージが拡大している」（日本性教育協会 2013：49）。特に女子大学生に顕著に現れている。性行動に関する各調査項目では女子大学生の性行動の不活

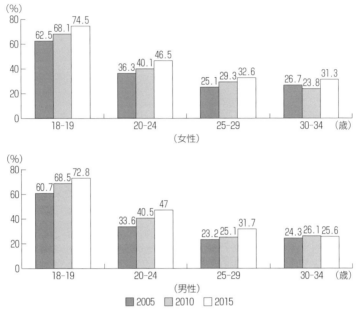

図 1 - 8　性交経験のない未婚者

出所:「2015 年社会保障・人口問題基本調査」13)（2015：14）より著者作成。

　発化が男性に比べて増加している傾向がある。また，性的関心を持ったことがない割合や性に対するイメージの悪化も男性よりも女性が高く，性差が拡大している。このような性差の拡大は両者のコミュニケーションを困難にする可能性もある。この結果を踏まえれば，現代日本社会で注目される「男性の草食化」という議論は偏っていると言える。男性よりも，女性の草食化の方が進んでいると考えるべきであろう。

2.3.2　性意識・性行動における全体調査から

　次に，若年層に限定せずに全体的な実態調査の結果から，現代日本社会ではどのような性行動の特徴が見られるのかを検証する。

　カップル間の性意識・性行動を考察する前に，そもそも未婚者のうち交際経験

---

13) 2015 年国立社会保障・人口問題基本調査『性交経験のない未婚者（男性）』http://www.ipss.go.jp/ps-doukou/e/doukou15/Nfs15R_summary_eng.pdf（2019 年 10 月 2 日閲覧）

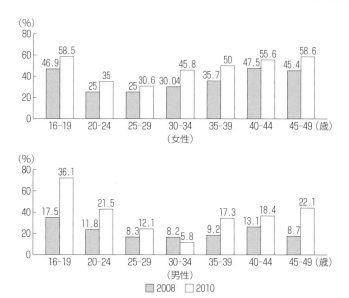

図1-9　セックスをすることに,「関心がない＋嫌悪している」割合
　　　　の推移

出所：日本家族計画協会（2016）「第8回男女の生活と意識に関する調査（2008,
　　　2010）」より著者作成。

のない者の割合が，2005年から2015年まで増えている（図1-8「2015年社会保
障・人口問題基本調査」）と同時に，交際経験の平均年齢も高くなっている（「第8回
男女の生活と意識に関する調査」日本家族計画協会 2016）。

　北村邦夫の『セックス嫌いな若者たち』では，セックスについての関心度の低
下が若者たちでも見られることを考察している。この現状については図1-9での
「セックスをすることに関心がない＋嫌悪している」という質問項目の割合を
見ると，2008年から2010年の間に男女とも「セックスに関心がない」が増えて
いる。北村によると，2008年と比べると，セックスに対して「関心がない」も
しくは「嫌悪している」の数字は17.5％から2倍強に増えている。20～24歳の
男性においても，「関心がない」もしくは「嫌悪している」人の割合は，2008年
の11.8％から2010年の21.5％へとほぼ倍増している（図1-9）。

　30～34歳の男性以外の項目をみると，「セックスに関心がない」男女が増え
ている。「セックスに関心がない」男女が増加していることは若者の性に関する
先行研究でも取り上げられている。しかし，セックスへの関心度を全体的にみる

と，セックスに「関心がある」と答えた男女の割合は，2010 年に 63.1%，そして 2017 年には 62.2% に減っている。たしかに，セックスに関心がある人のほうがない人よりも多い。しかし，近年セックスに関心がある人が減っていることにも注目したい。海外[14]でも日本男女，特に若者がセックスに積極的ではないことが話題となっている。そのため，これまで，その原因を探った研究がいくつかなされてきた。セックスに対する無関心，そして性交経験の低下をもたらす背景については例えば，労働環境（非正規雇用，パート，収入の低下）と関連して考察されることがある（国立社会保障・人口問題研究所 2017「出生動向基本調査」，Ghaznavi C. et al. 2019）。また，玄田と斎藤はセックスレスと収入の因果関係を分析した結果，年収が低い男女の方が年収の高い男女よりもセックスレス傾向が見られると指摘した（玄田・斎藤 2007）。

　これらを踏まえると問題とされるべき点は，全体的には，セックスについての関心は高いものの，セックスに無関心であると回答する割合は，次第に増えているということである。セックスについての関心度も高いが，セックスに無関心であると回答する割合が，特に 2008 年と 2010 年の結果を比較すると増えているということである。その中でも，若者層での無関心が倍増していることである（北村 2011）。

　しかし，セックスへの関心度を表すデータに対しての偏りを考慮しなければならない。つまり，2017 年のデータでは，セックスをすることに対する無関心度の率は減っていると同時に，無回答の率も増えていることも指摘する必要がある。そうすると，セックスの関心の有無は正確な数字で捉えることは困難である。また，セックスをすることに関心がない男女が増えていることが，性欲がないまたは性欲が減っていると捉える論も存在するが，セックスをすることに対しての無関心の原因は性欲がないことだけには限らない。また，このような因果関係は以上のようなデータからは見えてこない。量的調査から明確な数字を得ることは困難であるが，セックスをすることに対する無関心が 2000 年から増えている傾向は明らかとなっている。

　さらに，セックスをすることについての関心度は性交経験の有無とも関連している。2000 年以降からの未婚率の増加が見られる中，異性との付き合いを経験していない男女が増えれば，セックスに対しての未経験者も同様に増える。だが，

---

14) セックスについての関心が低下していることは例えば，"Why have young people in Japan stopped having sex ?"（The Guardian 2013），"Almost half of young Japanese women are not interested in Sex"（Businessinsider 2013）に掲載されている。

男女の生活と意識に関する調査では，性交経験がない未婚男性の方が，性交経験がある男性よりも性的な関心が低いことを指摘している。つまり，「関心がない，嫌悪している」が性交経験がある未婚男性だと23％であるが，性交経験がない場合は76.3％と示されている。

　これらのデータから見ると，セックスレス現象を含めて性意識・性行動は研究領域でも注目されてきている。そして，各年齢層の性における消極化が明らかとなっている。特に，若者層における性意識・性行動のいくつかの調査では，対象者の限定や無回答が存在するため，偏りも存在する。たが，性交経験率は2005年から2017年までに減少し，性に対するマイナスイメージが増えていることも明らかとなっている。

第 2 章

セックスレス現象における先行研究

　本章では，セックスレス現象における先行研究の整理をする。ここでは，2010年から現在までセックスレス現象がどのように語られてきたのかを社会学領域から検討する。だが，セックスレス現象は学問領域よりも公共領域で話題となっているのが現状であるため，本章では学術研究以外にもマスメディアなど公共領域での論点も含めて論じる。現代の日本では，マスメディアでカップル間のセックスレスの話題が広まっているにもかかわらず，いまだにセックスレス現象の要因や特質，そして現在どのように変化しているのかが，明確に把握されていないのが現実である。そこで，本章では「セックスレス」がこれまでどのように議論されてきたのかを整理し，そのうえで，セックスレスの研究の困難と制限を明確にすることを目的としたい。

1 ｜ セックスレスの定義

1.1　阿部によるセックスレスの定義

　周知のようにセックスレスが頻繁に論じられるようになったのは，1991（平成3）年に精神科医の阿部輝夫によって『日本性科学会』に「セックスレス・カップルと回避性人格障害——137 の症例から」という論文が投稿され，初めて「セックスレス・カップル」が問題提起されたためである。1980 年代後半から自らの精神科クリニック（アベメンタルクリニック）で，パートナーとの性関係を持てないという相談を持ち込む患者が増加し，特に性嫌悪症に悩む男性が増加した，と阿部は言う。

　阿部は 1994 年に「セックスレス」を「特殊な事情が認められないにもかかわらず，カップルの合意した性交あるいはセクシュアル・コンタクトが 1 ヶ月以上なく，その後も長期にわたることが予想される場合，セックスレス・カップルのカテゴリーに入る」（阿部 2004）と定義している。ここでいう「セクシュアル・コ

ンタクト」には，キス，ペッティング，裸でのベッドインなども含まれている。阿部のセックスレス・カップルの定義では，結婚形態の多様化を考慮して「夫」，「妻」，「性的パートナー」，「夫婦」ではなく「カップル」という言葉を使用している。しかし，阿部は「カップル」を結婚後に同居している「夫婦」に限定している。そして，阿部の定義で「一ヶ月」の期間的区切りに関して吉廣 (1994) は疑問を抱いている (1994：6)。しかし，阿部によると，「一ヶ月」を「三ヶ月」に延長したところで症例数に変化がなかったため「一ヶ月」と期間を設定している (石崎 2000：115)。これ以降，この定義はカップル間のセックスレスを説明する場合に多く利用されてきた。

　阿部が「セックスレス」について明確な定義を示したことによって，医学領域での研究が始まり，「セックスレス」という言葉は学問上でも，そして日常生活上でも使用されるようになったというのが定説であった。だが，英語圏では「セックスレス」［Sexless］という単語がこれ以前にすでに存在しており（吉廣 1994：4），さらには，日本でもすでに「セックスレス」や「セックスレス・カップル」，あるいは「夜が怖い症候群」「セックスなし」という言葉も使われていたことを指摘したい。

　日本で初のセックス・カウンセラーである奈良林 (1990) は「妻に指一本ふれようとしない夫たち」が「4，5年前（引用者注：ここでは 1985, 1986 年を意味する）からそれまでほとんどあらわれることもなかった"サワラナ族"，厳密な言い方をすれば"裸こわい族"とでもいうような，なんとも理解に苦しむ男たちが毎週のように突然現れるようになった」と述べている。性行為を持てない男性の相談が急に増えたが，なぜ増えたのか，その原因はわからない，と奈良林は指摘する (奈良林 1990：12)。

　雑誌『アエラ』が初めてセックスレス（セックスのない男女関係）を話題にしたのは 1992 年である。「気になる社会の変質——男と女のゆらぐ関係」という題でセックスレスについて次のように指摘している。

　　1992 年も半分が過ぎてしまったが，世間の不況を反映してか，今年は流行語や流行現象にもパッとしたものがない。それでも，目についたいくつかの言葉からは，「いま」という時代の断面が浮かびあがってくる。まず，「セックスレス」。「夫婦・恋人にセックスはいらない」という特集を組む雑誌まで現れて，セックスレス時代は今年前半の登場頻度が高い新語だった。（『アエラ』1992 年 7 月 14 日号）

続いて，1993 年の朝日新聞の記事「静愛，性のない関係　触れ合いなくなる夫婦　原因はさまざま」では，夫にさまざまな要因でセックスを拒まれることに悩んでいる妻について紹介している。そこでは，「男性の方は，仕事はできるが，日常のさまざまなコミュニケーションが苦手。一方女性は，従来の結婚観にとどまって夫に期待しすぎているタイプが多い」と記述されている。そして，「大事なのは，性交渉の有無ではなく，夫婦のコミュニケーションのあり方。夫婦が互いに個として向き合っていないことが問題なのでは。妻の方が土俵を用意しているのだから，夫は逃げないで相撲をとってみれば，問題が互いにわかり合えるのだが」と記述が続く（『朝日新聞』1993 年 6 月 17 日）。このような事例を見ても，セックスレス現象は阿部の指摘以前にもすでに問題化されていたことがわかる。

2 ｜ 社会学から見たセックスレス現象

1994 年にセックスレスという概念が定義されてから，まず社会学領域よりも精神科や産婦人科といった医学的な領域がセックスレスの現象と向き合った。日本では，男性の場合，性嫌悪症，性欲低下，そしてそれらから生じる勃起障害（Erectile disorder: ED）がセックスレスであるとして問題視されている。女性の場合，性嫌悪症，性欲低下（性的関心が低い，興奮が得られない），そしてそれらから生じる挿入障害（例えば性交渉の間に性交痛を感じる，ヴァギニズム）が，セックスレスとして問題視されている（日本性科学会セクシュアリティ研究会 2018）。

社会科学的な研究では，独自のセックスレス研究は存在せず，現代社会が生み出す性意識・性行動の変遷としてのセックスレス現象が取り上げられている。セックスレス現象についての実態を示すときには主に日本家族計画協会や，社会保障・人口問題研究所，日本性科学会の行った量的調査が使用されていることが多い。そして，学術論文データベース CINII では，セックスレスがキーワードとなる学術論文は数が少なく（2000 年から 2018 年では年 1〜2 本，多くて 3 本），限られた学者や領域からセックスレスの研究をしている。セックスレスに関わる論文は主に性科学の領域で投稿され，次には心理学の領域である。社会学の領域では少ない（2000 年と 2001 年に 1 本ずつ[1]）。セックスレス（そもそもカップル間の性）

---

1) もちろん CINII には，提出された全ての学術論文が掲載されるわけではない。その中でも CINII に掲載されているセックスレスについての学術論文の掲載数は全体的に少ない。本書では，それらの論文を日本における数少ないセックスレス研究者が取り組んだ論文として，巻末補足資料として提示した。

について考察した研究は数少ないがいくつか挙げることができる。例えば，１．労働とセックスレス，２．出産とセックスレス，３．家族形態とセックスレス，そして４．情報化とセックスレスという。大まかにいうと４つの視点からセックスレス現象がすでに分析されている。

2.1　セックスレスが生じる社会的要因

2.1.1　労働環境とセックスレス

1990 年代初め以降，バブル経済が崩壊し，労働環境が転換期（経済不況，職の不安定，非正規雇用の増加など）を迎えるのと時を同じくして，未婚化の深刻化（山田 2019：40）だけではなく，セックスレスという言葉が公共領域で広まった。厚生労働省によると，この時期，夫がサラリーマンとして働き，女性が家事・育児という家族モデルから共働きというモデルにシフトしたという。このような社会背景の中で「仕事の疲れ」を要因とするセックスレスは男女ともに増えていることが先行研究からわかる（第１章の図１‐２「家族計画協会」の調査では，2010 年から仕事の疲れから生じるセックスレスが増えている）。そして，仕事の疲労から生じるセックスレスは雑誌記事も含めるルポルタージュで多く取り上げられている。

　例えばルポルタージュ（ルポ）では，２つの視点からセックスレス現象が取り上げられている。１つは，夫の疲労が原因で生じたセックスレスを女性が訴えている場合。２つ目は，男性自身が疲労の原因でセックスを避けるようになった事例。前者の場合は，さらに細かく２つの言説に分けることができる。

　１つ目は，妻は夫とセックスをしたいが，夫が仕事で疲れていて，セックスを拒むケース。２つ目は，共働きであるため，男性も女性も疲労してセックスまでに至らないケース。

　後者の場合も，男性側が疲労で妻とのセックスを避けるケースが主に指摘されており，女性側が疲労によって夫とのセックスを拒むことで男性側が悩むというケースは報告されることは少ない。

　このようなことから，「仕事で忙しい」という要因からのセックスレス現象は，どの立場から考察されているのかで言説が異なる。例えば，女性側がセックスレスを訴えた場合，夫との性生活がないことに不満を感じている事例が多い。つまり，夫とのセックスをしたいが，相手を誘っても，拒否されるという事例が見られる。そして相手が求めてこないため「女として見てくれないのか」という不安が語られている。この言説の特徴としては，妻は夫との性生活を作り上げたいが，その願望を夫に伝えられないため，セックスを諦め，悶々とする気持ちが残され

ていることが挙げられる。

　一方，男性の疲労が原因でセックスレスが生じた場合，妻を「女性」としてではなく，家族としてしか見られなくなってしまったことで「妻だけ ED」となってしまった事例が多い。

　2010 年以降，雑誌『アエラ』やカップル関係や性関係についてのルポは共働きから生じるセックスレスのケースを挙げ，当事者の事例を提示している。そして，共働きのケースの場合，当事者はセックスレスを問題視するよりも，多忙であるため，セックスがないのが「普通」であるという言及が見られる（『アエラ』2015 年 10 月 19 日号）。亀山（2012）のルポでも，現在，共働きが多いため，結婚生活に慣れると，日常生活に追われ忙しく「いつも疲れていてセックスどころじゃない」ことを指摘している（亀山 2012：13）。

　玄田と斎藤（2007）はセックスレス現象を労働の変化や状況から捉えている。玄田と斎藤（2007）は 20 代から 50 代の男女においての仕事場の雰囲気，労働時間，仕事の内容，職場の状況，収入，仕事上のストレスや挫折経験などを客観的に調査している[2]。玄田は「働く実態がセックスレスに影を落としているとしても，問題は働く時間の長さといった量的な部分だけではない。むしろ，実際にどのようにしてその時間働いているかといった労働の質こそが，真に問題なのかもしれない」と述べている。玄田が調査した結果，長時間労働とのセックスレスの関連性よりも，職場の雰囲気が悪いと感じた場合，仕事に対するストレスが高まり，性生活に消極的になる男性は少なくないと指摘する。職場の雰囲気が「とても良い」と答えた回答者の中では 28.6％の比率でセックスレス傾向が見られるが，職場の雰囲気が「かなり悪い」と答えた回答者の中では 47.6％の比率でセックスレスの傾向が高くなる。また，過去に失業や仕事上の挫折経験のある人々においては，特に女性の場合，性生活に消極的になる傾向が見られる（玄田・斎藤 2007：79-84）。なお，玄田・斎藤の議論については後述の第 3 章（90 頁）

2）玄田は朝日新聞社の雑誌『アエラ』で 2005 年に実施された「性生活と仕事に対するアンケート調査」を分析した（掲載は 2006 年 2 月 27 日号）。「労働とセックス」に関するモニター調査で，調査対象は，既婚者もしくは同居するパートナーがいる就業中の 20 代，30 代，40 代，50 代の男女である。それぞれ男女 100 名ずつ全体で 800 名にアンケートしている。また，『アエラ』のアンケート調査以外にも，JGSS（General Social Surveys- 日本版総合的社会調査）という社会的調査を取り上げ，2 つの調査結果を比較している。JGSS調査も『アエラ』と同様に 20 代から 50 代の既婚者（婚姻届を出していない事実婚も含む）の男女（2,071 名）を対象にして調査を実施している。

で検討する。

　また，荒木ほか（2019）は他の要因を指摘する。つまり，女性の社会進出による経済基盤の獲得によって，女性の性意識が変容していることを指摘している。これまでは男性が性的主体であったが，女性の性的な主体が高まっていることが考えられる。そこで，カップル間の望まないセックスに対して「ノー」と言えるようになったことが言われている。

　社会進出によって，望まないセックスには「ノー」と断ることができるようになったが，裏を返すと望むセックスには「イエス」と言えているのだろうか。Tsuji（2018）も荒木と同様に現代日本の女性は「しないといけないセックス」に対して拒否する権利を持つようになったことを指摘している。このようなセックスレス現象は，現代の家族制度に抗する女性側の政治的行動と見なせると指摘している。しかし，パートナー間で互いに望んでいるセックスを明確に言語化することの困難性はいまなおあることに本書は注目したい。それは，「中高年の性意識調査」にも反映されている。例えば，気乗りのしないセックスに応じる頻度についてのアンケートに，45％の女性が「よくある」「時々ある」と回答している（15％の男性が「よくある」「時々ある」）。主な理由としては「相手が喜ぶから」と「妻の役割だから」と男性本位がまだ強い傾向にある。また，婚姻関係での望まないセックスについて拒む女性が増えている中，婚外恋愛の率もどんどん増えていることが興味深い（日本性科学会セクシュアリティ研究会 2019：58-59）。

　以上のアンケートから，次の2つの要素が考えられる。

　1．女性の性的主体性はまだ十分に育てられていない。望まないセックスに対して「ノー」と言えるが，婚姻関係で望む性生活を作り上げる知識が育てられていない[3]。

　2．一方，女性の性的主体性の獲得が少しずつ進んでいると考えられる。夫婦間のセックスが希薄化し，婚外恋愛という手段で自分のセクシュアリティを発揮しているということもできるのではないか。

2.1.2　出産とセックスレス

　次に，これまで出産というカテゴリーからセックスレスがどのように論じられてきたかを確認する。そして「男女」の意識が「家族」中心の意識に変化することによってセクシュアリティが構築しにくくなっていることを明らかにしたい。出産というライフイベントは女性だけではなく，男性にも影響を及ぼすため，以下に男女を分けて考察し，それらの特徴を整理する。

■ 出産後とセックスレス（男性側）

　出産は女性だけではなく，男性にとっても人生に変化をもたらすライフイベントである。しかし，出産後における男性の性意識・性行動を詳細に言及する研究は少ないため，ここでもルポでの言及を紹介する。亀山（2012）は出産後における男性のセックスレス事例を紹介している。出産後にセックスレスになる要因として，育児の負担や身体的な疲れなどによって「妻がセックスを拒否する」という要因が挙げられるが，それ以外にどのようなセックスレス実態が論じられているのか。例えば，男性の場合，立ち合い出産の経験からセックスレスが生じることもある。立ち合い出産を経験し，子どもが出てきた性器にペニスを挿入する不安から，妻とのセックスができなくなることもある（亀山 2012：13，134-137）。また，出産後，もう一度妻を妊娠させてしまうのではないかという不安から「セックスなどしてはいけない」と思い込んでしまうケースも挙げられている（亀山 2012：12）。一方，妻はセックスを拒否されることで性的な不満を抱え，「悶々としている」ことも挙げられる。そのため，性生活を構築し直すよりも，他のもの（美容関係，ジムに行くなど）で性的な欲求不満を解消すると述べている（亀山 2012：134-137）。

3）セックスでは男性がリードするべきという思想が男女においてまだ強い反面，男性は女性がどのように性的快楽を感じるのかがわかっていない事例がルポでも読み取れる。例えば，夫が性行為の最中「こうすれば女性は喜ぶはず」と誤解し，逆に妻はその行動によって苦痛を感じてしまう事例が描かれている（衿野 2012）。この事例では，妻は，「『痛いからやめて』と言っても，夫は変に自信を持っていて『そんなはずはない』とか，『じゃ，ちょっぴり角度を変えてみよう』などと，さらに続けようとした」と語っている（衿野 2012：85-86）。
　女性（妻）は性行為が苦痛であっても男性（夫）に明確に伝えていないことは多い。その理由としてはいくつかある。1つ目は，セックスは長時間続くものではないため，女性はしばらく我慢をしようと考えるからである。もし，女性が我慢をせずに相手に苦痛であることを伝えると，男性が機嫌を悪くし，それ以上にもっとわずらわしくなると感じているのである。また，女性は「雰囲気を壊したくない」，「どう伝えれば理解してもらえるか」ということに悩む（衿野 2012）。2つ目，女性は「セックスは男性がリードする雰囲気になることが多い」ため，相手に性的な願望を伝えないこととなる。その結果，女性は性行為を早く終わらせようと演技をすることもある。または，セックスを完全に避けるようになる。それが「セックスは面倒くさい」という意識に繋がるのではないかと筆者は推測する。

■ 出産後とセックスレス（女性側）

　出産によって，女性の性意識・性行動が変化するのはよく知られている。

　女性の場合，出産を経ると，夫婦間の性行為よりも，育児を優先するという特徴がある。2人は今までのような「男女」の役割ではなくなり「母親，父親」としての意識が強まる。多くのルポを見ると，子どもが気になってセックスを全くする気持ちにならないという女性の声が掲載されている。このような状況で，夫にセックスを求められたものの激しく拒絶したという女性の事例が挙げられている（亀山 2012：13）。男性側は，妻に拒否されることで自信がなくなり，もうセックスに誘わないと感じたと語っている。

　以上のケースについて篠田は結婚年数別と就寝形態別の関連性を分析し，寝室のプライバシーと性行動の有無について調査した。その結果から，「セックスのプライバシーについて最も不満が高いのは，小学生になる子どもと同室寝をしている結婚 10-19 年」の家庭であることが明らかとなった。さらに，結婚 0–9 年の若年夫婦の約3割は，セックスの際に子どもが寝ているかどうかを気にしていると指摘している。そこで篠田は「家族の一体感はあるが，セックスのときに子どもが気になる。今のところ子どもたちの年齢（5-10歳）で仕方がないが，いずれ夫婦だけにしたい」（38歳，子3人）の女性の事例を述べている（篠田 2004：236）。

■ 出産後の性機能の調査から

　さらに，出産後の女性がセックスを避ける要因として，出産後の性機能の回復状況が関連することも考えられる。

　今村久美子，茅島江子は 2013 年に日本性科学会において，「産後4～5ヶ月の女性の性機能と影響要因」に関する調査結果（対象者 152 名）を発表した。その調査では，産後の性交再開が従来よりも遅れていることが提示されている。「産後の性交再開は性器の回復状況から6～8週後に行われているといわれているが，近年，3～4ヶ月健診時点でも再開していないカップルが増加している」ことが明らかとなった。加えてその発表では，性機能障害が出産後に生じやすいことを明らかにした。FSFI[4]の総合得点は，「月経が再開し，育児努力があり，身体の調子が良好で，性交再開への心配がなく，育児不安が低い女性の方が有意に高く，性機能が良好であった」といった結果が得られた（今村・茅島 2013：15-16）。

　その他，会陰切開を行った場合，その後の不安や痛みも性欲低下の要因となる。加えて，月経周期が回復していない場合，膣分泌が少ないことから性交痛が生じ，セックスを避けることもある。さらに，身体的変化に悩むことによってセックス

に積極的になれないケースもある。出産後に身体的・心理的疲労が生じやすくなると言えよう。ただ，こうした時期こそ男女間で性についての不満や問題を認識し，伝え合うべきではないか。

　「性に関するデリケートな問題を抱え，その問題を伝えていない，理解していない状況にある」（今村・茅島 2013：16）。もちろん，性的関係における不満や問題を伝え合うことでは出産後の身体的疲労や育児疲労などは解決しないが，お互いを理解することによって信頼関係を深め，より良い心理状態を保ち，セックスの再開や出産後の豊かな性生活を送ることができるはずだ。

■ 相手への性的な魅力の低下

　以上に述べたように，男女の関係から家族の関係，特に子育て中心の生活になるとセックスに対する欲求が減ることもセックスレス要因の 1 つである。出産を経ると，2 人はこれまでのような「男女」の役割ではなくなり「母親，父親」としての意識が強まり，互いにセックスをすることが想像できなくなる（第 3 章第 6 節［6.6.3］を参照）。

　2006 年にベネッセ次世代育成研究所は「第 1 回妊娠出産子育て基本調査・フォローアップ調査（妊娠期～ 2 歳児期）」という意識調査を 4 年間にわたって行った。そこで，初めて子どもをもったカップル 288 組に夫婦の妊娠期から育児期までの夫婦関係の変化についての調査を行った。すると，「配偶者といると本当に愛していると実感する」という項目について，「実感する」女性は妊娠期に 74.3％と回答していたのに対し，0 歳児期では 45.5％，2 歳児期では 34.0％までと，年々減少していることが明らかとなった。一方，男性の場合「配偶者といると本当に愛していると実感する」という項目について，妊娠期に 74.3％，0 歳児期では 63.9％，2 歳児期では 51.7％まで減少している（高岡 2009）。この調査では，愛情関係の変化について，男性よりも女性の方が大きいことが明らかとされている。女性の場合，出産を経ると，夫婦間の性行為よりも，育児や家事が

---

4 ）FSFI（＝The Female Sexual Function Index）は女性の性機能を評価する質問紙である。もともと米国の Rosen から開発し，日本ではそれを日本語に翻訳したものを使用している。今村と茅島は FSFI について次のように説明する。「FSFI は，desire（性欲），arousal（性的興奮），lubrication（膣潤滑），orgasm（オルガズム），satisfaction（性的満足），pain（性的疼痛）の 6 ドメイン，19 項目からなる尺度であり，過去の 4 週間の性機能の状態を質問している。頻度，程度，確信，困難，満足について各 5 件法で構成されており，得点が高い方が，性機能が良いことを示す」（今村・茅島 2013：17）。

中心となる特徴がある。そして，「産後夫婦ナビ」は 2017 年に「産後の夫婦の対話」の調査を行い， 0 歳から未就学児を育てている夫と妻に会話，あるいは対話に関する重要度や困難性，満足度などに関する実態調査を実施した。そこでは，セックスレスを体験している男女の方がパートナーとの対話における満足度が低いことが示されている（産後夫婦ナビ 2017）。

■ セックスは子どもを作るための行為

　また，性行為そのものは子作りのためにしかしないと考えることからセックスレスが生じる場合もある。そして，子ども願望があるが，セックスレスであるため，子作りが困難となるケースも少なくない。こうした場合，不妊治療を行うか，または子どもを諦めることとなる。衿野（2012）は次のような女性の事例を挙げている。ある女性は出産前から，出産後にセックスは自然になくなると予測していた。子どもが欲しいという理由で不妊治療を始めたが，うまく行かず，途中でやめることになった。それがきっかけとなって，夫婦間でのセックスレスが 8 年間も続いている。彼女は性行為がなくても満足感を感じ，「女を捨てたら，本当に楽になりました」と語る。夫との寝室は別々であり，身体接触もないし，お互いの裸を見ても興奮しないと述べている（衿野 2012：63-68）。オンライン記事の Esse Online（2018）では，男性側が妻とのセックスを拒否するため，子どもを産むことを諦めているという事例が次のように掲載されている。「自分もそれほど積極的ではありませんでしたが，子どもをつくろうとなったとき，事態の深刻さを実感しました。いざセックスとなっても，彼の機能が働かなかったのです。正直，泣きました」。

2.1.3　物理的な背景からのセックスレス

　最後に，物理的な要因によって，セックスレスが生じることも論じられている。例えば，「家の狭さ」によって，セックスをする際に，子どもの視野に入らない場所を確保することができず，セックスに集中できないことが挙げられている。

　他には，「子どもの面倒を見る人がいない」ということも要因に挙げられる。それによって，子どもが生まれる以前は定期的に性関係を持っていたが，子どもの年齢が上がるにつれて性行為が徐々に減り，最終的には長期間にわたって性行為がなくなってしまうという事例がある。

　また，子どもが生まれた後，夫婦が別室で寝ることによって，性生活を保つことに困難が生じてしまうケースもある。これらのことから，篠田（2004）が指摘

したように，就寝行動の実態が家族形態（夫婦の性関係のあり方）に反映されていると言える。

　以上，「出産」というファクターから生じるセックスレスについての議論をまとめた。前章で触れたように，最もセックスレスになる要因の1つとして「出産後なんとなく」が挙げられる。これらの先行研究を整理すると，これまで見てきたケースからも理解できるように「出産」は男女関係および性関係に大きな変化を与える。実際調査では，出産は，物理的な問題（部屋の狭さなど）だけではなく，「男女」におけるコミュニケーションや愛情の度合いといった要素も影響している。さらに，セックスレスについてのルポでは，女性だけではなく，男性も出産後（立ち合い出産や妻への意識の変化，再び妊娠する不安などにより），性意識・性行動が変化していることが明らかとなっている。そのため，男女差も詳細にみる必要がある。しかし，この点についての研究はまだ乏しい。特に，セックスレス・カップルが子どもを望む際に，どのようなカップル関係および性関係の困難性（特徴）が働くのかという点については研究が乏しく，発展が望まれる。

2.1.4　家族形態とセックスレス

　家族社会学は，家族の形態を研究する学問であるが，日本の家族社会学では，夫婦（カップル間）の性的な観点の研究は重視されていない。他方，森木（2017）は，日本の家族形態はカップル中心よりも子ども中心であるとして，人類学の側面からセックスレスの現状を論じている。森木は，日本では「結婚し子どもが生まれると，夫婦の単位ではなく子どもを中心とする家族のあり方になるという」ことを指摘している。つまり，子どもと親との精神的な親密性は，男女の繋がりよりも強いため，日本人夫婦は欧米よりもセックスレスが生じやすくなる。このような家族形態は就寝形態に反映される。乳幼児期に母親と子どもが共寝するという日本の文化は，家族の絆を形成し，強い母子密着関係を促進するが，その代わりに夫婦（パートナー同士）の親密性の構築を困難にする。柏木（2011）によると，82%の3歳児は両親と一緒に川の字で寝ているという。親の男女関係よりも母子関係が優先されているため，「性交渉の不活発性と夫婦関係の危機が相関関係にあるとは必ずしも示唆されない」ことを森木が指摘している。夫婦は「女」「男」よりも，「母親」「父親」という役割が強く，互いの性的な感情を家族内で排除する。家族の繋がりは，互いの性的な魅力を感じることで強化されるのではなく，「妻」「夫」として互いにリスペクトし合うことで強くなるのである。

　しかし，このような論点からのセックスレスの考察は非常に有効ではあるもの

の，現代社会は多様化しているため，さらに新しい視点が必要であるように思える。例えば，１）子どもがいないカップルのセックスレス化，２）子どもがいないが寝室を別にするカップル，３）なぜセックスレスが増えているのかなどの視点から論じる必要があると思われる。特に２）で寝室を別にするカップルには，子どもがいないため，川の字で寝る必要がない。そうすると，このような場合には，川の字から生じるセックスレスの説明を適用することができない。また，母子側と父側で寝る場所を分けることがあるため，単純に川の字の理論を全てのセックスレスの要因として用いることはできない。

2.1.5　デジタル化とセックスレス

　最後に社会とデジタル化からのセックスレス現象について考察する。平山（Hirayama 2019）は，社会のデジタル化が進む 2000 年代，特に 2005 年以降から，男女のセックスレス化が進んでいることを指摘している。デジタル化が進むことによって，① アダルトビデオ（AV），② オタク文化，③ デート相手を探す手段としての出会い系サイトやアプリ，そして④ 性風俗産業の拡大を指摘している。

　以上のようなデジタル化と性意識・性行動の分析結果に基づいて平山は男女の性的な背景を以下のように考察している。例えば，アダルトビデオや恋愛ゲームの普及によって，男性が実在の女性との恋愛に困難を感じる。なぜなら，非現実的な性を理想化するからだ。

　その他，性風俗産業におけるネット広告の拡大はデートサイトや，アプリ，SNS，パーソナルメールまで広がり，アクセスがしやすくなっている。

　平山は特に社会のデジタル化がもたらした男性のセクシュアリティへの影響を分析している。

　例えば，①のアダルトビデオの影響を強く受けた男性は，アダルトビデオで得た性知識をそのまま女性に試すことがある。アダルトビデオは現実と乖離した脚色が施されているため，それを鵜呑みにして実際にセックスすると，男女間の齟齬が生まれる。その結果，男性は女性の体に対する誤解を増長させ，女性は，男性主体で作られた理想の「女性像」を嫌悪する。

　一度生じた齟語によって，男性はますますアダルトビデオに頼り，女性はますますセックスを嫌悪してしまう。こうしてセックスにまつわるネガティブなイメージが生まれる。

　以上の４点は問題意識を共有するものである。これらから，人間の性意識・性行動は社会構造により形成されていると言える。労働環境，家庭形態やテクノロ

ジーの変化という社会構造によって，セクシュアリティは形成されていく。このことから，社会学的な見地から，セックスレスも含むセクシュアル・トレンドを考察する意義はあるが，日本のセックスレス研究には実証面で次のような限界がある。例えば，以前に指摘した通り日本社会におけるセックスレスの研究はまだ限られている中（セクシュアリティの全体性よりも部分的な研究），セックスレス現象を取り上げる学術論文は日本語よりも，英語で執筆されていることが興味深い。英語で執筆されている学術論文の中には，現代日本人の性意識・性行動をセックスレス現象を中心的に考察している論文もあれば（Moriki 2017；Tsuji 2018；Pacher 2018；Hirayama 2019），日本の男女関係や親密性について論じてはいるものの，セックスレスという現象が存在するということを指摘するのみで，考察するまでには至っていない論文もある（Holthus 1998；Vogel 2016 など）。

　一方，日本のセックスレス現象は学問領域以外での公共領域，特にマスメディアで話題となっている。2000 年以降から，マスメディアでセックスレスの話題が広まっているのにもかかわらず，未だにセックスレス現象の特質や生じる要因，そしてこの現象が 2000 年代にどのように変化しているのかなど明確に把握されていないのが現状である。

　しかし，ここで重要なのは，なぜ日本の学術研究（アカデミック）ではセックスレス（そもそも男女関係におけるセクシュアリティ）についての議論は乏しいのかという問いである。なぜセックスレス（またはカップル間のセクシュアリティ）という研究領域が発達しないのか。この問題の推測しうる要因としては，① 学問として重要なテーマである認識がまだ弱いため。② 身近すぎて「自然」なことであるため研究領域に含まれにくいため。そして，③ セクシュアリティは社会的分野との関連よりも，生物学と深く関連付けられているためという 3 つの要因が推測できる。

　いずれにせよセックスレス研究は部分的に行われているが，まだ十分な成果を上げていない。以上 3 点の問題を考慮して，本書ではセックスレス現象を分析する。

2.2　セックスレスの問題化に対する批判

　セックスレス現象は学術領域で論じられるのは少ないものの，中には問題化に対する批判の声もある。ここでは，セックスレス現象の問題化に対し，どのような批判が存在するのか紹介する。

　社会学者の赤川学は，夫婦生活のエロス化を理想とする議論が成り立っている

ため，セックスレス現象が病理的な意味として捉えられ，「否定的に注目」されることに疑問を抱いている（赤川 1991：385-386）。阿部が定義した「セックスレス」では，「1ヶ月」以上，性交渉がない状態を問題化している。この「1ヶ月」という期間的区切りについては吉廣（1994）も批判している。このような論点からすると，夫婦間で性行動がないという言説について「規範の全き逸脱として語られている」からこそ，セックスレスは「治療すべき病理・社会問題として立ち表れてくるのである」と赤川は批判している。そして，赤川はセックスレスの要因を探るのは不必要であると言う。むしろ必要なのは，「なぜセックスレスが注目され，語られ，問題化されたのか」という社会学的問いであると主張する。

　石崎（2000）は，セックスレス現象を病理というよりも，現代社会が生み出した新しいカップルの形であることを指摘している。汐見（2001）も同様に，「社会の変化を人々は認識し，その後の変化過程の中に入り込み，再帰的にその過程を形づくっていく中で構築されていると」指摘している。そして，「同様に人々の性に対する感じ方，考え方の変化や性行動の変化なども夫婦（カップル）の関係に変化を及ぼしている」と述べ，セックスレス現象も「ある意味では夫婦関係が再帰的に構築された結果」であることを主張している（2001：19）。以前（第2章第1節）にも論じたように Tsuji（2018）は，現代日本の女性は「しないといけないセックス」に対して拒否する権利を持つようになったことを指摘している。このようなセックスレス現象は，現代の家族制度に抗する女性側の政治的行動として見なせることを指摘している。

　筆者も赤川と同様に「夫婦＝セックスをしないといけない」，裏を返せば「セックスがない，つまりセックスレス夫婦＝問題・病理」であるという規範を再考察する必要があると考える。性交渉がない状態を問題がない・自然であるとする夫婦も存在するため，セックスレスを一般に病理として扱うことは問題であるだろう。そして，夫婦間で継続的に性交渉があるからこそ「問題がない」とも言えない。赤川と吉廣が指摘するように，「1ヶ月1回未満しか性交渉がない」という定義の規範についても考えるべきである。

2.3　セックスレス現象と結びついたカップル関係の困難

　赤川と吉廣の問題意識を引き受けつつ，本書では，セックスレス現象が生じる社会的背景に何が隠れているのか考察したい。しかしながら，赤川と吉廣のようにセックスレスを議論する際に陥りがちな問題は，セックスという行為を単なる一時的な「行為」として見てしまうことだ。そうすると，セックスをする・しな

いという視点で考えてしまう。だが，人間は脈絡なくセックスをしない。単にセックスの有無を考えるのではなく，セックスが生じる過程を含めて広く考える必要がある。つまり，人間は意義と行動を関連付ける生き物であるという思想を踏まえた上で，カップル間の社会的背景や実情を踏まえ，どのようにセックスレスが生じるのか，そしてセックスレスがカップルの継続に何をもたらすのかを考えていく必要がある。

　ここで留意しなくてはいけないのは，セックスレスで満足している男女もいれば，不満を抱えている男女も存在するということである。パートナー間で互いに満足であればセックスレスを「問題」として取り上げる必要はない。しかし，セックスレスの増加の裏にあるさまざまなカップル関係や社会環境の問題点も無視できないため，取り上げる必要がある。以下に，いくつかの事例を示す。

2.3.1　カップル間のコミュニケーション

　ここでは，カップル（夫婦）間のコミュニケーションについて① 性生活におけるコミュニケーションと，② カップル間のコミュニケーションという 2 つの領域に分類して考える。

　① 性生活におけるコミュニケーション（セクシュアル・プレジャー）

　『NHK 日本人の性行動・性意識』(2002) の調査結果を用いると，セックスレス・カップルは非セックスレス・カップルと比較すると性生活の満足度が低い。例えば，婚姻関係の中では「気乗りしないセックス」が特に男性よりも女性に多い。こうした背景として，女性側が男性側の理想とするセックスの仕方について不満を感じているため，男性側からセックスを求められても応じる気にならないということが挙げられる。しかし，女性側は本音を言えないため，我慢し，セックスは「楽しくない」，「苦痛」と思い込んでしまう。このようにして生じるセックスレスにはコミュニケーションの問題が背景にある。

　このような事例は少なくない。金子は，気乗りしないのに強引にセックスをされることは「家庭内レイプのトラウマにつながることもある」[5]と指摘している。

　確かに，セックスを嫌悪することからセックスレスが生じる事例も確認されている。しかし，セックスレス夫婦を扱うノンフィクションルポ，雑誌記事に記載されている性生活の実態調査や筆者が行ったインタビュー調査では，セクシュアル・プレジャー [sexual pleasure] を感じたいにもかかわらず感じられないことから不満が生じる事例も少なくない。例えば，セックスに対して「互いの愛情を確

かめる行為」という価値が強いのにもかかわらず，相手に拒否されて不満を感じるケースや自分が望んでいるセックスを相手との性生活で経験したことがなく「このままで終わるのか」と思って不満を感じるケースも存在する（亀山 2012）。

　互いの性意識のズレや，知識不足，そしてどのような性生活を望んでいるのか言語化できないことからもセックスレス現象は生じる。どのようなセクシュアル・プレジャーを求めるのかという側面からセックスレス現象を考える価値は十分あるだろう。

② カップル間のコミュニケーション

　雑誌記事に掲載されているカップルの実態調査やルポでは，夫婦間のコミュニケーションがそもそも少ないことからセックスレスが生じた事例を挙げている。そして，コミュニケーション全体が乏しいことと，男性の家事・育児に対する協力が低いという要素から，女性のセックスレス当事者の不満が形成されている。実際に，「密なコミュニケーションを取ればセックスレスにならないと思う」（『アエラ』2015）という声が挙げられている。つまり，セックスレスになったきっかけはコミュニケーション不足から生じる不満である。

　特に，前述の［2.1.2 出産とセックスレス］にも関連するが，ベネッセ次世代育成研究所は「初めての子どもと出産後の夫婦の愛情の変化」という調査を行い，出産後，特に妻は夫への愛情が低下する傾向が見られるということが明らかになった。妻は育児に力を専念する一方，夫の育児・家事への協力不足が背景にあって，このような現象が生じるとわかる。夫婦関係中心から子ども中心になることで産後クライシスに陥る女性は少なくない。このような背景からカップル間の性生活がネガティブに影響されることもある。

5）日本性科学会セクシュアリティ研究会（2019：63）。英語圏では，付き合い始めた頃だと互いの性的行為の枠組みがはっきりとしていないため，相手はいつ，そしてどのようなセックスを行いたいのかはっきりわからないことがある。このような状態だと，"Date rape" が生じる可能性があることがアメリカ圏では広く議論されている。しかし，ここでは，付き合い始める頃のみが指摘され，長期間の関係性についてはこのような実態を指摘されていない。一方，ドイツ語圏だと，付き合い始める頃にこのような事例は発生しないということは言い切れないが，このような側面からの研究はあまり存在していない（Lenz 2009：237）。

2.3.2　不妊治療とセックスレス

　第2章第2節の［2.1.2］ですでに指摘した通り，子ども願望があるにもかかわらずセックスレスであるため，子どもを諦めるケースも存在する（相手にセックスを拒否されたり，共働きで多忙であったりすることで，セックスを復活する機会が見つからないなどといった背景が見られる）。

　また，子どもを産みたいという願望はあるもののセックスレス状態が長い間続いたために，再びセックスをするためにどうしたらいいのかわからず，悩んでいる女性も少なくない。

　そして，妊活・不妊治療を経験することで，セックスレスが生じる場合もある。妊活・不妊治療は女性だけではなく，男性にもプレッシャーを与える。特に妊活・不妊治療をきっかけにカップル間の性生活が大きく変化する。「愛を確かめる行為」から「子作り」の行為に変化すると，特に男性はプレッシャーを感じ，心理的 ED などになることも少なくない。このような現状を明らかにしている研究はまだ少ないが，記事雑誌（『女性セブン』2017：49）や質的調査（Saotome et al. 2018），そして筆者が行ったインタビュー調査が挙げられる。

2.3.3　介護とセックスレス

　妻は，夫への愛情が不倫，育児・家事への協力不足などの何らかの要因で低下すると，夫とのセックスも避けたくなり，相手との身体接触全体を拒むケースも存在する。

　家族カウンセラーの二松は『夫とは，したくない』で，夫婦間の不満や，夫にセックスを避けられることからセックスレスに陥っている女性経験者の事例を挙げている。その中には性生活がないことから，「最後にペニスを見るのは介護の時かな」とある女性は語っている。そして，女性の中には，「将来，夫の介護をしたくない」，そして相手にも「介護をさせたくない」（二松 2012：53），「行政のサービスを使って，自分の手で直接はやりたくない，というのが本音です」と語る女性の事例が取り上げられている。

　セックスについての会話だけではなく，全体的なコミュニケーション不足，セックスレスが原因で出産への不安，将来の介護への不満など，これらはセックスレスにまつわる状況の一部である。赤川はセックスレスの要因を探るのは不必要であると述べている。しかし，セックスレス現象をより深く考察することで，現代日本のカップル関係が関わるより広い社会的問題へと拓かれてゆく。

第Ⅱ部

インタビューを通じたセックスレスの分析

第3章

インタビュー調査を通じたセックスレスの分析
（20代〜40代）

　これまで，第1章から第2章まではセクシュアリティ研究，主にセックスレスに関する先行研究を整理し，本研究の意義と課題，そして先行研究への疑問と本研究の仮説について述べてきた。第3章ではさらにセックスレス現象を深く考察する。セックスレスをもたらす性意識・性行動を明らかにし，日本のセックスレス現象の特徴を考察することが本章の主要課題である。

1 ｜ 先行研究の特徴とその限界（どのような研究が必要なのか）

　ここでは先行研究の限界を3つの点にまとめる。すなわち，1．量的調査（実態調査）の偏り，2．性的規範の議論の偏りと，3．個人の性意識とセックスレスの関連性，である。これらの点を踏まえた上で，インタビュー調査を行う意義と問題意識を論じてから，調査結果を分析する。

1.1　量的調査（実態調査）の不明確さ

　まず，量的調査からセックスレスの実態を把握しようとしてもどうしても数字には偏りが生じる。例えば，第1章で紹介した日本家族計画協会の事例から「セックスレス割合」を見ると，男女の割合，年齢層，婚姻関係の年数などが明確になっていないため，量的調査の結果からセックスレスの実態を明確に把握することは困難である。そして，量的調査からすると「無回答」も存在するため，明確なセックスレスの要因を把握しづらい。このようなことは家族計画協会の調査においてよく見られる。加えて，同じ調査の「無回答」は2014年から増加していることも目立つ。

　続けて，同調査では，男性の場合「仕事の疲れ」でパートナーとのセックスを拒む率が高い。一方，女性の場合，セックスは「面倒くさい」という理由が最も高い数字になっている。しかし，男性が回答するように「仕事の疲れ」でセックスを避けているようであれば，女性の回答では「相手に拒否されるから」という

要因も同様に高い数字が推測される。だが，女性の場合，セックスは面倒くさいという回答が高い。「仕事の疲れ」や「面倒くさい」などといったセックスレスが生じる要因は定義されていても，そこに至った背景や過程が明確に掲載されている先行研究は少ない。

例えば，セックスは「面倒くさい」という事例から考察しても，具体的にどのように面倒かはこの定義でははっきりとしない。「仕事の疲れ」というセックスレスになる要因を挙げても，どのような疲れなのかが明確ではない。それは精神的な疲労なのか，身体的な疲労なのか。環境または，労働時間の影響なのか。そして，「出産後なんとなく」についても「なんとなく」とは何か。出産後だけではなく，出産前後に分けてセックスレス現象を考察する必要がある。

これらの点から，量的調査だけでセックスレス現象を正確に捉えるのは不十分であると考え，インタビュー調査を行うこととなった。

1.2　性的規範の議論の不明確さ

第2章でも指摘した通り，性的規範の変化に基づいたセックスレス分析にも限界が見られる。例えば，すでに述べたように，セックスレス現象は家族内の性的規範が緩んだ結果として，女性は望まないセックスをしなくなった，望まないセックスを断ることができるようになったことからセックスレス化が進んだという意見がある。その反面，女性の「気乗りしないセックス」に応じる率は男性に比べて高いため，矛盾が見られる。このことから，女性は望まないセックスを断ることはできるようになったが，どんなセックスを望んでいるかをパートナーにうまく言葉で伝えられていないのではないか，と考えられる。そこで，インタビュー調査を用いて，カップル間における性的なダイナミクス（コミュニケーションのあり方）の理解を深めたい。

また，セックスレス現象の現実を踏まえるなら，セックスレスを体験する人々の声を聞き，セックスレスになる前後の過程を詳細に考察するだけで十分とは言えない。そこで，筆者はセックスレスの多様性を理解するため，カップル間の性的なダイナミクスだけではなく，個人の性意識・性行動とセックスレスの関連性を考察した。

1.3　個人の性意識・性行動とセックスレスの関連性

先に述べたように，セックスレスの先行研究では，個人の性意識・性行動のライフイベント（交際前後，結婚・出産前後など）による変化の有無，その時間経過と

セックスレスの関連性を詳細に捉えていない。セックスレスが生じる理由としては外的な要因（仕事，出産など）の影響だけではなく，自分自身が持っている性意識・性行動も関連すると筆者は考える。そこで，インタビュー調査では，カップル間でのセクシュアリティと自分自身にとってのセクシュアリティを分けて聞き取り調査を行った。自分自身のセクシュアリティ（性的プロフィール），つまりセックスへのイメージ，セックスへの関心度，セックスに対する重要度などを聞くことによって，自分自身とパートナー側が持っている性的プロフィールのズレにおいてセックスレスが生じるのではないかと推測した。

　先行研究のように外的要因を中心にセックスレス現象を説明すると，セックスレスが生じる原因が偏ってしまい，複雑な過程が単純化されてしまう。セックスレス現象は多様な要素（環境，時期，カップル関係・性関係の実態，自己の性的なアイデンティティなど）が関連するので，単純化すると重要な多くの要素が抜け落ちることを本書で強調したい。

　このようなことから，先行研究のみでセックスレスの実態を考察するのは不十分である。そこで，筆者が行った調査には，それらの先行研究の調査と比較し，次の 3 点で違いがある。

１．性意識・性行動の幅広い聞き取り調査を行う

　カップル外の性行動とカップル内の性行動，そして，ライフイベント（結婚や出産など）によって，カップル関係および性関係がどのように変化したかの聞き取りを行った。また，自分自身にとってのセクシュアリティとカップル間でのセクシュアリティを分けた聞き取りを通じ，セックスレスが生じる要因の考察を目的とする。

２．セックスレスの時間的変化の調査を行う

　すでに述べたように，公共領域での言説と異なり，ライフイベントや，長期間の交際に伴って，性意識を含めてセックスレス現状はどのように変化するか，その変遷を調査することに焦点を置く。そして，今回のインタビューでは，1 回限りのインタビューだけではなく，2 〜 3 回インタビューを続けることで，セックスレス現状をより深く分析することを目的とする。

３．国際比較を行う

　日本と海外との先行研究の中には，カップル間のセックスレスは日本特有の現

象であると指摘するが，実際はどうなのか。この問いを明らかにするため，日本のインタビュー調査の特徴を整理した後に，それらの結果をドイツ語圏インタビューの特徴と比較する。そこで，セックスレス現象は日本特有なのか考察する。次節では，本インタビュー調査の概要を具体的に述べる。本書では，限られた数のインフォーマントを紹介する。これらの結果を日本人全体として一般化することはできない。だが，セックスレスも含めた性意識・性行動における困難の傾向が見られるのではないか。

2 ｜ 調 査 概 要

調査方法と質問項目

　各々の性意識・性行動をより深く理解するため，筆者は半構造化インタビューの調査方法を用いた。インタビューの手法にはいくつかあり，各項目が決まっていて，面接の形式を持つ構造化インタビューもあれば，構造化されていない，対話に近い非構造化インタビューというものもある（Gläser & Laudel 2010）。今回の調査では半構造化インタビューを採用した。半構造化インタビューの場合，ある程度の質問項目を準備するが，インタビューの方向性は自由であり，インフォーマント（調査対象者）も自由に語れる雰囲気が作りやすいインタビュー手法だからだ。性意識・性行動についてありのままに，しかも知らない人に対面で話すことは非日常的であり，インフォーマントも緊張する可能性があると考えた。そのため，半構造化のインタビュー方法の手法の中でも，なるべく自然の対話の雰囲気を作ることに注意を置いた。

　構造化インタビューのように最初から最後までに質問項目が固定し，柔軟ではない場合，新たな発見をすることができない恐れもあった。各々のライフストーリーを聞き，各々が考えている，または体験していることを受け入れながら，新たな視野を広げたかったことも半構造化インタビューを採用した理由である。

　インタビュー調査を本格的に実施する前にインタビューの練習を行った。その際に，インフォーマントに「あなたにとってセックスの意味はなんですか」と質問し，インフォーマントに自由に回答してもらおうと考えた。ところが，その質問に対して答えられなかったインフォーマントは多かったため，質問に加え回答用紙も（選択肢を示した）用意した。回答を比較するため，回答用紙はNHKデータブック（2002）から使用した。

■ セックスの意味

1．愛情表現
2．触れ合い（コミュニケーション）
3．安らぎ
4．子どもを作るための行為
5．快楽
6．ストレス解消
7．義務
8．征服欲をみたすもの
9．不快・苦痛
10．自分とは関係ないもの
11．その他

2.1　インタビュー調査のサンプリングについて

　インフォーマント（調査対象者）については，セックスレスの有無は問わず，性意識・性行動についてのインタビュー調査に協力したい人に依頼した。最初に，身の回りの方にインタビュー調査に関心のある方を紹介してくれないかと声をかけた。サンプリングに偏りのないようになるべく普段出会えないような方にもインタビューを依頼した（例：フィットネスジムのインストラクターにインフォーマントの依頼をするなど）。大学生の場合でも複数の大学の学部・大学院生にインフォーマントを依頼した。今回のインタビュー調査では 1 名以外，全員インタビューに協力してもらった[1]。また，インタビュー調査以外の場面でもセックスレスについての相談を受けることがあるため，このような事例も含めてセックスレスの実態を考察する（ケース A，ケース B を紹介する）。

　インフォーマントの中には，1 回目のインタビュー後に 2 〜 3 回目のインタビューを行いたいと逆に依頼を受けた。そのため，本来計画していなかったフォロー・アップ・インタビューが可能となり，より詳細なインタビュー調査を実施することが可能となった。特にフォロー・アップ・インタビューでは，結婚前後，出産前後，そして浮気・不倫の話を深く聴くことができた。

　全てのインタビューはインフォーマントの許可を得て録音機で録音した。録音したインフォーマントのインタビュー以外に，提供された興味深い事例も許可を

1）インタビュー調査にご協力してくれた方に心から感謝を申し上げる。

得て紹介している。

　インフォーマントの語りを発話通りに文字に起こした。日本人のインタビュー
は日本語，そして，ドイツ語圏のインタビューはドイツ語で行い，それぞれの言
語で記述した。本書では，ドイツ語のインタビュー事例を日本語に翻訳して提示
することとする。文字起こしをしたあとにグランデット・セオリー・アプローチ
の手法でコーディングを行った。つまり，全てのデータをコードに分類し，（大
まかな）カテゴリーに分類した（Breuer 2009）。次に，インタビュー調査で用いた
質問項目を紹介する。

■ 日本人に対するインタビュー調査のサンプリング

　調査時期は 2012 年 8 月から 2013 年 7 月までと，2017 年 4 月から 2019 年 4 月
までである。調査対象は 20 代から 40 代の未婚・既婚男女 43 人であり，自身の
性意識・性行動について聞き取りを行った。2012 年から 2013 年までで単独のイ
ンタビューを実施したが，1 回限りのインタビューでは，インフォーマントの性
意識・性行動が時間や特殊なできごと（ライフイベント）によってどのように変化
していくのか十分に捉えられないことが大きな問題点となった。そのため，2017
年に過去にインタビューした女性 2 人と男性 1 人に 2 〜 3 回目のインタビューを
実施した。また，2018 年にも男性 1 人，女性 1 人に 2 回ずつインタビューがで
き，セックスレスの現状を，より深く考察できた。特に，出産前後と結婚前後に
セクシュアリティへの意識が変化し，自身の性をカップル間で満足させることが
いかに困難であるか，インフォーマントからの証言が得られた。

　インタビュー時間は 1 時間から 1 時間半の間で行い，インフォーマントの望む
場所でインタビューを実施した。多く選ばれた場所は，喫茶店やレストラン，イ
ンフォーマントの仕事場，筆者の研究室（大学の空き部屋）である。1 人の女性だ
けは自宅での聞き取りを望んだ。

　今回のインタビュー調査では，身体機能の不全によるセックスレスのイン
フォーマントはおらず，さまざまな社会的・個人的な環境のセックスレスが見ら
れる。本書では日本におけるセックスレスの現状を考察することを中心とするが，
第 5 章ではドイツ語圏の男女へのインタビューと日本のインタビューとを比較す
るため，ドイツ語圏のインタビュー概要を簡単に紹介する。

■ ドイツ語圏に対するインタビュー調査のサンプリング

　調査期間は 2014 年 8 月から 2015 年の 8 月までである。対象者は 20 代から 30

代のドイツ語圏の未婚者男女22人。日本人のインタビューと同様に，インタビュー調査は半構造化であり，インフォーマントにできるだけ自由に語ってもらった。日本のインタビューと同じ質問項目を聞いたが，聞き取り時間は日本人の場合と異なり30分から40分で回答している。インタビューの場所はオーストリアと日本で実施した。日本では日本に留学しているドイツ人とオーストリア人を対象とした。ここでもインフォーマントが望む場所でインタビューを行った。オーストリアでのインフォーマントは全員自宅でのインタビューを実施することを望んでいたが，日本に滞在しているドイツ語圏の男女は喫茶店でインタビューを行った。そのほか，本書では取り上げないが，性教育のピアグループ活動を行っている3人とのインタビューも実施した。

　なお，インフォーマントの名前は全て仮名である。本書では，セックスレスである男女の事例を中心に考察するが，前節で述べたように，セックスレスは性問題[2]の一種の現れである。インタビューにおいて，インフォーマントの中には定期的にパートナーと性行為を行っているが，性的な関係性を築くことが困難と感じる状況も明らかとなっている。そのため，こうした事例も扱うこととする。

2.2　問題意識

　本章では，性意識・性行動についてのインタビュー調査を紹介し，どのような要因でセックスレスが生じるのかを分析する。

2.2.1　セックスレスが生じる要因

　先行研究では，年齢・性別問わずセックスレスが進んでいることが明らかとなっている。とはいえ，各年齢層，そして既婚者と未婚者においてもセックスレスになる要因は異なるのではないかという疑問も残る。もしそうであれば，何が異なるのか。先行研究では，日本のセックスレスの現状は主に「仕事の疲れ」や，「出産後なんとなく」，「面倒くさい」という要因から説明されることが多い。加えて，若者の草食化によりセックスへの関心が低下していることも論じられている。そして，特に女性の場合，気の進まないセックスに応じなくなったため，セックスレスが進んでいることも論じられている。

　筆者が行ったインタビュー調査でも先行研究で述べられている要因が見られる

2）もう一度繰り返すが，当事者がセックスレスで不満を感じれば，問題としてみることができるが，もし不満を感じていない場合，問題として取り上げることはできない。

のか，あるいは，他の要因も関わっているのかを考察したい。そのため，以上に述べた問題意識を踏まえた上で次のようにインタビュー内容を考察する。

　まず，インフォーマントがセックスレスになった要因をどのように意識しているのかを整理する。その後，インフォーマントのカップル環境および性環境も分析範囲に入れながらセックスレスとの関係性を考察する。そこで，インフォーマント自身がパートナーとの性関係をどのように作り上げるのか，そのための困難性はどのように生じるのかを考察する。

　これらの要因を考察する上で，次のような仮説を立てる。カップル間の性生活はライフイベントによって大きな変化を受け，セックスレスが進行する1つの要因となる。その上で，カップル間のセックスに関して互いがどのような意味・価値を与えるかによって，セックスレスに至るかどうかのプロセスが変わると筆者は推測する。人々はセックスへどのような意味を与えるのかにより，セックスレス状態で「不満」なのか，もしくは「満足」なのかという意識の違いが生まれてくる。この変化をもたらす理由として，自分自身のセクシュアリティが内面化されていないことが考えられる（この理論については国際比較を行う第5章で明らかにする）。

2.2.2　性生活を作り上げる困難性について

　そして，本書ではインフォーマントが望む通りのセックスをしたいが，望ましい性生活を作り上げることが困難である事例を踏まえて，その背景を考察する。

　セックスレス状態で満足であると語るインフォーマントにとって，カップル間のセックスはどのような位置付けなのか。そして，セックスレスで不満と感じるインフォーマントにとって，なぜ不満なのか。そして改善が困難なのはなぜか。このようなことから，自分と相手の性を共に築き上げること（コミュニケーションなど）の特徴と困難を明らかにする。

　以上，2つの問題意識を踏まえてインタビュー調査を分析する。

2.2.3　ドイツ語圏と日本のインタビュー調査の比較

　セックスレスは日本特有の現象なのかについても，別の側面から考察する。第5章では，ドイツ語圏のインタビュー調査を紹介し，セックスレスはドイツ語圏ではなぜ生じにくいのか，または生じている場合，どれほど論じにくいのかを検討する。ドイツ語圏と日本のインタビューを比較することによって，両方の国での性意識・性行動の特徴が明らかとなり，人間のセクシュアリティに普遍的な基

表3-1　インタビューをしたインフォーマントの数

	女性	男性	合計
20代	10人	11人	21人
30代	9人	8人	17人
40代	4人	1人	5人

合計：N=43

表3-2　43人の中でのセックスレス経験者

	女性	男性	合計
20代	5人	5人	10人
30代	5人	6人	11人
40代	1人	0人	1人

合計：N=22

準はないことが明確になる。

2.2.4　インタビューで用いるセックスレスの定義について

　本書では，交際しているパートナー（付き合っている相手，つまり彼氏・彼女，または結婚している相手）と長期間にわたり性的な接触のない（ここでは，挿入がない）状態をセックスレスと定義する。「パートナー」という言葉を利用するが，特に既婚者のケースを強調したい場合に「パートナー」ではなく，「既婚者」という言葉を利用することもある。加えて，インフォーマントの中には，パートナーとセックスレスであるが，婚外恋愛・婚外セックスをしているケースも存在する。婚外恋愛・婚外セックスをする相手も「パートナー」と呼ぶことができるが，本書ではわかりやすくするためにインフォーマントが利用している言葉，つまり「不倫相手」，「婚外セックスをしている相手」などという言葉を利用する。

2.3　調査対象者

　調査対象の選定にあたっては知人に依頼し，紹介してもらう形式を採用した。20代の男女21人，30代の男女17人，40代の男女5人にインタビューを実施した。20代のインフォーマントのなかで最も多いのが大学生（学部・大学院），次に社会人，正社員である。30代のインフォーマントはフリーランス，正社員，主婦である。次に全員のインフォーマントを紹介する。

■ 質問項目[3]
(1)属性：年齢，仕事の有無，労働時間，余暇の時間，家族構成など。
(2)自己のセックス観：セックスの意味，関心や重要性，性教育の有無，避妊など。
(3)性生活の状況：パートナーとセックスをする理由・しない理由，セックスの頻度，セックスの満足度，セックスに関する会話など。

3）詳細な質問項目は「補足資料」に載せている。

(4)パートナーとの関係性：一緒に過ごす時間，「男女」でいられる時間の有無，家事分担，パートナーとの関係性の満足度など。

(5)セックスレスである場合，その状況：セックスレスになってからの期間ときっかけ，生活の変化の有無，日常生活での身体的な触れ合いの有無，セックスレスであることの満足度など。

(6)出産を経験している場合，その状況：立ち合い出産の有無，会陰切開の有無，産後の全体的な体調など。

(7)婚外恋愛（不倫）の経験の有無：婚外恋愛に至るプロセス，結婚以外の異性とはどのような付き合いなのか，相手と会う頻度，不倫に対する意識，相手とのセックスの状況など。

(8)男性の場合：性風俗産業の利用経験の有無，通うきっかけ，夫婦関係で得られないが，性風俗産業では得られるもの，など。

3 | インフォーマント22人の紹介

3.1 セックスレス経験者の全体像

表 3-3　女性のインフォーマント

女性のインフォーマント	年　代	セックスレス経験	職　業	結　婚	
アケミさん	20代前半	現　在	学　生	未婚者	
アイミさん	20代前半	現　在	学　生	未婚者	
エミさん	20代後半・30代前半	現　在	学生・社会人	未婚・既婚者	2回インタビュー
ヒロミさん	20代後半・30代前半	過去と現在	学生・社会人	未婚・既婚者	3回インタビュー
カエデさん	20代前半	現　在	学　生	未婚者	
ハナコさん	30代前半	現　在	社会人	既婚者	
ミサキさん	30代前半	過　去	社会人	未婚者	
レイさん	30代前半	現　在	専業主婦	既婚者	
ユミコさん	30代前半	現　在	社会人	既婚者	
エリさん	30代後半	現　在	社会人	既婚者	
カナさん	40代前半	過　去	社会人	離　婚	2回インタビュー

表 3 - 4　男性のインフォーマント

男性のインフォーマント	年　　代	セックスレス経験	職　　業	結　　婚	
アキラさん	20 代前半	現　在	学　生	未婚者	
ダイチさん	20 代後半	現　在	社会人	既婚者	
ハヤテさん	20 代前半	過　去	学　生	未婚者	
ハルトさん	20 代後半	過　去	学　生	未婚者	
カズキさん	20 代後半・30 代前半	現在（過去）	学生・社会人	既婚者	3 回インタビュー
ナオキさん	30 代前半	現　在	社会人	同性愛者	
リョウさん	30 代後半	過　去	社会人	未婚者	
シンさん	30 代後半	過　去	社会人	2 回離婚	
タカヒロさん	30 代前半	現　在	学　生	未婚者	
タクさん	30 代後半	現　在	社会人（自営業）	既婚者	2 回インタビュー
ヨシカズさん	30 代前半	現　在	学　生	未婚者	

3.2　20 代の概観

　インタビューした 20 代のインフォーマント 21 人（女性 10 人，男性 11 人）の中で，女性 4 人（アケミさん，アイミさん，エミさん，カエデさん），男性 3 人（アキラさん，ダイチさん，カズキさん）が現在セックスレスである（実際のインタビューでもインフォーマントはセックスレスという言葉を使って，性生活の事情を説明していた）。現在はパートナーがいないが，過去にセックスレスを経験したインフォーマントは女性 1 人（ヒロミさん），男性 2 人（ハヤテさん，ハルトさん）である。セックスに積極的になれない理由は次のように分類できる。① 過去の経験によってセックスに積極的になれない，② 相手に拒否される，③ セックスは苦痛である，④ セックスは楽しくない，⑤ 家族意識のためパートナーに性欲がわかない，⑧ 相手に性的魅力を感じない（そのため性的欲求が低下する），⑨ 男女でいられる時間・空間がない（⑥ 疲れと，⑦ 出産のセックスレスの要因は 30 代から目立つ）。以下に現在セックスレスを経験している（7 人）または過去に経験した（3 人）インフォーマント計 10 人のセックスレスになった経緯を示す。

- アケミさんは大学生。現在，彼氏と付き合って 2 年目となり，その彼氏と初めての性交経験をした。パートナーとセックスをしない理由は「相手に性的魅力を感じないから」と「セックスが苦痛」であるから。

- アイミさんは大学生。1年間海外に留学していたため，彼氏とは遠距離恋愛であった。物理的な距離のためにセックスレスになったインフォーマントである。
- エミさんは大学生で既婚者である（2012年に結婚）。彼女がセックスをしない理由は「セックスに関心がないから」，「セックスに自信がないから」，「絶頂感に達することができないから」である。
- ヒロミさんは過去のパートナーと現在のパートナーからセックスを拒否されている。
- カエデさんは大学生。現在，彼氏と付き合って11ヶ月となる。セックスをしない理由は「苦痛」であるから。
  次に男性のインフォーマントを紹介する。
- アキラさんは大学生でアケミさんと付き合って2年目となる。彼がセックスをしない理由は彼女に拒否されるからである。拒否される要因として，彼女はセックスを好きではないからと推測している。
- ハヤテさんは大学生で過去のパートナーにセックスを拒否された経験をした。
- ハルトさんは大学生で初体験の時にセックスがうまく行かず，女性にバカにされた。そこからセックスをしたくなくなった。
- ダイチさんは社会人で，既婚者である。彼のセックスをしない要因は，妻（ハナコさん）に拒否されるからである。
- カズキさんは大学生で結婚して1年目となる。彼は妻に対して家族意識が強いため，セックスをすることができなくなった。

■ 他の20代インフォーマントについて
　女性のインフォーマントの中には，今まで全く交際経験をしていない女性は1人（ミユさん），長期間の交際経験がない女性が1人（ミナミさん）と，最近初めて交際し始めたばかりの女性（サクラさん）が1人いる。
　そして，パートナーとは長期間付き合って，セックスレスではないインフォーマントは2人（サナさんとスズさん）いる。サナさんは現在，既婚者男性と交際している。彼女によると，セックスレスではないが，徐々にセックスの回数が減ってきて不満を感じると述べている。
　スズさんは現在交際中。彼女はセックスレスではないが，彼氏の性器が大きすぎて，性交渉が痛いことからたまにセックスを拒むこともある。
　男性のインフォーマントの中には交際経験のない男性が1人いる（ショウさん）。ユゥダイさんの場合，現在交際相手はいない。過去に交際経験はあるが，全部短

い関係である。そして，マサキさんは高校で 1 年間彼女がいたが，性的な関係にはあまりならなかった。セックスレスではないが，交際相手がいるインフォーマントは（トモキさん，カズヤさん，タツヤさん）である。

3.3　30 代と 40 代の概観

インタビューした 17 人（女性 9 人，男性 8 人）のインフォーマントの中に 1 人の同性愛者（ナオキさん）が含まれている。職業別に分類すると，女性のインフォーマントのうち 7 人は社会人，2 人は専業主婦で，男性のうち 6 人は社会人，2 人は学生である。

30 代のインフォーマントの中にもセックスレスの男女が存在した。

具体的に，インタビュー対象の 17 人の中，女性 4 人（ハナコさん，レイさん，ユミコさん，エリさん），男性 4 人（ナオキさん，タカヒロさん，タクさん，ヨシカズさん）が現在セックスレスである。過去にセックスレスを経験したインフォーマントは女性 1 人（ミサキさん）と男性 2 人（リョウさん，シンさん）。30 代がセックスに積極的になれない理由は多様であるが，20 代のインフォーマントと同様に身体的要因ではなく，心理的要因が主なセックスレス原因であることが明らかとなった。

具体的に最も多いセックスレスの要因は，④ 楽しくない，⑥ 疲れ，⑦ 出産，⑧ 相手に性的魅力を感じない（そのために性欲低下する），⑨ 男女でいられる時間・空間がないと続く。また，20 代と異なり，「子どもができる不安」は女性の方に見られた。20 代のインフォーマントは過去のネガティブな経験によってセックスに良いイメージを持てなくなる特徴が見られる。一方，30 代のインフォーマントがセックスレスになる理由は「疲れ」と「出産後」と認識していることが目立つ。セックスレスが生じる上では 1 つの特定の契機ではなく，複数の要因が絡まっている。例えば，疲労によって，パートナーとセックスをする気分になれず，欲求が徐々に低下し，相手に性的な魅力を感じなくなることもある。ここに挙げる 11 人の中では，8 人は現在セックスレスを経験しており，3 人は過去にセックスレスであった。

まず，女性インフォーマントがセックスレスに繋がった経緯を紹介する。

- ハナコさんは社会人であり，ダイチさんと結婚して 2 年目となる。さらに，2 人の間には 2 歳の子どもがいる。セックスをしない理由は「体に負担」を感じる，「子どもがまたできる不安」があるからである。
- ミサキさんは社会人。過去の彼氏とセックスレスであった。その要因は「欲求がなかった」からである。

- レイさんは既婚者で，現在は妊娠中。セックスをしない理由は「相手に性的な魅力を感じないから（そのため，性欲の低下）」と語っている。
- ユミコさんも既婚者で現在妊娠中。セックスをしない理由は「相手に性的な魅力を感じないから」である。
- エリさんは既婚者で7歳の子どもがいる。セックスをしない理由は「相手に拒否される」からと彼女は述べている。
  次に男性のインフォーマントを紹介する。
- タカヒロさんはパートナーと同棲している。パートナー（彼女）と付き合うにつれて「相手に性的な魅力を感じなくなり」，性的な欲求も徐々に少なくなったと言う。
- ナオキさんは同性愛者で現在，パートナーと同棲している。セックスをしない理由は「相手に拒否される」からである。
- タクさんは社会人（自営業）で既婚者。彼の場合，セックスは「子どもを作るための行為」となり，「妻を異性と見られなくなった」ことでセックスを避けるようになった。
- ヨシカズさんは学生で，長期間付き合っている彼女と同棲している。彼女には性的な魅力を感じないためセックスレスである。
  さらに，過去にセックスレス経験をしたインフォーマントを挙げる。
- リョウさんは社会人。過去の彼女とセックスレスであった。その要因として「疲労」，「欲求がない」，「相手に性的魅力を感じない」を挙げている。
- シンさんは社会人で，過去の妻とセックスレスであった。その要因として「疲労」と「相手に性的魅力を感じない（そのため欲求の低下）」を挙げている。
  40代のインフォーマント（5人）の中には女性4人と男性1人がいる。女性の中では3人が離婚経験者であり，現在は長期間交際相手がいない。男性インフォーマントのヒデアキさんは今まで交際経験がなく，独身である。40代のサンプリング数が少ないため，本書では1人（カナさん）のみを紹介する。
- カナさんは既婚者だが，夫と別居中で「離婚しているのと同じ」と述べている。別居中の原因は夫の不倫とセックスレス（夫に拒否された）である。

3.4　2回以上インタビューしたインフォーマントについて

　本書で紹介するエミさん，タクさん，カナさんは2回インタビューを実施した。ヒロミさんとカズキさんは3回インタビューをすることが可能となった。そのため，結婚前後の変化と，20代から30代になるにつれて性意識・性行動がどのよ

表3-5　複数回インタビューしたインフォーマント

インフォーマント	第1回調査→第2回調査 調査時期と年齢	第1回調査→第2回調査 調査内容
エミさん	20代→30代	出産前後
ヒロミさん	20代→30代	結婚前後
カズキさん	20代→30代	離婚と再婚の前後，出産前後
タクさん	30代→30代	出産前後
カナさん	40代→40代	婚外恋愛中とその後

うに変化したのかを知ることができた。タクさんの場合，子どもの出産前後で性意識・性行動がどう変化したのかが明確になった。これによって，先行研究でも明らかとなっていない出産前後の性意識・性行動の変化を検討することが可能となった。

4 ┃ 未婚者のセックスレスの現状——20代中心

　本章の第4節から第6節の目的は，インフォーマントのセックスレス経験を考察することである。そのため，今まで交際経験がないインフォーマントは分析外とする。

　続いて，第7節では全体のインタビューから得られた結果の考察を行う。その中では，個人が持っている性意識（セックスへの関心度・重要度とセックスの意味）の視点からセックスレス現象を考察し，外的要因のみを分析するにとどまらず，個人が持っている性意識とセックスレスの因果関係を明らかにしたい。さらに，カップル間のセックスレスを経験していない，つまりカップル間で定期的にセックスをしているインフォーマントも紹介し，セックスレスと非セックスレスのカップル環境の相違点を比較する。

　最初に20代のインフォーマントはどのような要因でセックスレスになったのか，セックスレスに対してどのような認識を持っているのかをまずそのまま提示する。最後にそれらの結果について全体的な考察を行う。

4.1　過去のネガティブな経験

　ここでは，過去のネガティブな経験が現在の性意識・性行動にどのように反映しているのかを考察するため，次のような事例を紹介する。初体験で快感を感じなかった（エミさん），初体験が痛かった（カエデさん），相手に拒否された（ヒロミ

図3‐1　インフォーマントの過去のネガティブな体験事例

さん，ハヤテさん），相手にバカにされた（ハルトさん）の4つの例である。

4.1.1　初体験で快感を感じなかった「服を脱ぐことさえが面倒くさい」

■ 過去の経験

　エミさん（学生）は過去の経験によって，パートナーとのセックスに積極的になれず，セックスをするよりも，しない方が良いと語っている。彼女はセックスというテーマには関心が低く，カップル間のセックスは「重要ではない」と考えている。セックスに関心がもてない理由として，初めての彼氏との初体験で快感を感じなかったためだと述べている。その当時，彼女はセックスをしたいと思っていなかったが，相手から望んできたため，「あ，はい。どうぞ」と彼女は応じたと言う。

　　　もう付き合っているし，いいかって感じ。でもそう（…）快楽っていうのは男にとってはそうかなって思う。（男には）ストレス解消でもあるし。やっぱり男の人はしないと，こう発散しないとたまるのかなって思って。女の子はどうかわからないけど。（エミさん）

　彼女は，当時の彼氏とは11ヶ月付き合っていて，9回セックスをしたが，「なんか（セックス）するのが好きって思ったことはなかった」と言う。

■ 現在の経験

　エミさんは過去の初体験で快感を感じなかったため，それ以来セックスは「面倒くさい」，「セックスに自信がない」，「絶頂感に達することができない」と感じている（しかし，面倒くさいという感情は3つの中で一番当てはまると言う）。現在のパートナーとはほぼセックスをしていないと言う（半年に1回程度）。

　　　私はあんまり（セックス）好きじゃないというか，面倒くさいんだよね（笑）

面倒くさくて，あまり「あ，気持ちいい」というふうになったことがなくて。なんか，私が下手なのかわからないんだけど（笑）（セックスの時に自分の服を脱ぐことさえが面倒くさいと彼女は語る）。

　　服着たまんまでできるかなって思う。だからその，例えば抱きしめたりとか，ちょっと腕くんだりとか，その程度でくっつくので十分。（エミさん）

　このインタビューでは，彼女はセックスというテーマについて「全く関心がない」ではなく，「どちらかといえば関心がない」を選んだ。その理由を聞くと，「必ずついてくるものだから」と彼女は答える。セックスは「避けられない，その恋人とか夫婦とかとしてコミュニケーションする時には避けられないことだと思っているから。全く関心がないと言わないけど。でもそれがなんか，例えばコミュニケーションの方法の中のベスト3に入るとか，そういうことじゃないから。そんなに重要視していないかな」と彼女は答える。

4.1.2　初体験が痛かった「セックスは苦痛で嫌なイメージ」
■ 過去の経験

　カエデさん（学生）は現在，交際相手がいるが，過去の彼氏との初経験が痛かったことがトラウマとなった。このような経験によって，現在でもセックスは愛情表現とは考えられず，むしろ「セックスは苦痛で嫌なイメージ」がある。そして，セックスというテーマには付き合っている相手に求められるとセックスをするからという理由で「若干関心はある」が，カップル間のセックスは重要ではなく，むしろこの先セックスレスになりたいと彼女は述べている。カップル間でのセックスは重要ではない要因を次のように述べている。

　　（…）昔のトラウマかな？　1回目がやっぱりすごく嫌なイメージだったの。だから2回目からも（…）マイナスなイメージで入っちゃっているから，（…）皆が言うように思い切って楽しめるふうには思えない。（カエデさん）

　彼女が語る「嫌なイメージ」は，心の準備がないまま当時の彼氏とセックスをし，痛みを感じたことに由来する。その当時に付き合っていたパートナーは彼女と同様に未経験であった。そのため互いに「こうしてほしい」という性的欲望を明確に伝えることができなかったと彼女は語る。

　　17，18ぐらいの時かな。（…）こっちからも（…）「痛い」って相手に言ったけど，なんかこう「あ〜して，こうして」って言えなかったし。なんか向こうも向

こうで全然わかってなかったから。で，私もなんにもわかってなかったし，もとから。初めて同士だったし，すごいそこでいっきにイメージが悪くなって，そこからずっとなんかやりたくないふうになっちゃったのね。で，向こうもあまり性欲がない人だったから（…）夜になってもそういうことはなかったし，う～ん，なんか本当にごぶさたって感じだった。2年間ぐらい付き合っていたけど，それが（セックスが）ないまま別れた。（カエデさん）

彼女によると，彼の性欲が弱いため，セックスをしなくなった。一方，彼女の初体験で起こした反応に彼は驚き，彼自身もセックスを避けるようになったことも述べている。

　　1回目，初めて（セックスを）やった時に，痛すぎて，私は騒いだのね。泣いちゃったから。だからそれに（彼は）ビビっちゃったみたいで，それからセックスができなくなっちゃったみたい。（カエデさん）

■ 現在の経験

　以上のような経験がカエデさんの性意識に強く反映する。彼女にとってセックスはどのような意味を持つのかと聞くと，「愛情表現という意味であってほしい」と答える。彼女は，一般的にはカップル間のセックスは愛情表現と結びついているが，自分の場合はそうではなく，むしろ，義務と苦痛の意味が強いと説明している。現在付き合っている彼氏の性欲は彼女よりも強いため，セックスを避けたくても避けられないと言う。

　　ま，やっぱりそういうことはしたくないなって思うし，でもやっぱ彼がそういうふうにさ「今やりたい」っていうふうになったら，彼女もそういうのに応えないとならないから，なんか私も無理やりそういう気持ちにさせる。そういう，なんというの，あ，あの～「明日はするんだ」みたいな。そういう気持ちに，モチベーションに持って行かないとなんかこうやる気にならない，やりたくない。（カエデさん）

　セックスをする時に快楽よりも義務・苦痛の意識が強いため，セックスは重要な行為ではないと彼女は語る。しかし，セックスの場合，普段の生活で得られないスキンシップも味わえるため，セックスは「触れ合い」でもあり，この要素を考えると「全く重要ではない」とは言い切れないと彼女は述べている。

　　セックスは義務だけど，スキンシップも取れる手段であるから始まって10秒

ぐらい？　なんか，恥ずかしいね。ハグして，キスする時が一番幸せかなっていう感じかも。（カエデさん）

4.1.3「相手に拒否された」

　初めてのセックスを経験したパートナーに拒否されたことでセックスをしなくなるケースを紹介する。ここでは，男性と女性それぞれが拒否された経験を述べている。

■ 女性インフォーマント

　ヒロミさん（学生）は過去の交際相手と付き合って2年目からセックスレスとなった。セックスレスになった理由は相手が彼女を性的な対象として見られなくなり，セックスを拒否されたためである。彼女にとって，相手からセックスを避けられる体験は苦痛だったと語っている。

　　（…）セックスが苦痛だから（…）相手とセックスレスになった時は相手にやんわりと拒否されたことはあったし。（…）拒否というよりは相手に「今日は」（セックスはできない）ってなった。（ヒロミさん）

　ヒロミさんは交際相手との年齢の差と，彼女自身が彼にとって性的対象ではなかったからということをセックスレスになったきっかけと考えている。

　　付き合って，あ，2年付き合った人で。2年目ぐらいからちょっとセックスをしなくなりました。相手が14個上だったので，体力的にも微妙だっただろうし。あと，たぶん私のことも性的な対象として見られなくなったっていうのが理由だったと思うのね。（ヒロミさん）

　もともと彼女はセックスに関心があり，カップル間のセックスは重要なコミュニケーション（触れ合い），「快楽」や「本能的」なこと，そして「子どもを作るための行為」として考えていた。しかし，拒否された体験からセックスは苦痛で疲れるという気持ちが湧いて，カップル間のセックスをあまり重要視しないことにした反面，セックスに前向きである相手と今後付き合いたいと言っている（しかし，このような経験から現在は交際相手を望んでいないと言う）。

■ 男性インフォーマント

　ハヤテさん（学生）は現在交際相手がいない。彼はセックスに対し「どちらか

といえば関心」があり，セックスは「どちらかといえば重要」と述べているが，過去に相手にセックスを拒まれた経験があるため，セックスはもうしたくないと語る。彼によると，2人の女性と交際経験はあったが，2人ともセックスがあまり好きではない感じであったと述べている。

　　（最後に付き合った女性も）そういうの（セックス）が好きじゃないって言われて。なんか「痛い」って言われて。で，おれは「じゃ，わかったよ」みたいな感じで。だからセックスをしないで1年半くらい付き合った。おれも別にしたくないわけではないけど，なんか嫌がった感じだったから，イチャイチャとかはするけど，（セックスは）「ま，いいかな」って。だからセックスはしなくても，そういう風に付き合えるのかなって思う。（ハヤテさん）

　当時の彼女がなぜ性行為の時に痛みを感じたのか，または，どういった痛みを感じたのか，彼にはわからない[4]。「なんでだろう。理由はあまりわからないな」と彼は述べる。

　カップル間でセックスしなかったことについて，彼は不満を感じたのかどうかを聞くと，彼は不満には思わなかったと言う。「なんか結構思うのは，なんかどうせ（セックスは）疲れるし，時間ももったいないし（笑），後から他のことをすればよかったなって思うこともあるから」と言う。

4.1.4「相手にバカにされた」

　ハルトさん（学生）は現在交際相手がいない。彼の場合，初体験の時，女性にバカにされたことが忘れられず，それがきっかけとなってカップル関係の親密性を深めるためにセックスはなくてもいいものとなったということを次に説明している。

　　一番初めてしたのは大学，20ぐらいの時かな。お酒飲んで，お互い酔っ払って，ホテルに行って，初めての行為になって…。あの…なんだろう，お酒で酔いすぎてグタグタになっちゃって，全然セックスがうまくいかなかった。それでなんか，その女の子にバカにされたじゃないけど，傷つくことを言われて，セックスは「もういいや」って思うようになって，ちゃんと付き合った人とやろうって思って…。だから初めての人…要するに行為が最後まで完了しなかった。行為があったんだけど，最後まで完了しなかった。（ハルトさん）

4）彼によると，彼女にペニスを入れようとしたけれど，入らなくて，最後まではしなかった。

　この出来事によって，セックスについて深く考えるようになったと彼は語る。セックスというものは誰とでもできる行為ではなく，真面目な付き合いをする相手としかしたくない行為となったと彼は言う。また，このような経験を踏まえて，セックスの意味は「子どもを作るため」であると述べている。

　ハルトさんの場合，過去の経験により，セックスは快楽や触れ合いなどの性的な意味から離れ，子どもを望む時にする行為としてのみに価値を置くようになった。そして，彼はなぜカップル間のセックスはコミュニケーションとしてあまり大切ではないのか，その要因を次のように語る。

　　　う〜〜ん，重要だと思うけど，男の人でも立たなくなることもあるじゃないですか。チンコが立たなくなる。インポテンス。インポになって，セックスをできなくなっても，同じベットで寝て，抱きしめ合うような愛情もあるじゃないですか。だからそっちの方がむしろ大切だと思うけどね。触れ合いの方が大切だと思う。（ハルトさん）

4.2　セックスは楽しくない

4.2.1　「相手の性欲が強くて辛い」

　ここでは，先に述べた女性インフォーマント（カエデさん）をもう一度取り上げる。過去に付き合った相手との初体験が苦痛だったことで，セックスに良いイメージが描けなくなったと彼女は語ったが，現在ではどうなのか。

　カエデさんは現在，11ヶ月前から新しい彼氏と付き合っているが，今でもセックスはしたい行為よりもしないといけない行為として認識している。そして，過去の彼氏は性欲が弱く，初体験のネガティブな経験で彼女にセックスを求めなかった一方，現在の彼氏は性欲が強くて，「結構難しい」と彼女は悩み，「ちょっと性欲を抑えてもらいたいっていうのはあるかもしれない」と語った。彼女はセックスを望んでいないのにもかかわらず，彼とは月2，3回セックスをする。本人は次のように語る。

　　　うん，辛いよ，だから。だから今までもすごく辛かったもん。彼氏がそういう性欲がある人だったから。なんか，我慢をしてやった時もあったし。本当にだからマグロ状態だよね。もうなにもしたくないし，嫌だからなんか股を開いただけみたいな。そういう時もあったよ。だから正直辛い。どうやって楽しめるのかなって，いつも楽しもう，楽しもうって思っていても。ま，そういう気持ちだからさ，体は反応しないじゃん。だからさ，そういうのもさ，悩んだこともあるか

もしれない。（カエデさん）

4.2.2 「体力がないから苦痛・セックスの時に考えすぎる」

［4.1.3］でヒロミさんのケースを紹介した。彼女の場合，パートナーとセックスレスになったきっかけは「相手に拒否された」という要因が大きいが，「体力がないからセックスは苦痛」であることも述べている。彼女が語っている体力というのは「精神的な面で疲れるから体力が持たない」である。つまり，彼女は相手とセックスをする時に「相手にとって何が気持ちいいのか，次に何をすればいいのかな」などを考えすぎる傾向があって，それで疲れてしまうと言う。

4.2.3 「セックスをしないことが普通」

最後にアケミさんの彼氏アキラさんの事例である。彼らは付き合って2年である。まずアケミさんの見解を述べてから，アキラさんの見解を紹介する。

■「友達と旅行している方が楽しい」

アケミさん（学生）は今まで4人の男性と付き合った経験があるが，現在付き合っている相手（アキラさん，学生）が初めてセックスを経験した人である。彼女がパートナーとセックスをしたくない理由は「相手に性的魅力を感じないから」と，彼氏とのセックスを「楽しめない」ため「セックスが苦痛」である。そして，セックスはカップル間で「しないといけない行為」であるためセックスに対して少し義務意識も持っている。彼からセックスを求められ，彼女はしたくなくても，彼女はそれを断れないと語った。「あまりしたくないなって思っても…」。アケミさんによると，セックスをしたくないのにセックスをするため苦痛を感じ，それを彼氏には言えないまま我慢をすることはよくある。

現在，アキラさんと付き合ってからセックス頻度は月に1回程度に減り，それに対して彼女は不満を感じない。彼女はセックスをする頻度を「増やしたくない」が，完全になくなってはほしくないとも言う。彼女の場合，セックスに対して良いイメージを持てないが，インタビューでは「セックスは重要」であり，アキラさんとのセックスは苦痛であるが，セックス自体は愛情表現や触れ合いでもあると述べていることが興味深い。その理由を聞くと，セックス自体は嫌いであるが，セックスをする場面だけで身体的な触れ合いがあるため，セックスは重要と述べている。「私は今の相手が普段，愛情表現をしてくれる人じゃない。でもそういうことをするときは『かわいい』とか言ってくれるしギューってしてくれ

るし，一番恋人っぽくて愛されているなあと感じられる行為だから，重要だと思う」と主張する。普段の生活の中では身体的な触れ合いがなく，「もっと手を繋いだり，ハグしたいけど，彼がそれをしたがらない」と不満である。そして，彼女によると，セックスをしないと，「彼女」としての存在を感じられないから，セックスをしたくなくても断れない。断れないため，義務感がさらにわくと言う。インタビューの最後に，アケミさんは彼氏と一緒に過ごすよりも，友達と旅行に行く方が楽しいと発言している。彼女は彼氏となるべく時間を過ごさないようにして，距離を置いている。セックスよりもカップル関係全体に不満を感じているため，別れるかどうかを考えていると言う。

■「セックスがなくてしょうがない」

アキラさんはもともとセックスに関心があり，どちらかといえば重要であると捉えている。そして，彼にとってパートナー間でのセックスは「愛情表現」，「触れ合い」と「快楽」である。彼の方は，彼女にセックスを拒まれている実態を語っている。セックスの頻度は以前月に1回であったが，現在は徐々に減っていることも述べている。

彼女は「恥ずかしがる」ため，セックスについて話すことを拒否する。カップル間でセックスについて会話をしないことと，彼女がセックスを嫌がることが「普通となった」。しかし，それも「しょうがない」と，拒否される理由やセックスが減る頻度について疑問を持たないことを述べている。そして，現在の状況を改善しようとせず，むしろ他の女性に対して性的な好奇心を持っていると語っている。つまり，彼女よりも「他の世界をみたい」とのことである。

4.3　考察と解釈

以上，20代が語るセックスレス要因を紹介した。それぞれのセックスレス理由から見えてくるのは，過去の経験，その中でも初体験のネガティブな経験が現在の性意識・性行動に強く反映されていることである。つまり，インフォーマントは快感を感じなかったり，苦痛を感じたり，相手に拒否されることからセックスに積極的になれないことが見受けられる。また，初体験でのネガティブな経験が現在の性意識・性行動に影響を及ぼしていることが興味深い。岩田・早乙女ほか（2018）は日本人の青年期女性に対し日本版の Female Sexual Function Index（FSFI）を用いて性機能を調査した。その結果，現在のパートナー関係の有無の他に，性体験を持った人数が多い女性の方が性機能も高かった（岩田・早乙女ほか

2018：37-44）。本書のインタビュー調査でも過去の経験から生じるセックスレスは主に初体験[5]を示し，先行研究と同様な解釈が可能となる。

4.3.1　快楽を感じないこととセックスレスの特徴

エミさんの場合，快楽を感じないため，セックスはほとんどしていないと述べる（半年に1回程度）。カエデさんの場合，セックスは苦痛であるが，相手の性欲が強いため，月に2，3回はセックスをしている。両者とも，カップル間ではセックスは重要な要素ではないと述べている。一方，アケミさんのケースを見ると，ここでも彼に対して性的な魅力を感じることができず，彼とのセックスも苦痛なのでしたくないと述べているが，彼女のケースでも月に1回程度セックスはしており，セックスは重要であると述べている。

3人の共通点は，特に妊娠後，完全にセックスしたくないと述べている点にある。しかし，アケミさんの場合，セックスレスになることについて「なんか子育てが大変な時には『ま，いいや』って思うかもしれないけれど，子育てが落ち着いたらちょっと不安になりそう」[6]。では，それぞれの女性インフォーマントはなぜセックスを避けたいのか。インタビューを行った結果から，大きく2つの特徴が見られる。

(1)セックスは「したい」よりも「しないといけない行為」
(2)身体的な触れ合いの望み
以降では，この2つの特徴について説明する。

■ セックスは「したい」よりも「しないといけない行為」

セックスは愛情表現・コミュニケーションであると一般的に言われているが，相手に求められていることからセックスをするという側面も存在するのである。例えば，インフォーマントは一般論として，交際相手とのセックスは「コミュニケーション」であると言いつつ，付き合っているからには「必ずついてくるもの」（エミさん），相手にセックスを「求められたらやらないといけない」（カエデさん），相手に求められると「あまりしたくないなって思っても…」（アケミさん）応じてしまうとインフォーマントは述べている。エミさんの場合，セックスはコミュニケーションであると語っているが，自分がそう思っているのではなく一般

5）ハルトさんは2人の女性と付き合い，その2人の女性に関係を拒まれた経験から，セックスに積極的になれなくなった。

6）彼女はセックス行為そのものを愛情表現と考えている。

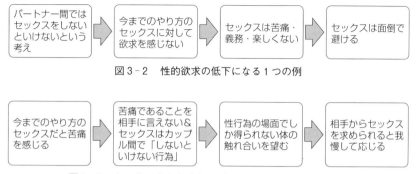

図3‐2　性的欲求の低下になる1つの例

図3‐3　セックスをしたくないが，セックスをする1つの例

的にそう解釈されているためパートナーが望んでいるとセックスしないといけないと考えている。しかし，彼女の場合，セックスに対しての拒否意識が強いため，夫はセックスに誘わず，彼女の解釈によると，「（彼は）性欲があまりない」と述べている。

　ここで気になるのは，それぞれが持っている一般的なセックスの価値観はどこからきているのか，という点である。

　そして，以上に触れたように，アケミさん，エミさん，カエデさんはパートナーとのセックスは楽しいから「したい」というよりも，相手に求められたら「しないといけない」と考えている。カップル間のセックスは愛情表現や身体的な触れ合い（コミュニケーション）という意識だけではなく，「セックスをしないと相手が悲しむ」，そして「彼女（カップル）だからセックスをしないといけない」という意識が働いていることが考えられる。

■ 身体的な触れ合いの望み

　しかし，エミさんと違って，アケミさんはパートナーとのセックスはネガティブな要素だけではなく「愛情表現」と「触れ合い」というポジティブな要素もあると述べている。その理由としては，セックスをする時にだけ得られる身体接触（ハグ，手を繋ぐ，キスをする）を味わっているからだと言う。その時に味わう「彼女」としての存在が重要であるため，パートナーとのセックスの頻度は付き合ってから徐々に減っているが（もともと1ヶ月に2，3回の頻度が月に1回に減少），完全になくなると不満だと述べている。

　カエデさんもアケミさんと似たように，セックスだけで得られるスキンシップ

を味わっているため，抵抗感を覚えていても相手に求められると従うようにしている。カエデさんは，「セックスが始まって 10 秒ぐらい」ハグやキスを楽しむと言う。その時が一番の幸せを感じると述べている。しかし，彼女の場合，彼氏の性欲が強いこと，セックスはしたくないけれど，カップル間で「しないといけない行為」だと認識していること，そしてセックスをしている最中だけ望んでいる身体接触を得られることといった理由から，セックスを完全に拒否できない。アケミさんもセックスをする時にだけ彼氏に抱きしめられ，手を繋ぐため「彼女」としての認識が深まると言う。

　一方，エミさんはセックスを完全に拒否しているが，「ただ横にいるだけでいい」，「一緒にお風呂に入っている」と普段の生活だけで満足感を得られていると言う[7]。

　これらの 2 つの特徴を見ると，コミュニケーションとしてのセックスが曖昧に認識されていることが考えられる。もしセックスがコミュニケーションであれば，「女性は〜しないといけない，男性は〜しないといけない」といったジェンダー規範は少ないはずである。

　セックスがコミュニケーションであるという意識が成り立つためには，男女は性的に対等でなければならない。だが，これらのケースを見ると，特に，女性のインフォーマントの場合，自分が「楽しいから」，または「重要なコミュニケーションであるから」セックスを望んでいるのではなく，「付き合っているから」，または「彼女であるから」セックスに応じないといけないという発想がまだ残っている。

　加えて，もしセックスがある種のコミュニケーションであるという意味合いが内面化されていれば，カップル間で性生活の環境を育てようとすることも考えられるが，このようなことは見られない（性的なコミュニケーション（言語と非言語）が困難，自分の望むセックスはわからない，性生活がない方が良いと語るインフォーマントも存在する）。

　この結果から，コミュニケーションという言葉は日本では曖昧に解釈されており，西欧のような互いの主体性に基づいたコミュニケーションという側面からのセックスが内面化されていないことが考えられる。一般論と自分自身が持っているセクシュアリティ（性意識）が混ざっている可能性がある。

---

7 ）一緒に住んでいるため，相手の横にいたり，一緒にお風呂に入ったりして，精神的な満足感を得ることは，パートナーと同居していない場合よりもできやすい環境にあると考えられる。

図3-4　セックスの拒否

4.3.2　相手に拒否される要素とセックスレスの特徴

　このインタビューでは，セックスをパートナーから拒否された経験からセックスを避けるようになったケースが男女共に挙げられている。

　男性の場合，女性にセックスを拒否されるのは，女性に何らかの要因（例えば苦痛を感じる，快楽を感じないなど）があるためだと解釈する。一方，女性の場合，男性にセックスを拒否されると，年齢（もし相手が年上であれば），性欲が弱いこと，または，「女」として見られていないという性的な魅力の減退が原因だと解釈している。だが，今回のインタビューではセックスの場面で相手にバカにされたことからセックスをしたくなくなったケースも見られる。

　しかし，根本的に別の要素が関わってくる。ミナミさんが指摘しているように，女性自身が気持ちいいセックスを知らない。そして，男性も女性の体についてあまりに理解が不十分である。また「男性の方は性欲が強い（カエデさん），男性の方がセックスを求める（エミさん，カエデさん），女性はセックスをしたくなくても従うべきだ（アケミさん，カエデさん）」という性的な規範を信じ込んでいる傾向が見られる。だが，このような性的規範が強く存在する中では，2人の良い性生活の構築，そしてインフォーマントが語る「コミュニケーション」としてのセックスは育てられにくい。

■ 過去の性経験で体験した「失敗」の不安

　上記のインフォーマント（アケミさん，エミさん，ヒロミさん，カエデさん，ハヤテさん，ハルトさん）の中から「予期不安」を感じる人が生じる可能性がある。予期不安は次のように説明できる。過去の失敗やネガティブな経験によって，それ以降のセックスの時にも同じような経験が繰り返されるという不安である。これに加え，失敗する恐れによって不安や緊張が高まることが予期不安である（阿部2004）。過去の性経験で苦痛を感じたり，快感を感じなかったり，拒否されたりなどといったことからセックスに対してプレッシャーを感じ，ますますセックスに対する欲求が低下することもありうる。このような不安は「相手に拒否されたから」セックスレスになったというインフォーマントから明確に見てとれる。

　例えば，インタビューの最初にハヤテさんはセックスについて「どちらかとい

えば関心」があり，「どちらかといえば重要な行為」であることを述べている。しかし，これまでの性経験から，もし次に交際相手ができたとしても性行為がない関係を望んでいる。ハルトさんのケースもハヤテさんと似ている。セックスにもともと関心があり，触れ合いの手段として重要だと思っていた。しかし，セックスの最中にバカにされた経験から，セックスがない親密な関係も考えられると語っている。そして，セックスは触れ合いのために重要という意識が「子どもを作るために重要な行為」という意識に変化したことが興味深い。そして過去の性経験から，勃起ができなくなる不安が出てきたことも彼は述べている。

　　　男の人でも立たなくなることもあるじゃないですか。チンコが立たなくなる。インポテンスになって，セックスをできなくなっても，同じベッドで寝て，抱きしめ合うような愛情もあるじゃないですか。だからそっちの方がむしろ大切だと思うけどね。触れ合いの方が大切だと思う。セックスをやって「やった，出た，出た，終わり」ではなく，抱き合う時間の方が大事だと思う。(ハルトさん)

　ヒロミさんのケースでも，セックスにもともと関心があり，重要視していたが，過去の交際相手にセックスを拒まれたため，「セックスの重要度は付き合っている相手による」と彼女は語る。彼女は，過去のパートナーにセックスを拒否された経験がある。相手に拒否される理由を尋ねると，彼は機嫌が悪くなり，最終的に別れたと言う。別れた原因も，彼女がセックスを求めていたからだと推測している。次の交際相手とは性生活を構築したいと述べていた。しかし，2回目のインタビューでは，現在の交際相手にもセックスを拒まれている。彼女は彼との性生活を構築したいが，「過去のトラウマ」によって相手にセックスを求めないと語っている。求めると，相手が怒って，また別れる可能性があるからと彼女は言う。

　この3つの事例を見ると，過去のネガティブな経験が現在の性生活にまで影響を及ぼしていることがはっきりと見える。失敗を繰り返さないため，自分自身のセクシュアリティを満たすことを控えている。そして，「性的願望を相手に伝える言葉──コミュニケーションについて」でこれから述べるように，もしパートナーともっとセックスしたい場合はどうするかという質問でも，自分の願望を相手に伝えて別れられると困るため，我慢するという傾向が見られる。

　カップル間で双方のいずれかがセックスを一度拒否すると，その行為は完全に排除されてしまう。しかし相手がパートナーとのセックスを拒否することには何らかの意味が含まれていることが考えられる（タイミング，「セックス」自体が嫌では

なくそのやり方に不満を感じるなど）。相手はどういうセックスをしたいのか，または どういうセックスをしたくないのか，セックスに関して何を変えたいのかなど を言葉や身体を用いて相手に伝える必要があるのではないか。また，セックスを 拒否されることによって，セックスを拒否する側だけではなく，拒否される側も 性的欲求が低下する可能性がある。それがセックスに関心がなくなる1つの要因 でもあるのではないか。

4.4　本節のまとめと仮説

　第4節では20代の男女におけるセックスレス要因について考察した。その結 果として，セックスレスになる過程は各事例で異なることがわかった。今回のイ ンタビューでは，過去におけるセックスにかんするネガティブな経験（セックス は楽しくない，苦痛を感じる，相手に拒否されたなど）が，現在のセックスに否定的な 影響を及ぼし，セックスレスが生じているケースも見られた。

　そしてセックスレスの要因については男女差も見られる。女性のインフォーマ ントの場合，パートナーとのセックスを避けたくても，相手が望むとセックスに 応じることもある。付き合っていれば「しないといけない行為」であるという義 務意識[8]も存在する。加えて，セックスの場面でしか得られない身体的触れ合い を望んでいるため（ハグ，キス），セックスをしていることが明らかとなった。男 性のインフォーマントの場合，セックスがうまくいかなかったら（拒否された，バ カにされた），性生活を作り上げるよりも，諦める傾向が見られる。

　男女に共通する点は，「愛情表現」も含む「コミュニケーション」としての セックスが曖昧に認識されていることである。性的な場面で何らかの不満が生じ ても，相手にそのことを伝えない理由としては，1）相手を傷つけたくない， 2）セックスの場面でしか得られないキスとハグ，手を繋ぐことを味わいたい， 3）相手に言っても「じゃ，どういうことがしたいの？」と聞かれたらどう言え ばいいかわからない，という3点である。

　カップル間でのセックス（性生活を構築すること・性環境を対等に作り上げること） について学ぶことがほとんどないため，日本ではセックスで苦痛や不満を感じた としても，それを言葉で表現することが困難である。そのため，お互いに察して もらおうとする。本研究でも，言葉で自己の性についてパートナーに伝えるのは

8）このような「〜しないといけない」という義務意識はどちらかというと男性の方では見 あたらない。女性の方が強かった。

困難であるという傾向は，女性だけではなく，男性にも見られた。

　荒木（2019）は日本では，言葉なしのノンバーバルコミュニケーション，例えば「空気を読む」のが得意と指摘している。そのため，セックスが気持ちいい時には表情や吐く息で気持ち良さを示すことを提案している（荒木 2019：237）。相手に自分の性的な欲求や願望を察してもらうことができれば問題は生じないが，相手に察してもらえない場合も多いようだ。自分の欲求を相手に明確に伝えることは重要である。相手の欲求やセックスへの願望を知ることが，カップル間のセックスを楽しむための１つの前提条件となるのではないか。

　以上，セックスレスである本人が語る要因からセックスレスを述べてきた。初めてのセックスで性交痛を感じ，楽しめないのは日本だけで見られる現象ではなく，世界中で起こり得る。

　しかし，20代のインフォーマントの場合，初めてのセックスで苦痛を感じると，女性はこれからもセックスで苦痛を感じるのではないかと不安を抱いていることが予測できる。そこから，セックスは「苦痛」な行為であると意味付け，セックスを楽しめなくなり，今後もその状態が続くだろうと推測し，相手とのセックスを避ける傾向にあるのではないか。また，相手側からセックスを拒否されるという事例にも同じことが言える。一度相手に拒否されると，今後も拒否され続けるだろうという不安が生じ，拒否する相手の行動に同調し，セックスに至ることも少なくなる。

　そこで，どのようなことからセックスレス状況を抜け出せないのかについての仮説を立てる。次にカップル環境のあり方（コミュニケーション，自己決定と他者決定，一緒に過ごす時間を含む）の側面からセックスレスを考察する。

4.4.1　性的願望を相手に伝える言葉——コミュニケーションについて

　以上の繰り返しになるが，ときおりインフォーマントにはセックスを「愛情表現」「触れ合い（コミュニケーション）」としている反面，セックスを拒んだり，気乗りしないのに付き合ったり，行動面で矛盾している傾向が見られる。ここでは，もう少しセックスレスとコミュニケーションの関連性を検討する。

　セックスは非言語的コミュニケーションであるだけではなく言語的なコミュニケーションでもある。非言語的なコミュニケーションでは身体と身体の触れ合いで親密になれる一方，言語的コミュニケーションでは，言葉で自身の欲求やお互いの願望を相手に伝え，お互いの気持ちを深め合える行為である。

　ここでは，「パートナーとセックスについてオープンに話すのはどのような時

ですか」,「互いにどういうセックスが好きなのか知っていますか」,「パートナー
が自分よりももっとセックスをしたい場合,あなたはどう反応しますか」,「あな
たがパートナーよりもっとセックスしたい場合,あなたはどうしますか」,「パー
トナーとのセックスがあまり楽しくない場合,あなたはどうしますか。自分の不
満の理由を明確に相手に伝えますか」,「セックスに関して自分の意見をしっかり
と言えますか。それとも無理をして,パートナーの行動・意見に合わせますか」
といった質問を通じ,セックスの場面での「コミュニケーション」について考察
する。そこから浮かび上がる仮説として,本節ではセックスレス実態の複雑さと,
「コミュニケーション」という言葉の曖昧な解釈が引き起こす自己決定と他者決
定のバランスの崩壊を示す。「コミュニケーション」からセックスレスを考察す
ると大きく 2 つの特徴が見られる。

(1)性の会話を回避する現状
　　つまり,パートナーとは互いが持っている性意識について話さずに,2 人の
　　性生活というテーマを日常生活から排除すること。
(2)改善法模索の困難性
　　2 人の性生活について話していても,性の悩みをどのように改善すればいい
　　のかがわからないということ。
以下に 2 つの特徴を考察する。

4.4.2　性の会話を忌避する現状

　パートナーと性についての会話が少ない（または偏りがある）,もしくは完全に
避けるインフォーマントがいる。互いにどのようなセックスを好むか（自己のセ
クシュアリティ）を話さないため,相手が何を好むのか・望むのかもわからない。
例えば,ハルトさんはこの状況をわかりやすく説明している。互いにどのような
セックスが好きなのか知っているかどうかについて彼は次のように答える。

　　　そういう話し合いはしてないかな。どっちかというと,独り善がり。自分勝手
　　だったかもしれない。話し合いをしてなかったから,相手はどんなセックスを求
　　めているのかは,その行為の最中で確認することはあったけど,終わった後に話
　　し合うことはなかったから,本当はどうだったかわからない。（ハルトさん）

　また,パートナーとセックスについて話さないため,相手は自分の好きなセッ
クスについて「たぶん知らないと思う」,そして自分も相手の好きなセックスが
「わからない」（アケミさん）という回答を多く得られた[9]。一方,その彼氏アキラ

さんは，アケミさんに会話を拒まれているにもかかわらず，自分が好むセックスを彼女が「知っていると思う」と述べており，認識のズレが見られる。

　「パートナーが自分よりももっとセックスをしたい場合，あなたはどう反応しますか」という質問については，アケミさんのように，望まないのに断れないケースが見られる。また，別の事例では，「嫌だ」とはっきりと断ることができるが，性生活の改善や楽しみ方については語れないというインフォーマントもいる（エミさん）。一方，相手にセックスを拒否されている場合，相手からセックスを誘われると「嬉しい。どうぞ，どうぞ」と考えるケースもある（ヒロミさん）。20代の男性では，今までこのようなことは彼女から言われたことがないと回答する（アキラさん）。

　続けて，「あなたがパートナーよりもっとセックスしたい場合，あなたはどうしますか」については，男女共「誘わない」との回答が多い。具体的に見ると，女性は「今までそういうのはなかった」（アケミさん，エミさん）と述べ，男性は誘いたくても誘えないことが明らかとなった。例えば，ある男性は「『俺はもっとセックスしたいけど』ってヘンじゃないその話。（…）おかしいと思うけど。ま，俺はやっぱり我慢して，相手に合わせるよ。それで別れるのも嫌だし。付き合うとやっぱり結婚も考えるから」と述べる（ハルトさん）。ハヤテさんも同様にセックスについては話さない。そもそも，20代の男性の中には，カップル関係だけではなく，友達とも性について話なさいケースも存在する。「もしこのような話題が出てきたら，話は聞くけれど，自分からは発言しない」「聞かれたら答える」（ハヤテさん，ハルトさん）。

　そして，セックスをしたいということを言葉ではなく，非言語的に誘うという女性のインフォーマントもいる。例えば「いろんな手を使って誘う。抱きつくとか」とヒロミさんは述べる。だが，彼女は相手にセックスをしたいことを察してほしいのに察してもらえずにうまくいかないとも述べている。「どうやって相手がその気になってくれるのかって研究しています。難しいんだよね」と悩んでいる。

　「相手との性生活で不満（苦痛，楽しくない，セックスの頻度を変えたい時など）を感じた場合」については，インフォーマントはどのように反応するのか。以上に述べたように，女性はセックスで「苦痛」を感じる場合，明確にその旨を伝えることもあるが，どのようにしてほしいのかを伝えることができないため一方的であ

9）しかし，このようなことはセックスレスではないインフォーマントにも見られる。

る。また，「相手が傷つかないように」やんわりと伝えるという回答が得られた一方，「伝えない」「我慢する」（アイミさん）と述べるインフォーマントもいる。男性の場合も，性生活の不満を言わずに，我慢すると語る。相手に性生活の不満を伝えないことは男女共通である[10]。

4.4.3　性について話しても，どのように改善すればいいかわからない現状

パートナーと性生活の話をしても，どのような表現なら相手にも伝わるのかがわからないと悩んでいるインフォーマントもいる。そのため，互いにどのようなセックスを望んでいるのかを伝えられない状態のままである。

例えば，アイミさんはセックスでオーガズムを感じるまでが遅いことで悩んでいるが，相手と話して工夫したくても，「もうどうしようもない」ため，相手に何も「伝えない」と言う。だが，相手が性生活に不満があれば改善するために「頑張る」ため，「言ってほしい」と述べているのが興味深い。別の女性は次のように述べる。

　　（相手と）話したんだけど，なんかあんまり，素直に言えなくて「ああしてほしい，こうしてほしい」とか，なんかあまり言えなかったのね。あと，女のプライドとして，なんか「ああしてほしい，こうしてほしい」って言うのはなんか言えなくて，その時。だからね，本当に止まったまま。その（セックスは）痛いっていうので止まったまま。（エミさん）

他にも，ある男性は次のように述べる。

　　その前戯とかそういうのもしっかり時間を取ってやろうとかね。あまり考えないね。（…）むしろ相手はどう気持ちよくなるのかを考えるけど，（セックスが）終わった後にね，話し合いをしないから，相手に本当に気持ちよかったのか，気持ちよくなかったのかは本当にわからない。（ハルトさん）

性についてのコミュニケーションが友人同士でも乏しいのは，日本性教育協会による『「若者の性」白書』でも指摘されていることだ。そこでは，年齢が上がること，そして性経験（自慰，精通，性交）があることだけではなく，友人とのコミュニケーション（友人との性の会話，友人の性行動への関心）があるほど，性のリ

---

10)　セックスレスではないあるインフォーマントは，もし性生活に不満を感じると，アダルトビデオを見て，真似したいセックスを彼女に伝えると述べているが，このような語りはセックスレスである男女には今回のインタビュー調査では見受けられなかった。

スク意識が低下していくと考えられている。だが，2005 年調査以降，高校生・大学生の男女の性的関心の低下や性行動の経験率の低下が明確になっており，「それに先立って生じていたのは，女子を中心とした『友人との性の会話』の減少とリスクの高まり」であったと述べられている。

　性に関して友人と会話経験があるかどうかによって，意識が大きく異なり，その差異は年々拡大する傾向が見られる。2005 年から性に関する会話経験がないという割合（大学生男女，高校生男女）が増えている。第 1 章第 2 節で述べたように，会話経験が減っていることと同時に，特に「楽しくない」イメージを抱く割合も増えている。このような苦手意識は 20 代男女におけるインタビュー調査でも同様である。友人とのコミュニケーションは，性のリスク意識を低下させうる。つまり，「性の会話や相互の干渉を通じて共同的に性的関心を培養する」，「お互いの情報交換を通じてリスクに対する免疫（実践的ノウハウ）を獲得していく」効果があるのである（日本性教育協会 2013：58-59）。

　興味深いのは，今回のインタビュー調査における女性のインフォーマントの間に「女性はセックスについて話すべきではない」という意識が存在する一方，男性も「このような話をするのは恥ずかしい。セクハラだと思われる」という悩みが存在し，ジェンダー規範のみならず，時代の性規範，そしてセックスレスである男女の特徴である可能性が生じている点である。

　以上に考察した通り，言語的なコミュニケーションをとれていないことから，自己決定と他者決定のバランスを取れず，快適な性環境づくりが困難化している。つまり，カップル間でどのような性生活を望んでいるのかについての認識が薄く（知識不足），「自分と相手はどのような性生活を作り上げたいのか」が言語化されておらず（あるいは，知らない），相手のセックス（またはセックスをしないこと）に合わせたりする傾向が見られる。特に，セックスは苦痛であると言うインフォーマントに関しては，その苦しさを相手に説明できず，どのように，何をすれば苦痛ではないのかという話はしていない現状が見られる。このことから，性的な主体性が育てられていないことが言えるのではないか。

4.4.4　一緒にいる時間と空間

　セックスレスである 20 代男女の他の共通点は一緒に過ごす親密な時間［Quality time］が少ないことである。パートナーと会うのは週に 1 回，2 回で，会うときには一緒に食事をする，またはお茶をする。

　例えば，アケミさんの場合，彼氏のアキラさんと同じ大学に通っているが，会

うのは週に1，2回（インタビューしている時には週に1回）で「長い時は7時間。短い時はお昼の1時間だけとか」に会うと言う。彼の方も彼女と会うとしたら「1時間未満」であることを述べている。週末には互いにバイトが入っているため，平日しか会えない。付き合い始めの頃には，「映画に行ったり，買い物に行ったり，家でごろごろ」していたとアキラさんは語るが，現在では，2人でどこかへ遊びに行く「デート」は月に1回程度だと双方が述べている（アケミさん，アキラさん）。アイミさんは彼氏と同じ大学に通っているが，会うのは月に1，2回と言う。「会う時には彼氏と勉強する。あとは，なんだろう。一緒にカフェに行っておしゃべりするかな」（アイミさん）。現在，忙しいため2人で夜を過ごして一緒に泊まることはない。アキラさんも「彼女の家が汚いから」アケミさんの家には泊まりに行かないという。カエデさんは週に1回から2回は彼氏と会うが，就活で忙しいと週に1回になる。彼女の場合は彼の家に泊まることが多いと言う。そこでは主にテレビを見たり，買い物したりすると言う。

　このようなことから，互いの親密性を構築することが困難である可能性が生じる。例えば，ハヤテさんは，パートナーとはある程度の「距離を置きたい」と主張する。同様なことはヒロミさんとカズキさんでも見られる。

　だが，本書のインタビュー調査では，セックスレスを経験している男女だけではなく，セックスを定期的に行っている女性もパートナーともっと2人だけの時間［Quality time］を過ごしたいと語っている。例えば，サナさんは彼氏とは週末には会えず，平日の夜にしか会えないと語る。そして，2人で会う時にはお酒を飲みに行くことが多い。彼女は「その会えないのもきついし，あと最近ちょっと嫌だなって思うのは，いつも飲み屋でしょう。で，いつもそのデートはイコール飲む。それがもう私の中では別に飲むことは，なんていうの。前はさ，飲むのは好きだし，飲んでいて楽しいと思った。でも飲むだけではない。普通に夜会ってもさ，飲まないで，適当にご飯を食べたり，映画に行ったりしたい」と述べている。

5 ｜ 未婚者のセックスレスの現状 —— 30代中心

　本節では，未婚者のセックスレスの現状について考察する。今回のインタビュー調査では，30代の未婚者でセックスレスである対象者が少ないため，以下では限られたケースを紹介し，未婚者と既婚者の間でのセックスレスの相違点について考察する。

5.1 「仕事一本にしたかった」

　ここでは，リョウさんのケースを紹介する。リョウさん（社会人）はセックスに関心があり，セックスそのものは重要ではないが，カップル間ではどちらかというと重要であると述べている。彼が語る「重要ではない」という思想は，過去の関係からもたらされている。

　彼は，パートナーと2年半の間付き合っており，同棲もしていたが，1年前に別れた。別れた原因として「その時の気分がね。仕事一本にしたくて，仕事だけにしたかった」という理由を挙げている。また，彼女とは付き合って半年後にはセックスをしなくなったと述べている。その原因は同棲し始めたことと，仕事での疲労であると言う。「仕事で疲れているとかがすごくある。あと，次の日に朝が早いとか」。また，彼は次のように話を続けている。

　「明日のことを考えたら，ちょっと（セックスをすることは）辛いかもしれない。そこが大きいかもしれない。起きられなくなっちゃうから」。「（セックスをすると）朝ね，起きられなくなっちゃうんだよね，辛くて」。インフォーマントの彼に起きられない理由を聞くと，「わかんない。それが，たぶん，運動によるっていうよりは脳神経（による疲労）だと思う」と回答した。仕事の疲労から性的な欲求を感じなくなり，パートナーにも特に性的な魅力を感じなくなったと言う。

　彼のケースでは，セックスをしなくても関係に「問題」はなく，特に不満はなかったと語っている。彼女と付き合っている当時に仕事を優先していたため，彼女とは1ヶ月会わない時期もあったと言う。セックスレスであったことと，そして共有する時間が乏しかったことから，彼女の方が不満を感じ，最終的に別れたと言う。このような要因をもって，彼は，一般論としては，セックスはカップル間で重要な行為とみなしているが，彼個人としては，そうではないものと捉えている。

5.2 セックスは愛情を確認するためで，マスターベーションは快楽のため

　次の男性インフォーマント（ヨシカズさん）は彼女と付き合って3年半となる。付き合って半年してから，同棲を始めた。彼はセックスには「すごく関心はある」が，彼女とのセックスは「重要ではない」と語る。その詳細な説明について以下で取り上げる。

　彼はセックスについて次のように述べている。

　　異性を見ると，やっぱりこう，この人とセックスをしたらどうなのかなと考え
　　ちゃうし。男性同士でもこう，この人はどんなセックスをするんだろうと思いま
　　すし。考えることが，1日の中でゼロの日はないですね。ま，考えちゃいますね。
　　（ヨシカズさん）

　一方，セックスという行為の重要度については，「低いですね。実際の行為に
は，もちろん関心はあるけれど，人生においての位置はそんなに高いものではな
い」と答える。また，セックスをするよりも，会話をしたり，抱きしめたり，キ
スをする身体的触れ合いの方を好むと言う。

　ヨシカズさんにとって，セックスの意味は「愛情を確認する」手段である。つ
まり，「相手に受け入れられていると自分が感じること」と捉えられている。た
だし，彼女とのセックスは快楽とは別であることも主張している。性的な快楽は
マスターベーションで得られるということについて，次のように述べている。

　　マスターベーションは快楽ですね。お酒をよく飲むんですけど，お酒を飲むと
　　こうやっぱりこう，したくなっちゃうから，やっぱり快楽ですね。でも，ま，お
　　酒を飲まない時にもマスターベーションするけれど，こう興奮するというよりは，こ
　　う，お風呂に入ったりみたいな習慣で，こう歯を磨いたりするみたいで習慣ですね。

　現在，彼女とのセックスは7ヶ月に1回程度。彼女とのセックスに際して苦痛
を感じると言う。

　　なんだろうな。付き合いたての頃とかは，苦痛だと思わないけれど，長く付き
　　合ってくると，こう，苦痛になりますね。（ヨシカズさん）

　そして，苦痛を感じる理由として次のように説明する。

　　う〜ん。単純に肉体的に疲労をするので，肉体的な疲労が面倒になる。体を動
　　かすじゃないですか。やっぱ，こう普段，多分運動をしていないからなのかわか
　　らないが，疲れちゃうなと思うと。あとやっぱりシャワーを浴びないといけない
　　じゃないですか。後も前も。それがこう面倒くさくなっちゃって，苦痛だなっと
　　思う時もある。（ヨシカズさん）

　現在，彼女とのセックスレス状態については満足であると言う。つまり，セッ
クスの頻度を変えたい，またはセックスの行為を特に工夫したいという願望はな
く，普段の日常生活における身体的な触れ合い（抱きしめたり，一緒に抱き合って寝
たり，出かける前にキスをするなど）だけで満足であると言う。加えて，アダルトビ

デオを「ほぼ毎日」見ており，マスターベーションも「ほぼ毎日」しているため，性的には満たされていると言う。また，彼女以外ともたまにセックスをすることもあると述べた。

　一方，彼女の方はセックスをしたいということを彼に伝えるが，彼はそれを「冗談として言っているだろう」と推測し，彼女のコメントを深く捉えていない。彼女は彼に性生活がないため，バイブを買ってマスターベーションをしていることを伝えた。ところが，彼女は彼とのセックスを望んでいるが，彼はそこに真面目に向き合わないことが明確となっている。もし彼女が彼よりももっとセックスを望んでいても，彼は「ごまかす。明日する，明日する」と答えるが，なるべく避けるようにはしていると述べている。しかしながら，彼がもっとセックスをしたくて誘う場合があれば，彼女は必ず応じると言う。2人の間に性的なズレが生じているが，どのような性生活を望んでいるのかを話し合ったり，互いに好きなセックスを把握したりはしていないと言う。

　そして，性生活の場面で彼氏は「もっとこうしてほしい」とか，「もっとそこに時間をかけてほしい」と彼女から言われることが好きではないが，「それはもちろん向こうの希望だから，応えようと思うんですけど。その希望に喜びを見出せないですね。ちょっとストレスを感じます」と主張する。

　ヨシカズさんの事例を見ると，2人の間に性的なコミュニケーションが不足していることが1つのセックスレス要因である。もう1つの大きな原因としては，彼女との関係に全体的に不満を感じているため，別れたい願望を持っている。このようなことから，彼女とのセックスにも積極的になれなくなっている。

5.3　考察とまとめ

　今回のインタビュー調査では，未婚者でセックスレスを経験したインフォーマントが少ないため，2つの限られたケースを紹介した。まず，最初のケース（リョウさん）では，「仕事一本にしたい」ことから，性欲が低下し，相手に性的な魅力を感じなくなった。2つ目のケース（ヨシカズさん）では，彼女に対する別れたいという思いからセックスが苦痛となり，セックスレスが生じた。

　両者に共通するのは，セックスについての関心はあるが，カップル間のセックスはあまり重要ではないと認識している点である。また，両者の場合，女性側の方は性生活がなくて不満を感じているが，その不満に対してインフォーマントは「無視」していることが見られる。

　リョウさんの事例のように，仕事を優先するケースは既婚者のセックスレス現

状（第6節）で詳細に検討する。ヨシカズさんは，同棲をせずに一定の距離を保
てれば，セックスレスにならなかっただろうと推測した。

　本書のインタビュー結果から，未婚者と既婚者の間でセックスレスの要因は大
きく異なっておらず，似た背景からセックスレスが生じていることが明らかと
なった。先行研究によると，未婚者（単身者）の方が既婚者よりも性的に活発で
あり，肉体的，そして精神的満足感が高いことが指摘されているが（日本性科学
会セクシュアリティ研究会 2007：125），今回のインタビューではそのような差異が見
られなかった。同調査では，既婚者よりも単身者の方が身体的触れ合いが多い
（日本性科学会セクシュアリティ研究会 2007：114-115；2016：61-63）ということが明き
らかとなった。この調査についてはヨシカズさんの事例と一致する。「中高年性
白書」によると，既婚者よりも未婚者の方が多く身体的な触れ合いを行っている
ことが明らかとなった。例えば，「よくする身体的触れ合い」についての項目で
も，配偶者で一番多いのは「肩もみ・指圧」である。そして，「ほとんどない」
という回答は 2000 年から 2012 年まで3割弱から4割に増えていることも指摘さ
れている。身体的触れ合いが少なくなる一方，単身者は「手を繋ぐ」が6割，5
割は「身体に触る」「キスをする」と答えている（日本性科学会セクシュアリティ研
究会 2016：62-63）。だが，同調査では，「セックスにかける時間」も 30 分から1
時間程度で既婚者よりも未婚者の方が長いが，今回の調査ではこのような差は見
られなかった。ヨシカズさんは 30 分程度で，あまり丁寧なセックスをしていな
いと答えた。

　今回の2つのケースでは，既婚者との差があまり出ていないのは，同棲してい
ることによる可能性が高い。つまり，同棲しない方が性的に活発である可能性が
ある。今回のインタビュー調査では，未婚者の 30 代男女には「現在交際相手が
いる」よりも「いない」の方が多かったため，明確な比較はできなかった。

6 ┃ 既婚者のセックスレスの現状── 30 代・40 代中心

6.1　疲労とセックスレス

　本章での目的は，「疲れ」とセックスレスとの関連について，①疲労（心労）
と②身体の疲れに分けて分析する。今回のインタビューでは，男性の方が疲労，
そして女性の方が身体的な疲れによってセックスレスになったというケースが見
られる。

仕事で疲れている――先行研究から

　日本では 1997 年以降のアジア金融危機を契機として，非正規雇用が増加した。特に，アルバイトや派遣社員の立場のままでずっと働き続ける若年の男性が増え，1999 年から 2004 年の間に非正規労働者の割合が大幅に増加した。このため，男性の被雇用者の経済的環境が 1990 年代半ばから現在までの約 20 年間に大きく変化して，なかなか収入が上がらないという状況が広がっている。このような経済的な構造変化だけでなく，女性の社会進出も相まって，日本人の未婚化がますます進展している（山田 2019：40）。このような社会背景を踏まえつつ，カップル間の性生活について，先行研究ではどのように取り上げられているのだろうか。

　セックスレスが生じる要因の 1 つに多忙な仕事の影響が挙げられ，多くの雑誌記事やルポでも問題視されている。それらの記事では，夫が仕事の疲労（や残業）を理由としてセックスを拒否することにより，その妻は不満を訴えているコメント（例えば『アエラ』2003 年 7 月 28 日号），共働きでセックスをする余裕がないと語る夫婦についての体験談など，が掲載されている（例えば『アエラ』2014 年 10 月 27日号）。こうした記事では，疲労とセックスレスの関連を示す量的調査の数字を紹介した上で人々の経験談が提示されている。そこで多く利用されているのは日本家族計画協会の調査である。その調査によると，「仕事で疲れている」というセックスレスの要因は 2010 年の 19.7％（男性），13.9％（女性）から 2012 年の28.2％（男性），19.3％（女性），そして 2016 年の 35.2％（男性），17.4％（女性）と増加傾向にあることが示されている。しかしこの結果からは，どのような労働のファクターが「疲労」をもたらすのかが明確になっていない。

　そこで，玄田と斎藤（2007）は，20 代から 50 代の男女においての仕事場の雰囲気，労働時間，仕事の内容，職場の状況，収入，仕事上のストレスや挫折経験などを客観的に調査している[11]。玄田は「働く実態がセックスレスに影を落としているとしても，問題は働く時間の長さといった量的な部分だけではない。むし

---

11) 玄田は『アエラ』で 2005 年に実施された性生活と仕事に対するアンケート調査を分析した（掲載は 2006 年 2 月 27 日号）。「労働とセックス」に関するモニター調査で，調査対象は，既婚者もしくは同居するパートナーがいる就業中の 20 代，30 代，40 代，50 代の男女それぞれ 100 名ずつ全体で 800 名にアンケートした。また，『アエラ』のアンケート調査以外にも，JGSS（General Social Surveys- 日本版総合的社会調査）という社会的調査を取り上げ，2 つの調査結果を比較している。JGSS 調査も『アエラ』と同様に 20 代から 50代の既婚者（婚姻届を出していない事実婚も含む）の男女（2,071 名）を対象にして調査を実施している。

ろ，実際にどのようにしてその時間働いているかといった労働の質こそが，真に問題なのかもしれない」と述べている。玄田が調査した結果，長時間労働とセックスレスとの関連性よりも，職場の雰囲気が悪いと感じた場合，仕事に対するストレスが高まり，性生活に消極的になる男性は少なくないと指摘する。職場の雰囲気が「とても良い」と答えた回答者の中では 28.6％の比率でセックスレス傾向が見られるが，職場の雰囲気が「かなり悪い」と答えた回答者の中では 47.6％の比率でセックスレスの傾向が高くなる。また，過去に失業や仕事上の挫折経験のある人々については，特に女性の場合，性生活に消極的になる傾向が見られる（玄田・斎藤 2007：79-84）。

　2008 年の「第 4 回男女の生活と意識に関する調査」では，労働時間とセックスレスとの関連に関する調査が行われた。そこでは，「夫の労働時間が週 49 時間を超えたとき，セックスレスになる率は一気に高まる」ことが明らかとなっている（北村 2011：76）。

　もう一度玄田の調査結果に戻ると，長時間労働とセックスレスとの因果関係は明らかとなっていないが，少なくとも労働時間の長さと浮気率とには関係性が見られる。つまり，労働時間が長ければ長いほど帰宅時間が遅ければ遅いほど浮気率が高くなる傾向がある。労働時間が長ければ，浮気する時間的余裕に乏しいことは容易に想像できるが，帰宅時間が遅いことに加え，週あたりの労働時間が 60 時間を超えると，不倫率が増加する傾向が見られるとされる。ここでは「不倫をしている」と答えた回答者 55 人を対象に調査したところ，不倫相手はインターネット（34.6％），同じ職場（27.3％）や仕事関係（14.6％）で知り合ったケースが見られた（玄田・斎藤 2007：90-92）。

　別の調査結果も見てみよう。Cabinet Office（2009）によると，1970 年から 2000 年までに年間の平均的労働時間は 2,214.5 から 1,835.0 に下がったことが提示されている。2016 年の同調査では，6 歳以下の子どもを持っている父親は，2011 年よりも子どもと接する時間も含めての家庭のサポートをしていることが判明した。つまり，家庭のサポートをする時間は 2011 年には 67 分だったのに対し，2016 年には 83 分と上がっている。だが，このような調査では（無収入の）残業が含まれていない可能性もある。別の調査では，30 代の既婚者男性の 23％は毎日 4 時間以上の残業を行っていることから，週に 60 時間以上の勤務を行っていることが示されている（Retherford & Ogawa 2005：35）。

　以上，労働とセックスレスの関連を示す量的調査（労働時間と環境）を簡単に整理した。筆者が行ったインタビュー調査でも仕事，つまり疲労によりセックスレ

スを経験したインフォーマントが存在する。そこで，以下に労働と疲れについて語るインフォーマントの事例を紹介し，それらの結果を先行研究と照らし合わせて分析を行う。

仕事で疲れている──インタビュー調査から
6.1.1　パートナーとの時間よりも仕事を優先する
■ 男性インフォーマント（シンさん）のケース

シンさん（社会人）はセックスに関心はあり，カップル間のセックスに対しては「どちらといえば重要」だと語っている。関心度の高さは，週刊誌や一般の情報雑誌の女性のヌードグラビアを見ることで説明している。セックスの重要度は，相手への愛情表現というよりも「動物的な面」，つまり「最初はもっと動物的に相手を見ている部分もあると思います。あともっとスケベなものがあるからね。雑誌なんか見て，女性の裸を見て『お，すごいな』と思うわけです。だからそれは愛情じゃなくて，興味，動物的なものですよね。だからそういう部分もあるから」と述べている。彼の場合，セックスに関心があり，重要であると述べているが，カップル間ではセックスレスを体験した。その理由として仕事で忙しかったということを述べている。

彼は2回結婚して，2回離婚を経験していたが，4年前から独身である。1回目の結婚（当時27歳）は7年間付き合っていた女性としたが，結婚して同居が開始するのと転職とが重なり，多忙だったと言う。転職をしてから仕事が忙しかったため，相手の彼女は結婚生活に疑問を抱き，半年後に離婚をしたと言う。2回目の結婚（当時31歳）は3年間続いたが，仕事が忙しいため，相手から離婚を求められた。離婚する半年前からセックスはしていなかったと言う。離婚とセックスレスの理由は「いろんな理由があったが」，1つの大きな要素として「仕事」があったと言う。また，パートナーとセックスをしなくなった理由として，仕事の疲労だけではなく，「相手に性的な魅力を感じなくなった」という要因も挙げている。仕事の忙しさについて彼は「結構忙しい，仕事が忙しくて疲れていてそういう気分にならないっていうこともあるんですね。お嫁さんとはその離婚する前には半年間もしてないんですよ。それは，そういう気分にならないからですよね。全然気分にならない」と語っている。

シンさんの場合，第5節で取り上げたリョウさんと同様に，仕事を優先したかったことで性欲が低下し，その結果，相手に性的な魅力を感じなくなったと述べている。それと同時に，家族意識が強くなったこともセックスレスになった他

の要因であることがわかった。

> たぶん，時間があって，その，お互いが気分を高めないと，そういうのにはならない。恋人同士だとたまに会って，デートをして，食事をして，で，気分が高まって，そういうこと（セックス）をしますよね。でも夫婦になると，同じ生活なんですね。1 つの屋根で暮らして 1 つの生活なので，家族になってしまうわけなんですよ，恋人じゃなくて。だから，何かのきっかけがないとそういう気分にならない。母親だったりとか，姉とはそういう気分（セックス）にはならないことと同じで奥さんも家族となってしまう。そういう雰囲気を感じて，そういう気分にはならなくなる。（シンさん）

カップル関係のセックスについて聞いてみると，セックスはマンネリ化していたことも明確になった。

> だから新鮮味がなくなってきたりとか，その，マンネリ化ですよね，やっぱり。言葉はちょっと悪いですけども，飽きるんですよ，同じこと（セックス）をしていると。（シンさん）

このようにシンさんは，「マンネリ」を相手に性的な魅力を感じない要因として挙げている。「同じことをしている」ことによってインフォーマントは「飽きる」と説明しているが，そこでパートナーと性生活を楽しむ方向に改善しようとはしなかった。彼にセックスレス状態になって不満を感じたかどうかを聞いた結果，インフォーマントは次のように語った。「私はあまり考えてなかったんですけど，気がついたら『あ，何ヶ月もセックスしてなかったな』っていうのはありましたね」と述べている。

シンさんは，「疲労」がセックスレスになった原因であると述べているが，実際には複数のファクターが関連していることがわかる。疲労という要素だけではなく，「恋人関係」の意識が「家族関係」に変化したこと，セックスのマンネリ化，相手に性的な魅力を感じなくなった様子も見られる。加えて，仕事を優先するため，あえて男女でいられる時間・空間を作らなくなった一方，結婚中に風俗を利用していたことが興味深い。

6.1.2　仕事は俺の逃げ場

■ A さんのケース

今回計画したインタビュー以外で 20 代後半の男性（ここでは A さんと呼ぶ）と

現在のカップル状況について話す機会があった。これは会話記録（2018 年 12 月）である。Aさんはセックスにおける関心度は高いが，カップル間の性的な重要度は低い。現在，Aさんは彼女と同棲していて，2 ヶ月に 1 回程度，相手からセックスを求めてくるが，その時には嫌でもセックスをすると述べている。彼によると，彼女には性的な魅力をいっさい感じず性欲が起きないため，セックスをしない関係性を望んでいると言う。

　そこで，彼女とセックスをしたい気持ちが薄くなった過程に着目する。

　まず，Aさんによると，彼女は初めて付き合った頃，性に全く関心がなく，マスターベーションもしたことがなかったと彼は言う。そこで，彼は彼女の性欲を引き出したいという欲望がわき，興奮していたが，彼女とセックスをするにつれて，どんどん彼女とのセックスに関心がなくなったと言う。それに加えて，性行為の時には彼が望んでいるセックスよりも，彼女をどのように気持ちよくさせようかということを中心に考えていた。「自分よりも他者」と考えて性行為を行ううちに自己と他者のバランスが失われていく。その行動を内面化することにより，彼は彼女とのセックスを快楽よりも苦痛と感じるようになり，セックス自体には関心はあるが，カップル間でセックスをする関心や重要度はどんどん下がってきていると述べている。一方，彼女の方がセックスをすることに快楽を感じるようになり，セックスを求めるようになった。

　以上指摘したように，2 ヶ月に 1 回はセックスをするようにはしているとAさんは言う。

　セックスをする理由として，社会的にセックスはある種のコミュニケーションと見られているため，そして，彼女からも求めてくるから気乗りしないセックスをする。彼女がセックスをしたい時にはキスをしてくる，そしてそのキスは普段のキスよりも激しくなる。そこで，彼はストレスを感じるようになり，必ずその直後にセックスをするのではなく「明日セックスをしよう」と彼女に伝える。そこで，彼は次の日までに心の準備をし，エロチックな漫画を読み，バイアグラを飲むこともある。

　Aさんはセックスをしたくないからストレスを強く感じている。なるべく彼女と 2 人で過ごす時間を普段から作らないようにするために，仕事を家に持って帰り，カップル関係よりも仕事を重要視していることが特徴的である。要するに，仕事をしなくてもいい時に仕事をしたり，夜中まで仕事の準備をしたりすると言う。彼は性欲を仕事の成果で埋め合わせていることがわかる。

　彼女とのセックスを避けているが，自分自身のセクシュアリティはどうなのか

と聞くと，仕事を「死にそうなぐらいやっているから，全く性欲を感じない」と言う。たまに，週に 1 回マスターベーションはするが，彼女が家にいると「できない」，「したくない」と語る。浮気願望もいっさいない。A さんは性的な感覚が低下してきていると述べている。

　A さんは以上のようなことを語ってくれた。2019 月 5 月にもう一度 A さんと話す機会があった。その時，彼は彼女と婚約していた。2018 年 12 月に語ってもらった後から，「カップル間の性生活」について振り返ってみたことを教えてくれた。これからも彼女と付き合う際に性生活の不満が続くと互いの性生活，そして，生活そのものの不満に繋がるため，彼女と 2 人でセックスについて話したと言う。明確な内容は語られなかったが，月に 1 回は家という環境から離れ，ホテルに行くことにしたそうだ。彼は現在，環境を変えることによって，性生活が少し改善するという希望を持つ。

6.1.3　仕事の疲れで体が感じない

　以上にいくつかのケースを述べてきたが，「仕事の疲れ」というファクターが直接男女間の性生活に影響を与えているというよりも，多様なファクター（仕事の優先，マンネリ，彼女に性的な魅力を感じない）がセックスレス状態と関連していることが明らかとなっている。次に，仕事の疲労とカップル関係および性関係の悪化の関連を示す別の事例を紹介する。この事例は A さんと同じくインタビューではなく，会話記録であるため，インフォーマントを B さんと呼ぶ。

　B さん（30 代男性）は結婚してからセックスの回数が徐々に減り，現在はセックスが全くない状態である。結婚する以前はセックスに関心があり，重要な行為と考えていたため，彼は自分がセックスレスになるとは全く思っていなかったと述べている。彼はセックスレスになる要因として，疲労と夫婦関係の悪化という 2 つの点を挙げている。

　彼によると，仕事の疲労により性欲が低下していると言う。つまり，彼の場合，仕事をしてから，家でも仕事の準備を行っているため，一日中休む時間がないと言う。それをきっかけとして，徐々に自分のための時間が減り，彼自身が不満を感じていると言う。加えて，仕事の疲労の影響で，自分の時間だけではなく，平日に妻と一緒に過ごす時間も減り，その結果，2 人での喧嘩が増え，互いの関係性が悪化してきたと語っている。毎日が多忙であるが，週末は妻と一緒に過ごすようにはしているが，精神的，そして身体的な疲れによって，一緒に過ごしても「楽しくない」と言う。このような環境が 2 人の性生活にも影響を及ぼしている

と彼は述べている。このケースで興味深いのは，Aさんのように，Bさんの場合も，妻とのセックスに対しての性欲が低下しただけではなく，マスターベーションをする意欲もなくなったと言う。疲労が原因で身体を感じなくなり「ロボット」のような感覚になったと彼は指摘している。仕事の疲労がカップル関係のあり方にも反映しているが，疲労のあまりに自分の人生，そして結婚生活について「深く考える意欲も余裕もない」と語っていることが興味深い。「どうすればいいかわからない。セックスもしたいけれど，それよりもまず自分が生きている感覚をとり戻したい」と彼は述べている。

6.1.4　仕事の後にセックスをすると疲れる

　最後に，ダイチさんの事例を紹介したい。ダイチさん（社会人）はハナコさん（社会人）と結婚し，1歳半の子どもがいる。

　セックスをしない原因として「妻に拒否されるから」そして，「セックスは疲れる」という2つの要因を挙げている。彼の場合，妻をセックスに誘うと，相手に拒否をされると言う。妻は結婚前にもセックスに積極的ではなかったが，結婚し，出産後からはほとんどセックスをしなくなった。「半年に1回（セックスが）あるかないか」，さらに，セックス行為だけではなく，性的な会話も妻に避けられると彼は言う。

　　　いつも（セックスを）「しようよ」っていう話はしている。向こうも「え，嫌だ。こんな所で言わないでよ」と反応し，セックスをしないままである。加えて，彼は性生活を望んでいる反面，「セックスは疲れる」からセックスをしなくていい。

　　　やっぱ平日は（セックスをすると）疲れるなって思う。朝も早いし，やっぱりそういう行為をすれば，夜は寝る時間が少なくなるじゃん。（セックスをした）日は全然寝ていない感じがする。もう（セックスを）する日は次の日チョー疲れる前提で，頭の中で「明日は絶対に疲れちゃうわ」って覚悟してする。でも，だからといって義務とかは，むしろ，おれの方が「しようよ」みたいな感じで求めるけど，（妻から）「ま，今日はちょっと」みたいな感じが多いから。疲れるからあまり嫌だっていうのはないけれどね。でもやっぱり明日はわざわざ早いのに，明日は仕事が忙しい時にはやるもんではないな。（ダイチさん）

さらに彼は，妻とはセックスが「全然ない関係」であるために，セックスをすると体が疲れやすくなるとダイチさんは考えている。

　　セックスは毎日できるかっていうと個人的にはきつくて，で，ま，体も慣れて
　　くると思うんだけど，毎日していたら。今はそういうのは全然ない関係で。で，
　　俺の体もそれに慣れちゃっているからそんな毎日，毎日はできなくて。で，今さ，
　　これも俺の完全に個人の意見なんだけど，俺はベジ（ベジタリアン：菜食主義者）
　　もやっているじゃん。その，ある意味何かにストイックになっている時ってあん
　　まり性欲ってわかないんだよね。本当に今日は，明日が休みで，予定も，昼まで
　　眠れますみたいな，あと酒も飲んでいい気分になってきて，そういうなんか，い
　　ろんなことが重なったシチュエーションでしかできない。（ダイチさん）

6.1.5　「仕事の疲れ」からの考察と仮説

　2008 年の「第 4 回男女の生活と意識に関する調査」では，夫の労働時間が週
49 時間を超えると，セックスレスになる割合が一気に高まることが明らかと
なっている。一方，玄田は労働時間だけではなく，職場の雰囲気や挫折経験など
によって，カップル間の性生活が左右されていることも検討するべきであると指
摘している（玄田・斎藤 2007：96）。

　今回のインタビュー調査でも，「疲労」を要因として，カップル間のセックス
に前向きにならなくなるインフォーマントも見られるが，セックスレス状態にな
る原因はこのような 1 つの要素だけではなく，複数の要素が関連していることも
明らかとなった。まず，セックスレスの要素としての「仕事」について，大きく
3 つの特徴に分けて検討する。

　1 つ目は，労働時間の長短とセックスレスとの関係についてである。労働環境
（特に，労働時間）がセックスレスの要因であるとしたインフォーマントの平均労
働時間は，約 8 時間であった。1 人のみ 11 時間と語っていたが，労働時間が長
いことによる精神的・身体的な負担はないと答えた。今回のインタビューの結果
から，労働時間の長短とセックスレスになるかならないかとの間には強い関係性
が認められず，むしろカップル関係を構築する時間を作っていないことが考えら
れる。つまり，一緒に過ごす時間を意識的に作らず，カップル間の日常生活での
コミュニケーションを十分に構築し続けようと考えていない，ということである。
リョウさんとシンさんのケースでは全体的に夫婦間のコミュニケーションが乏し
い。2 つのケースでは女性側が関係性に不満を抱えていたことから別れたと指摘
しているが，2 人のインフォーマントは仕事を優先していたため，彼らはカップ
ル間での不満はなかった，という意識のズレが見られる。A さんのケースも同様
で，妻と日常的な会話をする時間をなるべく短くし，仕事をする時間と量を意識

的に増やしている。妻と一緒にいても話す話題がないため，どうすればよいかわからないと言う。このようなことから，仕事を優先したいという労働に対するポジティブな感情からカップル間のセックスレスに繋がると言える。

　2つ目は，長時間労働に起因したプレッシャーと疲労というネガティブな影響によって，カップル間の性生活に前向きにならないことである。このような実態はBさんのケースで見られる。Bさんは長時間労働によって，日常生活における自分の時間だけでなく，交際相手との時間も取れていない。このことは，交際相手とのカップル関係に悪影響を与えている。Aさんも似たケースである。ただし，Aさんの場合は，彼女との性生活に不満があるために，積極的に仕事を優先することで，結果として長時間労働となっている。Aさんは，仕事を優先しすぎるあまり「死にそうなぐらい働いている」と述べ，このような背景から性的な欲求そのものを感じなくなり，マスターベーションをする欲求も少なくなったと言う。このような実態はBさんと似ている。

　3つ目は，労働環境の悪さからセックスに積極的になれないインフォーマントには「家族意識が強い」（シンさん，ダイチさん）という特記すべき要素が見られる。ダイチさんの場合は，仕事による疲労だけでなく，子育て中心であるという要素もセックスレスに繋がっている。「家族意識が強い」ことについては，多様な要素が生じているため，[6.3.1] で詳細に述べる。

　玄田・斎藤（2007）は「働く時間の長さと不倫の因果関係」について述べており，今回のインタビューにおいても同様に，仕事が忙しいことによりセックスレスである反面，結婚中に性風俗に通っている男性インフォーマントも存在したのは興味深い点である。ただし，インタビューの結果には，玄田・斎藤（2007）と異なる点も見られ，労働時間の長短や労働の優先といった要素にかかわらず，カップル間のセックスは「快楽」と意味付けられているが，パートナーとの性的な快楽が得られずにマンネリ化が生じている場合には，不倫が生じる傾向が見られる。

　玄田・斎藤（2007）は，分析結果から，セックスレスの問題は働く時間の長さといった量的な部分だけではなく，労働の質と労働環境こそが性意識・性行動に影響を及ぼすことを主張している。さらに，過去の挫折経験により，男女の性意識・性行動が影響を与えられると指摘している。

　今回のインタビュー調査では，長時間労働で身体的・精神的に疲労することから性欲低下が生じた事例も明らかとなった。しかし，今回のインタビュー調査では，玄田（2005）が指摘する挫折経験によりセックスレスが生じるケースは見当

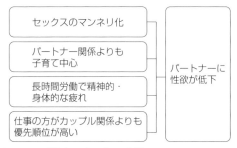

図 3 - 5　「仕事の疲れ」と多様なファクターでセックスレスになったインフォーマントの事例

たらず，むしろ仕事の優先順位が家庭または恋人関係よりも高いこと，自己のセクシュアリティをカップル関係で発揮することが困難であることから，パートナーとのセックスに関心がなくなった事例が見られた。

　さらに，別の観点から指摘しなければならないのは，労働時間と労働環境だけでなく，通勤時間と睡眠時間を検討するべきであるということである。日本人の睡眠時間は，他国と比較して最低である[12]。加えて，通勤時間も長いため，そのことがストレスになりやすいのではないかと考えられる。『中高年のための性生活の知恵』においては，ED のリスク要因において，睡眠と ED との関連性が指摘されている。つまり「レム睡眠の阻害が夜間勃起現象を阻害し，その結果，海綿体の機能が低下して ED になるという説。その他，睡眠時無呼吸症候群が，テストステロンの分泌低下，交感神経の過剰興奮，海綿体の血管内皮機能の障害などをそれぞれ引き起こす」（今井 2019：204-205）という説があることを述べている。長い通勤時間（騒音，混雑）と短い睡眠時間（8 時間以下）による慢性的なストレスも無視することはできないと筆者は推測する。また，社会学者の水無田気流（2015）は，男性は女性の 3 倍近い移動時間（パーソントリップ）を通勤に使っていることを指摘している。都市郊外地域での既婚男女のパーソントリップを比較すると，女性の平均通勤時間は 26.4 分なのに対し，男性は約 71.1 分と 3 倍近い（2015：26）（引用 OECD 2012 を参照）。また，男性は総労働時間が女性よりも長く，睡眠時間は短いことも指摘されている（2015：5）。残念ながら今回のインタビューにおいては，このよう労働環境とセックスレスに関した実態について聞く

---

12)　Nippon.com （2019）. Shut-Eye Deficit : OECD Survey Reveals Japan Most Lacking in Sleep, https://www.nippon.com/en/japan-data/h00424/shut-eye-deficit-oecd-survey-reveals-japan-most-lacking-in-sleep.html （2019 年 10 月 2 日閲覧）。

ことはできなかった。

　Bancroft（1993）は，「ストレス」という言葉は人々に曖昧に使われているため，セクシュアリティと「ストレス」の関連性を分析するのは困難であることを指摘している（1993：106）。インフォーマントは，インタビュー開始時には，仕事のストレスから生じるセックスレスについて曖昧に捉えている状態であるが，インタビューが進み，どんどん自己の性意識・性行動についての考えを言語化するにつれて，仕事のストレスとセックスレスとの関連性を少しずつ把握していった。これによりインフォーマントは，セックスレスについて，「仕事の疲れ」という要素だけではなく，カップル関係および性生活の実態と関連していることを認識することができた。

6.2　相手の性欲が弱い

　パートナー間の性意識が異なると性生活にどのような影響がもたらされるか。この点を明らかにするために，一方の側の性欲が低いという理由でセックスが回避されると，他方の側での性意識・性行動はどのように変化するかを考察する。

　今回のインタビューにおいては，パートナー間での性欲の度合いが異なっていることにより性生活の構築が困難となっているケース（ヒロミさん）を詳細に分析する。このケースを取り上げる理由は，次の2点である。

　1．他のインタビューでは，セックスレスの原因は，二者間の性欲の差ではなく，そのほかの理由と結びつけられている。その点，ヒロミさんの場合，相手の性欲が弱いことがセックスレスを推進する主な要因として動いていると理解されている。

　2．ヒロミさんに対して，3回のインタビューを実施したため，彼女の性意識の変化に関する期間比較を行うことができる。つまり，彼女自身の性意識・性行動にどのような変化があったかを詳細に分析することができ，そこから貴重な認識が得られるものと思われる。

　以上より，特に過去の性経験がいかに現在の性経験に反映され，それをきっかけとしてパートナーとのセックスに対する関心と重要度が低下した。ヒロミさんが望んでいる「カップル間の性生活」がどんどん，カップル外のセックスにシフトしている過程が本インタビューで見られる。いわば，ヒロミさんは「カップル間の性生活」から「ヒロミさん個人の性生活」を望むようになったのである。

■ ヒロミさんのケース

1）1回目のインタビュー：2013年3月，20代後半，独身

2）2回目のインタビュー：2018年4月，30代前半，既婚者

1回目のインタビューではヒロミさんは20代独身で，過去のセックスレス経験について語った。彼女の場合，付き合った相手にセックスを求めても拒否されたことからセックスレスになったと言う。セックスを拒否された理由として「女として見られなくなった」と予測されている。

2回目のインタビューでは，彼女は30代で結婚して4年目である。1回目のインタビュー後，新しいパートナーを探す際に，「やっぱり性欲が合う人がいい」と条件づけていたと言う。

婚活中，現在の夫と出会い，付き合う前にセックスをした。そこで，性欲も合うだろうと思い結婚に至ったが，結婚直後にセックスレスになったと彼女は語る。

ここでは2回目のインタビューで得られた結果を取り上げ，1回目のインタビューから，彼女の性意識・性行動がどのように変化したかを考察する。

(1)セックスの意味の変化

1回目のインタビューでは「セックスの意味」は「本能的な部分」，「触れ合い（コミュニケーション）」，「子どもを作るための行為」，「快楽（単純に気持ちがいいから）」，「疲れる」と認識していたが，現在では「子どもを作るための行為」，そして「他の男性とはできないこと」であるということが興味深い。

(2)重要度の変化

ヒロミさんは結婚活動中に行った経験により，関係を築くためにはセックスも重要な要素である[13]と語る反面，結婚後に夫が彼女との性行為を避けるので，重要と考えていたセックスは重要ではないと考えを変えたことを述べている。

新しい交際相手とは結婚する前には，性行為があったため，その人と結婚する決意をしたと言う。だが，結婚直後に，夫はセックスそのものに対して興味がないことに気づき，性行為がどんどん減ったことを語っている。

それにしても，夫と彼女のセックスに対する価値観が異なっているため，彼女は妥協していることが見られる。つまり，夫はセックス自体にあまり関心がなく，

13）「子どもが欲しいから。そして，以前に付き合っていた相手とのセックスの相性が合わなかったため，その方とは結婚することを想像できなかった。今の彼とは最初に付き合っていた頃にはセックス行為があり，相性も合ったため，結婚を決意した」。

セックスの重要度は低いことからセックスを避けていると彼女は言う。夫とセックスをする頻度は 4 ヶ月に 1 回程度である[14]。

　　（…）そういうこと（セックス）をしたい気持ちがないみたいで，別に私は全然よくって。（…）この前ね，ちょっと前からなんか，私に対して，そういう気持ちがなくなってしまったの？　ていう感じで（聞いて），もしそうだったらお互いになんか工夫して頑張ろうという感じで，言ったの。そしたら，「いや，そうではない」というふうに言ってたから，あの…嘘つくタイプではないから，だから「あ，そうなんだ」て思って，それだったら私に魅力を感じなくなったというわけではないんだと思ったら，別にそれはそれでいいし，それは相手のタイミングでそういうことをしてくれても別にいいしと思って，なんかいいかなと思って。（ヒロミさん）

　夫はセックスについてどのように意味付けしているのかについて聞いたところ，「わからない」と彼女は述べている。ここにいう「わからない」は，インフォーマント自身がわかっていないという意味だけではなく，夫自身に聞いた時にも「そういうことを考えたことがない」からわからないという答えだったと彼女は言う[15]。ヒロミさんによると，彼はマスターベーション自体もあまりしていなく，彼に聞いたところ，マスターベーションも月に 1 回あるかないかで，彼の性欲は弱いと述べている。

　ヒロミさんの場合，セックスの頻度は少ないが，仲は良いと語り，日常生活の中には身体的な触れ合い（スキンシップ）はあると言っている。つまり，「いつもくっついている」，「出かけたりする」し，「仲が良い」と述べている。

⑶相手がセックスをしなくてもいい理由――過去の経験
　彼女はカップル間のセックスは重要な行為であると考えていたが，現在の交際相手はセックスに積極的にならないため，その考えは「重要な行為」から「重要ではない行為」へと変化した。その意識の変化については，過去の交際相手とのセックスレスにおける実体験から説明がなされている。

　　あっちが飽きちゃったかもしれないし，疲れたかもしれない。でもそれで私が「なんでしてくれないの？」ていう感じで怒っちゃったの。わかったから怒っちゃったことがあって，そこから急になんかあっちが多分プライドが傷つけられ

────────────

14) 2019 年 6 月に聞いた結果，1 年間セックスをしていないと述べていた。
15) そもそも夫はセックスに対してあまり関心がなく，重要度も低い。

たのかな，それともしつこかったのかな。ちょっとわからないけれど。あの，別れちゃった。多分それが別れる原因となっちゃって。だからそれ以降，その自分の欲求っていうのは，関係を壊してしまうことがあるんだと思ってからは，なんか自分ですることと，相手とすることって，別に正解とかがどっちもなくて，相手がその相手に無理をさせるぐらいだったら，1人で楽しもうと思って，1人で，自分ですれば気持ちいいし，自分はわかる，よくわかっているし。だから，なんていうの，なんかあまり相手，その関係性を壊す求め方をしないようにしている。だからちょーエンジョイしている。ちょーエンジョイしているし（笑）。時々互いの価値観を共有するのは大事だけれど，なんかあっちがそういう感じじゃなかったら，無理をさせるのはやめようと，その終わった関係から学んだの。だから，私は今はそれでいいかなと思っている感じかな。（ヒロミさん）

(4)セルフ・プレジャーについて

　2回目のインタビューでは，self-pleasure（Masturbation）についての話題も出た。現在，夫とはセックスをしないため，性的な欲求は自分で解消することが中心となっている。セックスレスの経験を踏まえて，より自分の体や欲求に意識を向けるようになり，自分の体をもっと理解しようと努めるようになったと言う。彼女は「私の欲求というのは，恥ずかしいけれど，自分で解消できる」と主張する。

　とはいえ，もともとこのような発想を持っていたわけではないが，1回目のインタビューから彼女は自分の性欲について考えるようになり，より自分の体と性欲を理解しようと考えるようになったと述べる。そして，インタビューを行う以前では，自分で性的な欲求を解消することに対しては「負けた感じ」がしたと彼女は述べている。

　　相手がいないからそういうこと（マスターベーション）をするんでしょうって。なんか悲しいみたいな。だけど，本当に痛い目に合わないとわからなくて，そこまでいって，相手に強要するまで，「なんでなの？」って言って，関係が終わった後に，なんか，それがダメだったら，違う形で満足，心を充実させないといけないよねって。で，私の場合はそういうの（セックス）にすごい興味があるから，じゃ，相手に負担に，ストレスにならないように相手ともそういうのをしながらって（…）自分だってね，ストレスになるじゃない。だから自分もストレスがたまらないし，相手にもストレスをたまんないようにしようて。それは負けじゃない。「それはいい関係を築くための1つの方法だ」となって，いろいろ見たり（笑），研究したりって感じですね。（ヒロミさん）

(5)婚外恋愛について

　婚外恋愛をしたいという気持ちはある反面，理性としては婚姻関係以外の異性との付き合いは，「結婚」というものは二者間の契約であるため，「結婚関係が終わってからするべきである」と彼女は考えている。「でもどっちかというとなんか，この人といい感じ，職場とか，ちょっとどこかであって，ちょっとずつ仲良くなって，お互いに『あれ？　気が合う？』みたいになっていく方が好きなんだよね」という理想をヒロミさんは語っている。

　そして，「毎日ハンバーグを食べたくないじゃん。毎日ステーキだとね…。カレーも食べたいし。なんか，いろんな人としたいと思っているんだけど。私はそういうタイプなんだけど」と彼女は続く。

　夫には，婚外恋愛をすることによって「相手の家庭，相手が既婚者だったら迷惑かけるし，逆に独身だったら，独身の幸せを奪っているかもしれない」ということで，もし不倫を考えるようであれば「風俗に行ってくれ」と彼女は提案した。しかし，夫は風俗に行く金銭的な余裕があれば，風俗よりも趣味にお金を使いたいと答えた。

　インフォーマントのカップル間の中では，互いの性的な相性は大事ではない。もともと，夫には男性として魅力はそこまで感じない。関係性に物足りない部分もあるが，「ま，でもしょうがない。それはしょうがない。もう，もとからそうだったんだなって」。

　夫に対する意識としては，2人で助け合うパートナーであると彼女は述べている。互いにサポートし合うことが重要で，「性的なところはそこまでなんか，自分でなんとかする」という意識が強い。加えて，インフォーマントは子ども願望があるため，妊活を始めることも考えている。

　以上，ヒロミさんの事例を紹介した。

　第4節でも指摘したように，過去の性経験は現在の性経験に影響を与えていることが判明した。

　ヒロミさんのケースでも同様のことが言える。ヒロミさんも，過去のパートナーにセックスを拒否され，最終的に別れた経験から，現在のパートナーがセックスを拒否[16]すると，彼女は相手との性生活を楽しみたいが，性関係を2人で構築できないため，諦める傾向が見られる。諦めるためには，カップル間の性は最

16）パートナーがセックスを拒否することは一時的なこともあるが，このインフォーマントの場合，過去の経験により，相手に一度拒否されると，これからも拒否されるだろうということで，2人の性生活を作り上げることを諦める。

も重要な要素ではないと言いきって「しょうがない」と考えるしかない，過去の繰り返しと失敗を恐れていると彼女は言う。相手とのセックスを諦めると同時に，カップル間で作り上げたい快楽はどんどんカップル外の領域に移動し，彼女には個人的な性行動が中心となる（この場合はマスターベーション）。さらに，最初のインタビューでは，婚外恋愛について否定的に捉えていたが，今回のインタビューでは，夫との性生活を作り上げることを諦めると同時に，夫婦以外の恋愛は最初のように否定はせずに，「少し憧れはある」と彼女は述べている。

6.3　出産とセックスレス

「第8回男女の生活と意識に関する調査」（日本家族計画協会 2016）では，性行為の意味は「子ども作り」であると答える男性は47.0％，女性は53.8％と高い数字が示されている。同調査では性行為の意味は「快楽」にあると回答する男性は50.6％に対し，女性は28.7％と性差が見られる（2016：92）。この数字からすると，現代日本では性行為（セックス）をすることは「子ども作るための行為」であるという認識が特に女性の場合，高いことが考えられる[17]。

さらに，最初の子どもの出産年齢が高まっていることも，このような性意識に関連付けられていると考えられる。例えば，最初の出産年齢の平均は2015年では25-29歳が43.5％，30-34歳が23.2％だった（日本家族計画協会 2016：33）のに対して，2017年には25-29歳が39.9％，30-34歳が26.3％と上がっている（日本家族計画協会 2017：53）。

出産年齢が上がっている理由として，高学歴の女性は，女性の社会進出に伴って，子ども作りよりも仕事においてキャリアを積むことを望む傾向（筒井 2015：51）があることが挙げられる。最初の出産年齢が高くなると，出産が成功する率が減り，リスクが高まるため，セックスは快楽よりも「子ども作り」の意識が強まるものと推察される。

その他，性意識・性行動の変化に関して，現代日本社会における不妊治療を行うカップルの増加も着目すべき点である。日本に限定した議論ではないがBeck（1990）によると，現代においてはセックスを自由な時間に行うか否か，またどの方法でセックスをするのかといった，子どもを作るための性行為は，「自然」に行うことよりも，医療機関（特に医者）に徐々にコントロールされるように

17）男性はセックスを「快楽」と意味付ける率も高いが，女性は圧倒的に「子どもを作るための行為」という意味付けが高く，セックスは快楽であると考えることは少ない。

なったと指摘している。このように，徐々にセックスは親密な行為という意味から離れて，社会や医療によって規制される傾向が強くなっている。

　それに加えて現代日本社会では，労働状況と不妊治療を両立することに困難を覚え，不妊治療を途中で諦めるケースも少なくない（Harvey 2016）。例えば『アエラ』に掲載された男性のコメントでは，共働きと不妊治療の両立の難しさが語られる。

　　　それまでは，共働きのすれ違い生活でも，休日は一緒に過ごしたり仲はよかったんです。それが病院通いでつぶれるようになった。一生懸命な妻が痛々しいし，子どもに恵まれたいとは思います。でもだんだん気が重くなってきて。僕自身の検査を求められるたびに憂鬱になるし，セックスも楽しくなくなってしまった。（『アエラ』2014年10月27日号）

出産と夫婦関係の変化

　第2章［2.1.2］では，出産を経て，男女関係および性関係はどのように影響を受けるのかについての先行研究（当事者体験のルポと実態調査）を紹介した。しかし，出産に夫婦関係の変化によるセックスレス現象の背景を示す先行研究は存在するものの，出産前後で人々の性意識・性行動はどのように変化し，どのような困難を抱えているのかということを詳細に研究した例には限りがある。

　本節では「出産」をセックスレスの要因としているケースを先行研究と照らし合わせながら紹介する。そこで，出産とセックスレスの構造は複雑であり，セックスレスをもたらす複数のファクターが関連していることを明らかにする。

　先行研究では「出産後なんとなく」と言われているセックスレス実態について，本研究では3つに分類して，それぞれの事例について詳細にまとめ，それを踏まえて最後に考察を述べる。

　3つの分類は以下の通りである。
　1．出産前に生じるセックスレス［6.3.1］
　2．出産後に生じるセックスレス［6.3.2］
　3．セックスレスと不妊治療［6.3.3］

6.3.1　出産前に生じるセックスレス

■ セックスは子ども作りのためにある

　レイさんの例を挙げる。レイさん（専業主婦）はもともとセックスへの関心度は低く，カップル間のセックスへの重要度も低い。彼女はインタビューした時には妊娠中（8 ヶ月）だったが，妊娠する前の 1 年間は夫とセックスはしなかったと言う。その理由として，彼女は相手に性的な魅力を感じなかったことと，夫の性欲は強くないためセックスに誘ってこなかったことという 2 つの要因を述べている。

　　　（セックスに）関心…あるのかな…なくはないけど，やりようがないから。その，旦那さんがもうちょっと性欲が強くて，キスがうまかったら関心があるかもしれないけど，別に（旦那の）性欲もそんなになくて，あまりそういうね，なんか盛り上がらない感じだから。そんなんだから別にもういいかな。（レイさん）

　しかし，彼女は子どもが欲しいという願望があったため，相手とのセックスを一時期だけ復活させた。レイさんは，カップル間でセックスをする意味としては「子どもを作るため」の行為と強く認識しているため，出産後は夫とのセックスを復活することを望んでいないと言う。そして，夫は性欲が弱い方であるため，彼自身はセックスがなくても不満に思っていないだろうとインフォーマントは続けて言った。

　以上から，彼女の場合，セックスは「子どもを作るため」の行為であるという意味合いが強いことと，パートナーに性的な魅力を感じないことと，相手は性的なムード作りが上手ではないことを，セックスレスの要因として挙げている。パートナーに性的な魅力を感じなくなったのは，夫と同棲しているからであると述べている。そして，同時に恋愛感情もなくなったことを次のように述べている。

　　　（旦那の）キスがへたくそだから。それからが盛り上がらない。最初は恋愛をしていたからなんとかなったけれども，やっぱり同棲してから，同棲を 3 年していたかな，で結婚しているから，もうそうなってくると，完全に友達みたいになって，恋愛感情がなくなってきちゃう。（レイさん）

■ 夫に性的な快楽を求めるのは不自然

　ユミコさんは，レイさんと似たケースである。ユミコさん（社会人）はもともとセックスに関心があるが，カップル間のセックスは重要ではないと述べている。彼女は現在妊娠中である。妊娠する前は夫と 2 年間セックスレスだった。レイさ

んのように，ユミコさんも夫に対して「性的な魅力を感じない」ため夫とのセックスを避けている。だが，妊娠するために夫とのセックスを再開させたが，妊娠に成功した今はもう，夫とはセックスをしたくないと主張する。

　加えて，パートナーとの関係について聞くと，彼女にとって夫との関係はルームメイトや兄弟みたいと述べている。つまり，ユミコさんのケースでは彼との家族意識が強いため，セックスは必要でなく，むしろ夫とのセックスをすることの方が不自然に感じると言う。彼女は夫とのセックスについて「楽しみたいとか思わない。楽しもうと思うと不自然。普段はハグもしない，キスもしない。もう本当に家族。兄弟で手を繋いだりしないし，日本だとハグとかもしないし，なんかそんな感じ。でも一緒にいて，いるのが普通」と述べている。

　しかし，ユミコさんは2人の愛人と交際中である。

　　　2人いて。1人は元カレ。もう1人は友達のような感じ。でも，東京にはいなくて，私の実家が福岡で，福岡にいる人だから福岡に帰った時に会うっていう感じ。（ユミコさん）

　セックスレスになったことがきっかけで不倫に関する価値観が変化したのかを聞いた結果，「浮気するまえからそういう（セックス）のが全然なかったから，全然そこで満たされないから他でっていう考え方ではない。でも一旦その良さを知ってしまったから旦那とできなくなったっていうのもあるのかな？　やっぱりなんかムードが大事だと思うから」。

　レイさんとユミコさんの例で注目するべきは，まず，夫とのセックスは完全に子どもを作るための行為である。2人のインフォーマントはパートナー関係では性行為はなかったが，2人には妊娠したいという願望があったために，セックスを行った。しかし，出産後は夫との性生活は望んでいない。また，レイさんはセックスに関心がなく，カップル間のセックスの重要度は低いため，セックスはカップル内でもカップル外でも望んでいない。一方，ユミコさんはセックスに関心はあるが，カップル間でのセックスは重要だとは思っていない。ユミコさんは夫以外の異性との交際経験を持っている。そして，夫と恋人との間でセックスの目的は異なり，明確に区別していることが明らかとなっている。つまり，夫とのセックスは完全に子どもを作るための行為であるため「快楽を求めるのが不自然」である一方，恋人とのセックスは快楽を満たすための行為である。

　続いて，カップル内ではロマンチックな雰囲気が不足していることが，セックスレスが生じる要因であるとも考えられる。

　レイさんはセックスがなくても「彼と結婚したことが一番の幸せ」と述べている。彼女は夫と「気持ちよくなるセックス」をすることを求めなくなった。彼女は次のように述べている。

　　　セックスに重きを置かず，それより他のものを求める。でも本当は全部バランスよくあればいいんだけど。だから他では満たされている。旦那さんに対して信頼もしているし，もうこんなにいい旦那はいないと思っているし。（レイさん）

　夫は「優しくて，心が広い」ことから，セックスがなくても満足と語っているが，カップル間のムードが不足していることに不満を感じている。旦那は雰囲気を作るのが上手ではないと彼女は言う。

　　　下着を脱がされることも快感っていうか，そのセックスの1つのさ，セックスの楽しさ，前戯ってなるはずじゃん。旦那の場合はそんなのが全くなくて…脱がされてもステキに脱がされない。（…）雰囲気作りが下手くそで。「なにそれ」みたいな。（レイさん）

　セックス以前の性行動で彼女は不満を抱いているため，セックスに楽しみを感じなくなった。このような理由を彼女は夫に伝えているのかどうか聞くと，「（彼の）プライドを傷つけそうでね。そういうことを言えないよね」と述べた。
　ユミコさんもパートナーとの関係は全般的に満足であると述べている。なぜなら，「だって，（旦那は）ひねくれているけど，結局いろんな人を見てきたけど，最終に行き着くのはやっぱり一番信頼できて，落ち着くのはね…（旦那）」と主張する。しかし，男女の「雰囲気を味わいたい」と彼女は言う。その雰囲気は夫とではできないため，不倫している。

　　　なんかその行為に至るまでのプロセス，例えば食事をして，酒を飲んで，そういう雰囲気になる方が，自分がなんかこう，女であることの喜びっていうか，楽しみっていう感じがするかな。（ユミコさん）

■ 性的な快楽から子どもを作るためのセックスに変わった
　ここでは，2回インタビューを行ったインフォーマントについて紹介する。この事例では，出産前後でカップル関係から「夫婦」へと意識が変わったこと，そして自己と相手との性意識・性行動がどのように変化したのかが明確になっている。

事例Ⅰ　37歳の男性（タクさん）
1）1回目のインタビュー（2017年4月）
　　妻は妊娠中。
2）2回目のインタビュー（2017年8月）
　　子どもが生まれて2ヶ月。

1回目のインタビュー
　ここでは，37歳の男性（タクさん，社会人）の事例を取り上げる。妻との交際期間は6年で，結婚歴は3年となる[18]。彼にとって，セックスの意味は「愛情を確かめるもの」と「解放」である。セックスは「自分がリフレッシュする」時間であり，自由になれる時間でもある。

　　　例えば，洋服を身にまとって，このような立場じゃないといけないとか。仕事をしているとスーツを着て，要は仕事の格好をするでしょう。時計にしても，靴にしても。（…）逆にそういう行為の時は全部もう裸になるし，基本的に。自分の素が一番出る時間帯だと思う。自分らしい時間だよね。（タクさん）

　セックス自体にも「関心度が高く」，セックスの重要度は「どちらかといえば重要」であると述べている。しかし，彼のケースでは，結婚前後と出産前後で性意識が変化していった。以下にその変化について分析する。
　妻と結婚する以前，セックスは「普通に愛を確かめ合うセックスだった」が，結婚してからセックスは「子どもを作ることが目的でしたね」と言う。結婚を経て子どもが欲しいという願望が高かったため，「妻が焦り出し」，排卵日の時にしかセックスをしなくなった。彼にとって，セックスという意味は「愛情を確かめるため」と「解放」であるが，結婚をしてからセックスで彼が理想とする解放を感じられなくなり，セックスの目的が「子どもを作るため」に変化し，彼にとっては大きなプレッシャーになってしまい，妻とセックスをする時には「逆に気分が沈む」と述べている。タクさんは次のように語った。

　　　セックスをする目的が変わってくると，もう疲れているけれど，もうこの日じゃないと嫌だってなったら，じゃ，変な話，もう出せばいいんでしょう，っていう感覚にもなりますよね。もう本当にそういう状態だったし。すごく疲れて帰ってきているのに，どうしても「お願いします」と頭を下げられるわけです。

18）インタビューを行った時にはまだ妻は妊娠中であったが，2017年の7月に出産した。

向こうも焦っているからね。そこまでやられてもう「嫌です」とは言えない。だから辛かろうが，しんどかろうが，もうサクッと終わらせる。（タクさん）

　結婚後，妻とのセックスは子どもを作るための行為となり，プレッシャーを感じ，セックスが「嫌になった」と言った。そのため，妻には「母親」でいてほしいという願いを述べた。

　妻が妊娠してからも，インフォーマントは妻とのセックスを「子作りの延長線上」としてしか認識できなくなり，セックスに積極的になれず，意欲がなくなったと言う。ただ，妻から求められる時には彼女に従ってセックスをするが，妻とのセックスの流れがいつも同じであるため「正直に言うともう飽きた」とタクさんは語った。

　2回目のインタビュー
　2017年8月にこの男性（タクさん）に2回目のインタビューを行い，出産後の様子を聞いてみた。
　子どもが生まれて2ヶ月となり，妻は里帰りしている。そのため，彼は久しぶりに自由に感じると述べている。新しい女性と出会うため，出会い系のアプリの利用も考えていると言う。もし，夫婦間のセックスをよりよくする方法があれば，互いに努力して2人だけの性を作り上げることは考えられるのかどうか聞くと，彼はそれについて否定する。なぜならば，以前のインタビューで彼が述べていたように，彼女には「母親」でいてほしい。今から2人の性生活を作り上げて，そこに力を入れても「大変」であり，家に帰ってまで何か努力をしたくないと言う。家庭は家庭で，性的な快楽を求めるのであれば，外で求めると言う。
　以上のように，出産を経て，タクさんの性意識がどのように変化してきているのかが見られる。彼にとって，もともと性というのは「愛情を確かめる」行為，「解放」と結びつくものであった。しかし，結婚してからはお互いに子どもが欲しいという願望があった。しかも，彼よりも，妻の方がその願望は強かったため，セックスは子どもを作るための行為が中心となり，本来のセックスの意味が完全に排除されるようになった。
　夫婦で子どもを作ることが目的となったと同時に性意識も変化した。インフォーマントはセックスを通じてリフレッシュしたい，自由になれる時間を味わいたかったが，出産前のセックスは「義務」と強く繋がっていたため，「辛い」と語る。妻とのセックスは「したい行為」よりも「しないといけない行為」とな

り，２人の愛情を確かめ，解放を感じるよりも「サクッと終わらせたい」という
願望が強かった。

　セックスは完全に子作りの性になり，妻との関係の中では性的な満足を得られ
ない。それだけではなく，妻とのセックスは「いつも同じ」，「流れがわかる」た
め，マンネリ化し，「飽き」を感じていると彼は述べる。妻には母でいてほしい
と語っている。つまり，彼女にはセックスを求めずに，家庭外の領域で彼が望ん
でいる性を味わいたいと考えている。

■ 家族意識が強い（家族からの子ども作りのプレッシャーが強い）

　次はカズキさんのケースを紹介する。カズキさんには３回インタビューを行い，
ここではその１回目と２回目のインタビューを紹介する。彼の場合，１回目のイ
ンタビューでは，セックスレスになった理由を聞くと妻のことを愛しているから
こそセックスができなくなった，また，彼女に対して１人の女性としてよりも家
族としての意識が強くなったためセックスができなくなったと述べた。しかし，
２回目のインタビューを実施した時（2017年）には，それらの２つの要因よりも
別の根本的な要因がセックスレスをもたらしたことに気づいたと言った。それは，
妻と，妻の家族からの子ども願望のプレッシャーであった。

　ここでは１回目のインタビュー結果を提示した後に２回目のインタビューを提
示する。

　事例Ⅱ　28歳の男性（カズキさん）
　カズキさんは2013年に一度インタビューし，2017年に２回目のインタビュー
を行ったため，この４年間で性意識がどのように変化したのかが明確に見られ
る。
１）１回目のインタビューの時は28歳，学生（2013年）
　　結婚歴１年
２）２回目のインタビューの時は32歳，社会人（2017年）
　　2016年に離婚

　１回目のインタビュー
　１回目のインタビューの時，彼は28歳で，結婚して１年目であった。結婚す
る前に彼女と１年間同棲経験がある。彼にとって，セックスの意味は「快楽」で
あり，セックスへの関心度や，重要度は非常に高く，セックスは不可欠な行為で

あると彼は言う。一方，カップル間のセックスに対しての重要度は低いことも指摘している。

　彼は結婚後，「相手を家族として見るからセックスができない」，「愛情を持つとセックスができない」と，セックスレス状態で悩んでいる。その様子を以下のように述べている。

　　（…）今は結婚していても，全く（セックスが）ないんですよ。（…）僕の場合はこう愛情を持つとできなくなってしまうんです。不思議なんですけど。自分じゃ，本当にどうすることもできないんで，なんとかトライしようとするんですけど，うまくいかない。それで，向こうが不満で。（…）普段は仲がよくて，一緒に出かけたりとか，話も合うし，何にも問題がないんですけど，その部分（セックス）に関しては，問題です。だから，「家族」っていうふうに考えちゃうと，なんか性的な欲求って僕の場合，家族に向かない。やっぱり外部の方に向いてしまって。でも妻を愛していますし，妻以外と例えば離婚して結婚したいとかも思わない。（…）どうしてもこの性的な欲求だけが妻に向かない。（カズキさん）

　さらに，セックスという行為そのものに対して「どっちかっていうと汚いものっていうふうな印象があるんですよ。やはり，どうしても動物的な行為というか，あんまりこう，行為自体は非現実的で，それに対してなんていうか，こう愛情を持っている人に対してその汚い行為をするっていう，たぶんそれが嫌なんでしょう」と彼は語っている。しかし，同棲する以前に「多少は性生活」はあった。しかし，同棲したとたんセックスをしなくなった。妻は彼とのセックスを求めるが，「もう義務みたいになって，あまり言うからしょうがなくしようとするけれども，結局ダメ。こっちが全然ダメ。立たないので。うまくいかないんですよ」と言う。彼の場合，この状況を変えたいという願望はあるが，どのように改善すればいいかわからない。「僕もそれをなんとかしたいっていう気持ちはあるんですけど。どうにもできなくて。だから本当に最近，バイアグラとかちょっと考えているんですね」。

　興味深いのは，この男性は，妻以外の女性とは性的な関係が持てることである（これについては第 4 章で述べる）[19]。

19）阿部は，妻とはセックスができないが，妻以外の女性と性的な関係を持てる（妻だけ ED ［勃起障害］）ということについて心因型疾患（阿部 2004：78-82）と述べ，ストレスや相手とのセックスについて抵抗を感じるなどの場合に生じると論じている。

２回目のインタビュー

２回目のインタビューでは，カズキさんはすでに離婚している。離婚の原因は夫婦間のセックスレスであると彼は言う。１回目のインタビューでは，彼は妻とのセックスレスで悩んでいたため，インタビューの内容もこのテーマが中心であった。２回目のインタビューでは，その当時，彼は性についてどのように思っていたのかを中心に語ってもらった。

彼は結婚中，家庭は家庭で，性的な快楽を満たすのは家庭外だと思っていた。しかし，「やっぱり性的な欲求をある程度こう感じさせるような相手じゃないと結婚生活はやっぱりうまくいかないですね。それは僕，離婚してからわかりましたね。なんかその一緒にいて楽しいとか，話が合うとか，価値観を共有できるとか，建前はそうなんですけど，やっぱり性的なものが多少ないとダメですね」と述べた。

カズキさんは，１回目のインタビューでは，セックスは汚いもの，愛情を持つ妻とはセックスができなくなる，と語っていたが，今回のインタビューでは，妻とのセックスは義務意識に近かったことがセックスレスになる深い原因だったと彼は言う。そして義務意識が生じる根本的な問題としては周囲の子ども作りの期待があったことが明らかとなった。彼は次のように説明する。

> 義務がやっぱり強いじゃないですか。特にその義父母とか自分の両親も含めてそのセックスをある意味強要されるっていうのが僕にはものすごく心地悪かったんですよね。要するに「子どもはまだなの」とか，「仲良くやっているの」みたいな，なんかその性的なものに対して，こうタブーとされているものだからこそ欲情するところがあるのに，それがオープンになってどうもなんか楽しめない。（カズキさん）

結婚後，妻とのセックスは完全に「子どもを作るための行為」と捉えるようになり，互いの性的な快楽を満たし，２人で満足する性生活を築くことはできなかった。

以上，出産の前に生じるセックスレス現象を紹介した。今回の４人の事例では，多様なセックスレス現象に絡まる困難性が見られる。例えば，楽しくないセックスや，子作りのために「しないといけない」セックスへのプレッシャー，自己が望むセックスとカップル間のセックスのズレが大きくなるにつれて，セックスレスが生じる環境に至る。次に，出産後に生じるセックスレスを考察する。

6.3.2　出産後に生じるセックスレス

■ 身体の疲れ（ハナコさん）と相手に拒否される（ダイチさん）

　ハナコさんとダイチさんは結婚して2年目となる。2人に，別々にインタビューを依頼してセックスレスの現状を語ってもらった。彼らによると，出産と同棲（出産と同棲は同じ時期に行った）が大きなセックスレス要因である。しかし，ハナコさんによると，同棲というきっかけよりも，出産後の身体的な疲れの方がセックスに興味がわかなくなった大きな要因であると述べている。もともと性への関心や重要さは少なかったが，身体的な疲れによってますますセックスに関心がなくなったことを彼女は次のように語る。

> 　なんだろう，例えば次の日が休みの日でそんなに疲れない日とか，そのタイミングがあった時（にセックスをする）。気持ちが「ちょっとしたいな」って思っても結局体がついていかない時もあるから，その時には2人で「寝ようか」って寝ちゃう。（ハナコさん）

　彼女はセックスだけではなく，日常の身体的な触れ合いも徐々に少なくなったことをインタビューで指摘した。

　加えて，彼女は「身体の疲れ」というセックスレス要因だけではなく，出産後に夫への意識が変わった点も挙げている。ハナコさんの場合，出産後，夫との関係よりも子育てに感情的に中心を置くようになったと言う。そこで，夫とのセックスだけではなく，そもそも彼との身体的な触れ合いがほぼなくなり「子どもとはずっとべったり。関心が子どもに向いた」と述べている。

　一方，ハナコさんの夫のダイチさんは，妻が結婚前にもセックスに積極的ではなかったが，結婚，そして出産後からはほとんどセックスがなかったことに対して不満を感じている（「半年に1回（セックスが）あるかないか」）。さらに，セックス行為だけではなく，性的な会話も妻に避けられると彼は言う。「いつも（セックスを）『しようよ』っていう話はしている。向こうも『え，嫌だ。こんな所で言わないでよ』と反応する」。とは言え，妻がセックスを避けていることに対して彼は不満を感じている一方，このような状況に慣れたことも指摘する。そして，彼女はいつか彼が望んでいるため，セックスを復活した方がいいけれど，セックスをあまりしたくないと答える。

■ 立ち合い出産からセックスレス

　今回のインタビュー調査では，「立ち合い出産」が原因でセックスレスになっ

たというインフォーマント（エリさん，社会人）の話を聞けた。彼女の場合，出産後から夫はセックスを拒否するようになった。夫が彼女とのセックスを拒否することで，彼女は悩み，不満を持っている。出産後，妻に対する夫の態度が「180度」変わり，彼女を拒否するようになった。つまり，前は身体的な触れ合いがあったが，現在は皆無である。彼女によると，立ち合い出産をしたことが夫の性意識に大きな影響を与えたのではないかと推測する。

　　出産の時に立ち合ってもらったんですよ。で，その時に（…）ハサミで「ちょっきん」ってやった音が彼はもうずっと頭にこびりついているって。へその緒（…）で，その病院もすごい簡単で。バスタオル1枚ぴろんって，あとは（体が）丸見えみたいなね，病院だったの。だからそれもいけなかったんだろうなって思って。じゃ，そのあとどうなるのか，彼はどう感じるのかとかってあんまりそういうのを考えないで，「立ち合い出産をね，当然やるよね？」って言って「一緒に頑張ろうね」みたいな。（…）彼は（…）かなり衝撃を受けたんだよね。そういう繊細な性格だから。（エリさん）

インフォーマントは現在の状況を改善するため，2年前からカウンセリングに通っている。しかし，状況は変わらず現在まで至っている。

　　（しかし，このまま）「年を取っていって，50代，60代とかを旦那さんと過ごしてって。（…）そういう人生を送るかって思うと，もう本当にやりきれないですよね。（エリさん）

■ 3人目の子どもが生まれてから夫がセックスを拒否した
　カナさんはインタビュー当時42歳で，23歳で結婚し（結婚歴は19年），2016年から「離婚」[20]という形で夫とは別居である。彼女は子ども2人（17歳と18歳）と住んでいる。
　彼女にとってセックスは「コミュニケーションでもあるし，普通に言葉でコミュニケーション取るだけじゃ足りないものを補う」ものである。「あとやっぱり自分が相手から女性として見られているっていうことを実感することができる大事なツール」であり，セックスは「愛情表現でもある。相手のことが好きという表現でもあるし，自分も愛されているということが実感できる」と語った。
　1回目のインタビューでは，カナさんは夫との性生活，つまり，セックスレス

20）正式には税金の関係で籍は残っているが，夫とは別居中であり「離婚したのと一緒」と彼女は述べている。

であったことを中心に語る。夫とは，10 年前に少しずつセックスが減ってきたと言う。1 人目の子どもが生まれた後に徐々にセックスが減ったが，2 人目の子どもを妊娠中にも多少の性生活はあった。ただ，2 人目の子どもが生まれてから夫とはセックスレスとなった。夫をセックスに誘っても「疲れている」と拒否されるようになり，27，28 歳の頃（2002 年）には結構悩んでいたと言う（ここで悩みというのは夫から性的に拒否されることと，夫とのセックスについての言語的コミュニケーションがうまくできないことを意味する）。夫からセックスを拒否されることが自信喪失のきっかけとなり，「このままもうなんか女として終わるのかな」と夫に問いかけた。

　　彼と話し合って，「このままもうそういうことをしたくないならしたくないって言ってくれれば，私もじゃ，あなたがそうだったら，私自身がどうするのかを考えるから言ってほしい」と言ったら，「そういうことじゃないんだよ」と彼は答えた。「したくないわけではないんだよ。ただ疲れているんだよ」と彼は答える。でも多分その時は今思えば浮気していたんだろうね，向こうは。でも子どもは小さいし，別れることもできないし，どうしようかなってずっと悩んでいた。（カナさん）

6.3.3　セックスレスと不妊治療（妊活）

　最後に，セックスレスと不妊治療も含めた妊娠活動（妊活）の関連を取り上げたい。例えば［6.3.1］で述べたタクさんのケースでは，妊娠活動の影響でセックスへのプレッシャーを感じるようになったこと，セックスは苦痛な行為となったことが明らかとなった。カズキさんのケースでも，妻側が子どもを望み，周りの家族にも「子どもはまだなの？」と聞かれることでプレッシャーを感じたため，セックスを避けるようになったことが明らかとなった。

　ここでは，セックスレスであるカップルが妊活を始めると，どのような困難さが生じるのかについて明らかにしたい。そこで，1 つのケースを詳細に紹介する。女性のインフォーマント（エミさん）は既婚者である。初めてインタビューしたのは 2013 年（当時は 27 歳）で，カップル間の「セックスは必要がないもの」として認識していた。2019 年に出産したため，2013 年のインタビューからどのように性意識・性行動が変化したのかを考察したい。

表 3 - 6　２回のインタビューの変化[21]

事例エミさん	１回目のインタビュー	２回目のインタビュー
年　齢	20 代後半	30 代前半
		結婚歴 6 年
インタビューの話題	セックスレスの実態が中心	妊活が中心
性意識の変化 • セックスの意味 • 関心度 • 重要度	• 「面倒くさい」,「セックスに自信がない」,「絶頂感に達することができない」 　セックスは必要ないもの • 関心度：低い • 重要度：低い	• セックスはあってもいいかもしれない • 関心度：ちょっと高くなった • 重要度：子どもを作る目標ができたため重要度が高まった • 性的な快楽を発揮するため，重要度は少し高まった（同時に，根本的なところ，つまりセックスを常にしたいとは思っていないことも指摘している）
性行動の変化	• 旦那がセックスを求めてくればするが，彼からはあまり求めてこない→セックスはほぼしない	• 回数が少し増えた • 子どもが欲しいから＋快楽（ちょとだけ） • 自分と相手の性的快楽→見つけ出そうと思い始めた。工夫を考えるようになった

■ 女性インフォーマント，エミさんのケースの紹介

　エミさんの１回目の事例を第４節［4. 1. 1］にすでに述べた。表 3 - 6 にも 1 回目のインタビューで語っていたことを簡単にまとめた。彼女の場合，セックスに関して関心度と重要度は低く，夫とのセックスで快感を感じず，ただ「面倒くさい」という気持ちが上回ると述べていた。

　6 年後の２回目のインタビューでは彼女の性意識と性行動がどのように変化したのかを次に細かく提示する。

■ セックスの意味

　エミさんは１回目のインタビューでは，セックスの意味として，「面倒くさい」,「セックスに関心がないから」,「セックスに自信がないから」と「絶頂感に達することができないから」と述べていた。

　２回目のインタビューで同じ質問に対して，セックスの意味は「妊活している

―――――――――――――――――

21）インタビュー後，体外受精を行い，妊娠が成功した。

から大事で，必要なこと」と，「あっても悪くないな」という意識に変化した。そして，そもそもセックス以前に夫との関係性は「さらに仲良くなった」と述べている。

　妊活を意識してから，セックス自体も「若干増えた」と言う。1回目のインタビューの時にセックスは苦痛だと指摘していたが，インタビュー後，排卵日前後にセックスをすると痛みを感じないことがわかったと語る。「なんか，気づいたの。あのね，排卵日前後の日は大丈夫なの。むしろ気持ちいい。だから私の体の体調かなって思った。もともと濡れにくい体質だからね（…）」と述べている。

　このような気づきがあっても，たまには性行為の時に痛みを感じることもある。だが，今でも痛みを感じても夫には何も言わないと言う。なぜ言わないのかについては次のように述べている。「私もわからないところもあるし。こっちの体調の都合もある。絶対こうしたら気持ち良いというのもあまりないし。人それぞれだし。日によってだから。だからちょっと難しいなと思って」。

■ 妊活について
妊活について彼女は以下のように述べている。

　　若干作業的な感覚が出てきて。旦那にもほら，もともとそんなに「セックスをしよう」という人ではないから，「この日とこの日に（セックスをする）準備しといてね」と。そして彼は「はい。わかった」と答える。平日にもなっちゃうからさ，そうすると，「ご飯の時間はどうするの？」とか疲れているでしょう。水曜日，木曜日だったら週の真ん中で疲れているでしょう。「そういう時にどうするの？」とか，「今日は何時に帰ってくるの？」とか，お風呂に入る時間もあるから，夕食の時間，寝る時間ていうのをちょっとこう見ていかないといけないから，「そのつもりでいてね」って。だからだいたい9時，10時に帰る。かわいそうな時には，彼は帰ってきて，疲れていて，なんか「大丈夫？　今日はタイミングをとる日だけど…」…すごい疲れているの。だから「1時間だけ寝かせて」って。寝たらちょっと元気が出るから。やっぱり元気がないと途中で萎えてしまうじゃん。私は上に上がっても，彼にはかなり大変だと思うから，悪いねと思いながら…でもちょっと協力してもらわないとどうにもならない。一度，病院に行く前にタイミングがきてしまって，体温をとっているから，体温がさがるじゃん，「なんかもしかして今日なんじゃない？」みたいなのを病院に行く前に思っていて，旦那はすごく疲れて帰ってきて。でもその時はまだタイミング指導を受けていないから（旦那に）言ってないわけじゃん。だから「非常に申し訳ないんですけど，

今日かもしれないです」って。（エミさん）

■ カップル間の性生活の工夫

不妊治療を受けているため，セックスを定期的に行うようになった。エミさんは過去にセックスを避けていたが，セックスの行動にどのような変化が見られるのか。

　　最近は，ちょっと帰りが遅かったりとか，なんか途中で萎えてきたりとかするから，「どういうのがいいの」ってすごい聞くの，私が。なんだけど，本人もあまりよくわかっていないみたい。「ちょっとコスプレしてみない？」とか聞いたけれど，仕事ばっかりだから，それよりも休んだりとか，本を読んだりとか，自分の趣味，自分のストレスをセックス以前にまず発散しないと。

　　前はさ，どういうセックスが好きなのとかに全く興味がなかったの。もう回数をしないといけなくなってきたから，どうしたらいいの？　どうすれば気持ちいいの？　とか聞くようになった。それはでも妊活を始めたから，いい機会だなって。前はそんなにいろいろね，私からどんどん言わなかったけれど，結婚して6年経ったし，恥ずかしさみたいなのはあまりなくなってきた。前はね，ちょっとね，女の子から言うのもちょっとね，みたいな感じで。（エミさん）

■ 他の女性インフォーマント（ヒロミさん）の紹介

ヒロミさんとの3回目のインタビューでは，夫とのセックスレス歴は1年であるが，2年前から子どもが欲しいという願望が強くなっていると述べている。しかし，妊活を考えている中で，夫との性生活をどのように，そしてどのタイミングで再開すればいいわからないと述べている。彼女によると，夫の「性欲が弱い」ため，セックスを無理やり再開するよりも，「彼は朝起きて，マスターベーションをして，精子をプラスチック容器に入れて」，彼女が病院に持っていくようにしたいと言う。セックスレス実態，そして妊活をどのように始めればいいのかということについて1人で悩んでいるため，どんどん出産が希望しているよりも遅れている。さらに，彼女には新たな困難として介護の問題も起きている。

6.3.4　出産とセックスレスの事例からの考察とまとめ

　分析対象者は，出産に関するセックスレスが生じたインフォーマント9人である。

　先行研究では出産とセックスレスの因果関係は「出産後なんとなく」と曖昧に把握されている。今回のインタビュー調査では出産前からセックスレスが生じるケースも明らかとなった。先行研究のように，出産を要因とするセックスレス現象を「出産後」という1つの枠組みとして扱うのは単純である。しかし，今回のインタビュー調査でも「出産後」と「出産前」とに分けて考えたことも単純であることを指摘したい。なぜならば，人間の性は固定しているものではなく，環境やライフステージにより，変化することもあるからだ。そこで，本書では，出産以前からセックスレスが生じるケースも存在することを証明するため，2つの領域に分けて考察した。また，出産とセックスレスに関わる要素は多様であるが，セックスレスをもたらすファクターを以下のように分けてまとめる。

(1)パートナー間のセックスは親密性を深めるよりも，「子作り」の行為という認識が強い

　もともとカップル間のセックスは「子どもを作る行為」という意味（価値）が中心であるため，出産後，セックスレスになる傾向が見られる。そしてその際にはセックスレスであっても「不満」には感じない（相手側も同様な価値観を持っていた場合。今回のインタビューでは，相手側の性欲が弱いため，不満と感じていない）。このようなケースは特にレイさんとユミコさんで見られる。また，この2人のケースでは別の要素も含まれる。つまり，パートナーとのセックスがそもそも楽しくないことである。

(2)パートナーとのセックスはもともと楽しくない

　繰り返しになるが，この2人のインフォーマントを見ると，セックスがパートナー間の親密性を構築するセックス，つまり，コミュニケーションや触れ合いを構築するセックスではなく，生殖行為とするセックスの意味が強い。

　一方，相手との性生活に不満を抱えている要素も含まれている。パートナー側はインフォーマントが望んでいるようなムード作りができず，望んでいる性的な快楽を味わえない。このことはレイさん，ユミコさんだけではなく，他のインフォーマントも同様なファクターを語る。例えば，ケンタさんも妻とのセックスにはもう興奮せず，いつも同じことの繰り返しなので，彼女とのセックスには「飽きた」と述べている。ハナコさんも夫とのセックスは「楽しい」と思ったことがなく，ただ「体が疲れるだけ」と語る。このような「楽しくないセックス」を体験することから，子どもが生まれても今後セックスはなくてもいいとなるの

ではないか。そこで，次の要因にも結びつく。

(3)家族意識が強いことからセックスをすると「不自然」

　「家族意識が強い」からセックスレスが生じることは結婚後にもあり得るが，このような要素は特に出産後から見られる。パートナーを「女性」「男性」としてではなく，「母親」「父親」という役割でしか見られなくなるため，相手を性の対象と見ない状態である。

　インタビュー調査では「家族みたい」「兄弟みたい」「同居人」という相手への認識の説明もあった。もちろん家族意識が強いためセックスができないインフォーマントは存在する。だが，今回のインタビューでは家族意識が強いことが「楽しくないセックス」の説明と結びついて語られていることが興味深い。要するに，「家族意識が高い」という要因としては「だっていつも同じセックスに飽きたから」，「だってキスが下手だから」というような理由付けで説明されていることは無視できない。つまり，「家族意識が強いから」と説明する背景にマンネリ化や楽しくないセックスがあると考えられる。

　自分たちを「兄弟みたい」「家族だから」「同居人だから」と語るインフォーマントは，相手とのセックスという行為自体ではなく，相手のセックスのやり方を拒否している特徴が見られる。つまり，互いの性生活が合わないことを相手のキスが下手，エロチックなムード作りが苦手などという要素から説明している。

　カズキさんは，1回目のインタビューでは，家族意識が強く，妻を愛しているためセックスができないと考えていたが，2回目のインタビューでは，実際は「子どもを作る」ことを強く意識していたため，プレッシャーを感じ，セックスができなかったことがわかった。

　これらのことから「家族意識が強い」という考えには性生活の不満が背景として見受けられる。そのため，「家族意識が強い」という言葉はセックスレスについて正面から解決することを忌避するための語彙であるとも考えられる。この実態についてはさらなる詳しい研究が必要である。

　　■ 疲れとセックスレス

　また，ハナコさんとダイチさんのケースでは「疲れ」という要素もセックスレスになる要因とされている。ハナコさんの場合は出産後から身体的な疲れを感じている。インタビューを行っている際にも体が弱っていて，一旦休憩を挟んでインタビューを行った。一方，ダイチさんは仕事の疲れとセックス自体が疲れると

いうことを指摘している。疲れについてはタクさんも述べている。彼は仕事で疲れているため，妻との理想的な性生活を構築するための余裕がないと言う。ハナコさん，ダイチさんと，タクさんの「疲れ」の要素はさまざまであるが，3人の共通点としては1歳未満の子どもがいることから，子育てと仕事を両立すると，カップル環境を育てるのは困難であることが考えられる。

■ 里帰りとセックスレス

今回のインタビューでは，エリさんの夫は立ち合い出産を経験し，その刺激によって妻とのセックスを避けていることが明らかとなった。この事例を詳細に見ると，夫が立ち合い出産を経験しただけではなく，里帰りをしたことも重要な点である。

里帰りに関する調査については，久保（2012）の調査結果を用いる。久保は出産前後の里帰りが父子関係と，夫婦関係に与える影響についての調査を行っている。里帰りの有無による2つの特徴は次のようなものである。

　1．妻の里帰りを経験した場合，「子どもが邪魔である」とか「子どもがわずらわしい」といった，子どもに負の感情を抱く傾向が強い。

　2．夫婦関係においても，「妻との関係に満足している」，「妻との関係は安定している」において里帰りを経験した夫の方が低い。

なぜ里帰りは夫婦間にこのような影響を与えるのか。里帰りをすると，妻が先に母親になり，夫の父親になる自覚が遅れることが考えられると久保は指摘する。つまり，「母親・父親としてのスタートがズレる」ことが推察される。それにより妻の方が夫よりも育児スキルを早めに身に付け，出産前後に離れて暮らす夫は「できるママの姿」しか見えない。こうした「できるママの姿」を見ることによって，男性側は家事・育児に自信をなくし，女性側に任せる傾向が見られる。

■ 子どもを作るための性行為が，自分自身の性よりも大きくなると

子どもが欲しいという願望があるとカップルの性環境は，今までのセックスとは異なる枠組みにシフトするため，セックスをする意味合いも同時に変化する。例えば，タクさんの事例では，もともとパートナーと行うセックスは「快楽」という意味が大きかったが，子どもを作ることとなると，意味合いが変わった。ここで重要なのは，性意識・性行動が変わるだけではなく，生殖のセックスが「快楽としてのセックス」よりも大きな枠組みを持つようになり，もともと自分自身が持っている性意識（快楽としてのセックス）を発揮する場所がなくなることであ

る。カップル間で自分の性的なアイデンティティを発揮することができなくなることで，自分自身の性は夫婦外へシフトし，婚外恋愛に至ることも今回の事例で見られた。それについては第4章で詳細に考察する。

　セックスレスであったが，出産を望むことで「性」に対してポジティブになったケースも存在した。エミさんの事例はもともとセックスに積極的ではなく，カップル関係では，セックスは「なくてもいい行為」と述べていた。だが，妊活をきっかけとして夫とのセックスを一時期復活した結果，前よりも互いにカップル内の性関係について会話し，自分の体と性的欲求について理解が深まったケースも見られた。一方，このインタビューでは，特に夫は長時間労働における疲労と妊活を両立することの困難性が見られる。カズキさん，タクさんも同様に妊活において，男性側にもプレッシャーやストレスが生じていることが明確に見られた。

　Saotome et. al.（2018）は，量的調査を基にして，妊娠中と出産後のカップル間の性関係を調査した結果，女性だけではなく男性の性機能も出産後に低下する傾向が見られるが，性的な満足度との因果関係が見られないことを論じている。この理由に1つの仮説を付け加えたい。以上に述べた通り，今回のインタビューでは子作りのセックスの枠組みが大きくなる。そうすると，もともと個人が持っていたセクシュアリティを発揮しようとする意識は相対的に減り，ただ子どもを作るためのセックスになる。そのため，Saotome et. al.（2018）が指摘するような夫婦間と「自分自身」の性を割り切ることで「性的な満足度」の因果関係が明確に見えなくなるのではないか。タクさんの例を挙げると，彼は妊活のセックスのプレッシャーが現在の性意識にも反映され，セックスをするよりも，彼女とセックスをしない方が満足であると論じている。カズキさんは出産後よりも，出産前に「子作り」のためのセックスに対してプレッシャーを感じ，「妻だけED」になったことから，出産前後に対する性機能と性的満足度の関係は複雑であることが言える。

　出産前後の男性のセクシュアリティ（性機能の関連性）の変化についての研究はまだ乏しいが，今回のインタビュー調査では，エミさんだけではなく，カズキさんやタクさんでも同様に，子作りは女性の負担だけではなく，男性にも身体的・肉体的に負担がかかることが明らかとなった。

6.4　「私たちは家族だから」——男女関係から夫婦関係への意識

　結婚や同棲する前と異なり，パートナーに対して恋人気分よりも家族意識が強

くなったため，パートナーに性的な魅力を感じなくなるというケースは少なくない。今まで述べてきたケースの中にも，このような要素は含まれている。事例を挙げると，レイさんとユミコさんはパートナーとのセックスがカップル関係の親密さを構築する手段，または快楽を感じるためではなく，子どもを作るための行為であるとの認識が強い。加えて，２人のインフォーマントは夫とセックスを定期的にすることを想像できないと言う。つまり，夫との関係は「共同体」や「兄弟」みたいで，家族とセックスをするのは「不自然」であると述べている。また，タクさんの場合，結婚後，妻とのセックスは子どもを作るための行為となり，プレッシャーを感じ，妻とのセックスが「嫌になった」と言う。そのため，妻には「母親」でいてほしいという願いを述べている。

　次のインフォーマントは現在セックスレスではないが，これからセックスレスになりそうと語っているため紹介する。

　タカヒロさんは彼女と３年付き合い，今後，結婚する予定もある。彼は彼女と付き合うにつれて「相手に性的な魅力を感じなくなってきた」ため，性的な欲求も徐々に少なくなった。

　彼は彼女に対して，「常に性的な魅力を感じているわけではなくて，なんか日頃はあまり感じていない。例えば，相手が台所で背中を向けていて，なんかすごく，魅力を感じているからかよくわからないけど，（セックスを）したいなって思ったりすることはあるけど，普段は特にそうでもないかな。そんな感じかな」。また，タカヒロさんは彼女との性欲の差に対して不満を持っている。「ちょっとね，性欲の強さに差がある部分はある。だから満足ではない。向こう（彼女）の方がすごく強くなっていて」。その差についてこう続く。「やっぱり慣れ（のために自分の彼女への欲求が低下したの）かな。マンネリっていうのもそうだし。だから結果として義務感っていうのが出てきた」。義務感は「その相手との付き合いが長くなれば，その感じも出てくる」。

6.5　考察と解釈

　第 6 節では既婚者（30 代・40 代）のインフォーマントが考えるセックスレスに至った要因を整理し，その要因は次の３つに集約されることが明らかになった。すなわち，１．疲れとセックスレス，２．出産とセックスレス，そして３．家族意識が強いことからのセックスレスである。しかしながら，セックスレスが生じる背景は多種多様であり，複雑な過程を経るため，このことを単純に捉えてはならないと言える。また，今回のインタビューにより明らかになったことは，外的

なファクター（仕事の疲れ，仕事の優先など），カップル間における関係性の構築の欠如，そしてカップル間における性関係の構築の欠如という3つの要素がセックスレスを生み出す構造と関連しているということである。

　また，彼らは本来セックスとは自分自身とパートナーにとって親密な行為，または快楽と考えていたものの，子どもが欲しいという願望が生じると，性意識が「子作り」目的のセックスにシフトし，2人の性環境の枠組みが変わるのである。そして，出産後においても，2人の親密性を深めるためのセックスに戻すことは困難であり，このことがセックスレスを生み出す一要素として働いているのである。そして，「仕事の疲れ」についても同様のことが言える。カップル関係よりも長時間労働や仕事が優先されると，カップル間の性意識に変化が生じ，2人の性環境の枠組みが変わる。なお，インフォーマントの中には，カップル間での性生活を作り上げて構築するよりも，自分自身が望むセックスを個別的に処理，またはカップル外で発揮する者もいた。仕事の疲れと出産から生じるセックスレスという両方のファクターは，相手を「男性」「女性」として見ていない一方，「家族意識が強くなった」ことにも繋がっていると推察できる。

セックスレスを経験するインフォーマントはなぜセックスを復活するのか

　年代別に見ると，20代の未婚男女は過去のネガティブな経験により，セックスを避ける傾向が見られたが，30代のセックスレス男女においては，子作り願望があると，セックスを一時的に復活させる傾向が見られるが，一旦妊娠が成功すると，その後にまたセックスレスを望むというインフォーマントも存在した。このような結果を踏まえれば，セックスレス・カップルにとってセックスは親密性を深める行為というよりも，子作りのための行為という認識の方が高いことが考えられる。出産年齢が上がる現代日本社会においては，年齢が上がると出産しにくくなる。よって，セックスの価値は30代のカップルにとって強くなることが考えられる。30代の中には，新しい交際相手ができることで，セックスを復活する事例も見られた（特にカズキさん，ヒロミさん，カナさん）。

　しかし，30代の中にはそもそもセックスに関心がなく，セックスを重要視していないインフォーマントも存在したため，世代ごとのセックスレスに至る特徴を明確に捉えることは，今回のインタビューでは行っていない。とはいえ，全ての事例において共通する要素が存在した。すなわち，セックスについてのコミュニケーション（言語的と非言語的）が乏しいということである。「パートナーとセックスについてオープンに話すのはどのような時ですか」，「互いはどういう

セックスが好きなのか知っていますか」，「パートナーが自分よりももっとセックスをしたい場合，あなたはどう反応しますか」との質問に対して，互いに知識を共有していない傾向が見られた。また，「パートナーとのセックスがあまり楽しくない場合，あなたはどうしますか。自分の不満の理由を明確に相手に伝えますか」，「セックスに関して自分の意見をしっかりと言えますか。それとも無理をして，パートナーの行動・意見に合わせますか」との質問に対しても，相手に自分の性的な望みを伝えていないことが明らかとなった。このような実態は，20代のインフォーマントにも当てはまる。

6.5.1　非言語的コミュニケーション──身体的触れ合いについて

　日常生活で身体的な触れ合いがあるかどうか聞いたところ，ほとんどのインフォーマントは「ほぼない」，または「ない」と述べた。この問いについての回答事例は次のようである。

　「あ，なかったかもしれないですね。ちょっと思い出せないな。少なかったかもしれない」（シンさん）。また，「イチャイチャはしないけれど，お尻を触ったり」（ヒロミさん），「仲がいいからくっついている」と述べるインフォーマント（エミさん）もいる。既婚カップルの身体的触れ合いが少ないことは「中高年性白書」でも指摘されている。「中高年性白書」の「よくする身体的触れ合い」についての項目では，配偶者で一番多いのは「肩もみ・指圧」である。そして，「ほとんどない」という回答は2000年から2012年まで3割弱から4割に増えていることも指摘されている。身体的触れ合いが少なくなる一方，単身者の6割は「手を繋ぐ」，5割は「身体に触る」「キスをする」と答えている。単身者の場合「ほとんどない」という回答は1割に過ぎない（日本性科学会セクシュアリティ研究会2016：62-63）。

6.5.2　言語的コミュニケーションの困難性

　次に，パートナー同士でセックスについて話すかどうかを聞くと，ほとんどのインフォーマントから「話していない」という回答が得られた。特に，結婚してから話さなくなったという回答が目立つ。そのため，互いの好きなセックスについても「わからない」と答えるインフォーマントが多い。セックスについての会話についての回答事例は次のようである。

　　そういう雰囲気だったのかな。なぜかというと（…）そういう人が多いと思い

ます。不満があっても，ま，しばらく我慢をするみたいな，で，最後の最後に取り返しがつかなくなった時に，なんかもう「こういうことなんだ」って話が多くて。なぜかというと，言い出しにくかったのかもしれないかなと思いますね。（シンさん）

　そのセックスレス状態には彼自身は「満足ではなかった」けれども，この状態を変える努力はしなかった。

　　なにもしなかった，確かに。それで，その時にはいいと思っていました。（シンさん）

　一方でこのような実態もある。タカヒロさんは彼女とはセックスについては自分からは話し出さないが，彼女の方からセックスの話題をしてくると述べている。その話題というのも，2人の性関係についてである。「ほぼ向こうから言ってくる。欲求，こんなふうにしてほしいとか。『昨日の感じが良かった』って言われると俺はちょっと引く（笑）」（タカヒロさん）と答える。この「引く」理由は「そんなこと言わないでよ」と彼は思うからである。「友達とかと話すといっさい恥ずかしく感じないけれど，彼女とすると恥ずかしさを感じる」，そのため「そういう話はしたくないんだよね」と主張する。一方，彼女に「好きなセックス」を知らされるのは「面倒くさい」と述べている。彼によると，彼女に「次回にこうしてほしいと期待されるのが面倒」であると感じている。

　以上のように，相手の性的な望みを聞くと，恥ずかしさを感じると同時にプレッシャーを感じるため，パートナーから性的な望みを聞きたくないケースも存在する。このほかに，どのような理由によって2人の性生活について話すことが困難なのであろうか。

　例えば，「相手のプライドを傷つけたくない」という理由からセックスの改善を望んでいてもパートナーに言えない（レイさん，ユミコさん）といったことがあった。また「今さら言っても」という発言も存在する。そして，女性の中には「言っても，じゃ，どうすればいいのかがわからない」（エミさん）という意見も出た。だが，このような発言はセックスレスではないインフォーマントにも見られる（サナさん）。つまり，パートナーとのセックスはあまり楽しくない一方，自分はどうしたいのかがわからないということである。最後に，自分がどのようなセックスが好きなのか，またはパートナーとのどういうふうなセックスを望んでいるのかはパートナーには「言いづらい」（レイさん）ということからパートナー

とはセックスについて話さないことが明らかとなった。

6.5.3　一緒にいる時間と空間

　最後に，セックスレスである男女の特徴として，セックスという話題を排除している特徴が見られる。では，一緒にいる時間と空間（身体的距離）についてはどのような実態が見られるのか。インフォーマントに一緒にいる時間と空間（身体的距離）について聞いた結果，「男女」でいる時間・空間が取りにくいことが明らかとなった。その理由としては，まず，子育てが原因でもある。ダイチさんは子どもの面倒を見ることが大事であるため，カップル間の時間はなかなか取れないと言う。

　　　う〜ん，男女の空間はない。例えばキャンドルをつけて，すごくロマンチックな雰囲気を作ってということをすると時間もかかるし。で，そのあと，どうせじゃないけど，まず子どもが寝てからしか，そういうのができなくて。子どもがいるときにこういうロマンチックな雰囲気を作らないからさ。で，子どもが寝てから起こされるまでは 3，4 時間しかないから。だからあんまりそういうのはしようという感じは 2 人ともない。（ダイチさん）

　別の理由としては普段の生活が多忙であるため，カップル間の空間を作ることが困難であるケースも見られる。シンさんは男女で過ごす時間やムードの不足という要因を語っている。

　　　普段の暮らし，2 人で生活していく暮らしの中で，その夜だけの 2 人の時間，そのムードをなかなか作れないんですよ。日々の暮らしって忙しいじゃないですか。で，それがやはり 2 人でベッドに入って，そういう時間を作るってちょっとムードが必要じゃないですか。それで，今の生活の中でそういうムードがなかなかできない，忙しさだったりとか，暮らしになってしまうから。で，それでどうしてもズレるんじゃないかな。（シンさん）

　また，2 人だけの空間をなるべく作りたくないというケースも今回は見られる。例えば，［6.1.2］で紹介したケース A は仕事を優先したいため，2 人の空間をなるべく作らないようにすると言う。一緒にいてもどのような会話をすればいいかわからないため，一緒にいる空間をなるべく避けたいと言う。

　レイさんは，「一緒に時間は過ごさない。喧嘩になるから。午前中は離れていて，夜だけ一緒に過ごす方がいいかも。なんか生活スタイルや時間帯が違うから，

ご飯も一緒に食べない」と 2 人の時間を避ける。

　ユミコさんもパートナーと過ごす時間が少ないことを次のように語る。

　　　私は一日一緒に過ごすのは 2 ヶ月に 1 回ぐらいだと思う。家で 2 人っきりでい
　　るのも 4 ヶ月に 1 回？　一緒に家で映画を見るとか。一緒にご飯を作るのも最近
　　ないね。あ，わかった。誕生日にはピザを取るとか（笑），そういうのは一緒に
　　食べる。（ユミコさん）

　だが，別のケースも今回は見られる。例えば，[6.1.3] で紹介したケース B
の場合だと，パートナーとはもともと週末は一緒に過ごしたが，現在は仕事が忙
しいため，2 人で過ごす時間が取れなくなった。そこで，カップル関係も徐々に
悪化し，喧嘩が増えたと言う。

　以上のように，言語的・非言語的，そして 2 人で過ごす時間と空間という 3 つ
の領域に分けて考察してきた。セックスレスであるインフォーマントは，パート
ナーとセックスについての会話が乏しいと同時に「性」を日常から排除している
傾向が見られる。結果として，インフォーマントはパートナーと長期間交際して
いると，お互いの「性」に向き合わず，セックス・コミュニケーションを深めな
いことが目立つ。既婚の 30 代・40 代のセックスレス事例を見ると，セックスは
「コミュニケーション」であるという思想から離れているため，セックスは「コ
ミュニケーション」であるという思想を問い直す必要がある。

　このようなことから，外的な要因だけではなく，男女および性環境のあり方も
セックスレスを推進する重要な要因である。

7 ｜ 全体のインタビュー調査からの考察

　本インタビューの目的は，20 代から 40 代の男女におけるセックスレス現状の
複雑な過程を考察することであった。ライフイベントを含む外的要素だけではな
く，カップル環境および性関係の 3 つの要素がセックスレスに関わっていること
も明らかとなった。

　第 7 節では，今までのインフォーマント全体の共通点と今まで述べられなかっ
た特徴と発見も述べる。まず，[7.1] では，性意識・性行動の観点からセックス
レスを考察し，[7.2] ではセックスのコミュニケーションをジェンダー差の視点
から，[7.3] ではセックスレスである男女は性生活において何を望んでいるのか，
[7.4] ではインフォーマントはセックスレスをどのように捉えているのか，

［7.5］ではセックスレス・カップルと非セックスレス・カップルの相違点，最後に ［7.6］ では，インタビュー後のコメントやカップル間の変化を整理する。

7.1　カップル間における性関係と自分自身のセクシュアリティの観点から

　今回のインフォーマントの中には，セックスに関心度と重要度が高い人もいれば，関心度と重要度が低い人もいる。中には，セックスについての関心は高いが，セックスへの重要度は低いインフォーマントもいる。だが彼らに共通するのはセックスレスであること。そこで，個人が持っている性意識・性行動はセックスレスとどのような関係にあるのか。セックスに対する関心度と重要度が低い場合，セックスレスな関係を望むと推測するのは難しくはないが，セックスについて関心度と重要度が高い人はどのような背景でセックスレスになるのか。

　繰り返しになるが，自分自身のセクシュアリティは固定している部分もあるが，年齢，経験や環境によって変わる部分もある。あくまでインタビューを実施した時点での個人が持っている性意識・性行動を考察しながら，セックスレスが生じる背景を論じる。

　ここでは，セックスの関心度と重要度が高いインフォーマント ［7.1.1］ と，セックスの関心度と重要度が低いインフォーマント ［7.1.2］ との 2 つに分けて考察する。

7.1.1　もともとセックスの関心度と重要度が高いインフォーマント

　インフォーマントの中にはセックスというテーマに関心度は高く，セックスはカップル間でも重要な行為であると考える人もいる。重要な行為として「愛情表現」「快楽」や「触れ合い」などが示され，互いの親密性が深まる行為として認識されている特徴が見られる[22]。このような認識を持つインフォーマントは，アキラさん，カズキさん，エリさん，ナオキさん，シンさん，タカヒロさん，タクさんである。

　そして，ダイチさんとヒロミさんはもともと関心度と重要度が高かったが，結婚と出産，相手にセックスを拒否されたことで関心は高いもののカップル関係のセックスへの重要度が低くなったと述べていることから，彼らの事例もここで取り上げることとする。

22）このような特徴に関して欧米では，セックス・ポジティブと定義付けられる。https://www.issm.info/sexual-health-qa/what-does-sex-positive-mean/（2019 年 10 月 25 日閲覧）。

　20代のインフォーマントだと，男性の方が女性よりもセックスに関してポジティブであるが，30代になると，女性もセックスにポジティブであるインフォーマントが増える。セックスにポジティブな意味を与えるインフォーマントは，自分と相手の求める意味・価値観が合わないことが多い。2人の性的なプロフィールが異なる中で，2人の関係性の中でどのような性生活を育てたいのかをコミュニケーション[23]しながら作り上げないといけない。しかし，コミュニケーションが不足しているため，2人の性的な言語が育てられず，インフォーマントは相手と共有したいセックスをカップル内で作り上げるのは困難となる。その上で結婚や出産などというライフイベントによって環境が変化すると，以前にも増してコミュニケーションに困難が生じる。このような結果として，セックスレスに至ることが考えられる。

　ここではヒロミさんの事例を挙げよう。彼女にとってセックスはもともと「子どもを作るための行為」以外に「コミュニケーション」や「快楽」「本能的」を意味する。だが，現在のパートナーは彼女とのセックスに積極的ではなく，セックスにあまり関心を持たないと言う。2人の性生活を作り上げたいが，彼とのセックスの意味・価値観（性的なプロフィール）が異なるため，セックスを求めてしまうと，関係性が崩れてしまう恐れがある。このような不安は過去のネガティブな経験から生じている［4.1.3］。そして，2人の性関係を作り上げることを諦め，セックスを重要な行為と考えなくなった。彼女によると，カップル間の性を作り上げたいという願望を諦める以前には悶々とし，相手は自分となぜセックスをしないのか，女として見てくれないのかという疑問が募り，夫と喧嘩をした。だが，パートナーとのセックスで快楽を得るよりも，自分だけのセクシュアル・プレジャーを得ることに集中するようになった（アダルトビデオや漫画でのマスターベーション）。自分自身のセクシュアリティはカップル内ではなく，個人のセクシュアリティに中心を置くようになったことで，割り切れるようになって楽になったと言う。

　他にはタクさんのケースを挙げる。彼は出産を経てセックスレスとなった。彼にとってセックスはもともと「快楽」や「解放」を意味する。妻も出産前にはセックスは「愛情表現」と認識していたと彼は述べる。だが，子ども願望が強くなったことで，妻の方はセックスを「子どもを作るための行為」と強く意識する

23）ここでいうコミュニケーションは言語的だけではなく，非言語的コミュニケーションも意味する。互いに言語を利用せずに察することでニーズが相手に理解できればそれもコミュニケーションである。

ようになった。彼自身のセクシュアリティも環境が変わったことで「愛情表現」や「快楽」というよりも「子どもを作るための行為」という認識に変わり，彼がカップル間で望む「快楽の発揮」ができなくなった。「楽しい」セックスが「義務」となりプレッシャーを感じるようになった。セックス・コミュニケーションというよりも「ただ（精子を）出す行為となった」と彼は述べる。そして，出産後，2 人の性生活を作り上げることは困難になったと言う。その理由としては，「子作りのセックス」という枠組みが大きくなったことによって，彼女とのセックスをすることに疲れすぎ，「もう飽きた」と言う。

　他の理由として，毎日仕事でずっと頭を使っているため，家に帰ってまで頭を使いたくないと言う。要は 2 人の性生活を作り上げるのは「面倒」なのである。こうした結果から，カップル間で求めていた「快楽」はカップル内から自分個人のセクシュアリティ（マスターベーション）や，カップル外（婚外恋愛と性風俗産業）で性的な快楽を得る方向にシフトした。

　最後に A さんのケースを紹介する。彼はもともとセックスに関心があった。彼女との性生活を作り上げることに高い意欲をもち，セックスを重要と認識していた。だが，彼のケースでは，仕事の疲労からセックスレスが生じたと言う。

　では，外的ファクター以外にカップルの性関係はセックスレス状態にどう反映しているのか。彼のケースでは，セックスの時に「自分」と「相手」の性的なバランスが十分に取れていないため，性生活に不満が生じている。つまり，A さんは，自分よりも相手を「満足させないといけない」というプレッシャーを感じ，自分自身が持っているセクシュアリティがおろそかになっている。

　だが，このような性的な枠組みを形成し，相手中心に考えることでどんどん「疲れてきた」と述べる。最初にあった性的な好奇心を育てる環境（スペース）が徐々に少なくなり，最終的には完全になくなった。2 人の性生活の枠組みを拡大し，作り直すよりも，仕事を優先していることがこのケースではっきりと見られる。仕事を家に持ち込み，疲労を感じるまで仕事に集中している。そこで，自分自身のセクシュアリティを作り上げることも，カップル間でのセックスも望まなくなった。

　これらの 3 つの事例ではどのような特徴が見られるのか。

　自分と相手のセクシュアリティのプロフィール（性的な価値観）が異なると，2 人の性生活を作り上げて構築し続けるのは困難となる。その中でも，セックスの重要度が高い人よりも，重要度が低い人の方が「2 人のセクシュアリティ」のイ

ニシアチブをとるとされる（Schnarch 2006）。これらのケースから，セックスへの関心度・重要度，そしてセックスの意味という３つの要素は固定されておらず，相手との性的な関係性やカップル環境，ライフイベントの影響によって変化することがわかる。また，関心度や重要度が高いセックスレス・インフォーマントでも，カップル環境の影響により，重要度が低くなることも生じる。

　では，彼らはどのように快楽を感じるのか。セックスの関心や重要度が高いインフォーマントはアダルトビデオやエロチックな漫画でマスターベーションし（男女問わず），男性は性風俗産業を利用する場合もある。また，お風呂や温泉に入るというのも快楽を発揮する手段として述べている。

7.1.2　もともと関心度と重要度が低いインフォーマント

　インタビューを実施した時点でセックスの関心度・重要度が低いインフォーマントのケースを挙げ，カップル関係の中でセックスという行為はどのような意味を持つのかということから「セックスレス」を考察する。例えばハナコさんの事例を見てみると，もともとセックスへの関心と重要度は低いと述べているが，結婚前ではセックスという行為は互いの愛を確かめる手段であったと言う。だが，「結婚」や「出産」したことが愛の証明であるため，セックスという手段はもう必要ないと主張した。

　もともと彼女はセックスに関心がなかったため，結婚してからセックスをしない方が楽である。その反面，夫は彼女とのセックスを求めているため，いつかはした方がいいと悩みながら述べている。第４章第１節の繰り返しになるが，セックスは苦痛で楽しくない行為と考えるインフォーマントにとっては，セックスがない方が「満足」である。

　カエデさんの事例では，初経験で苦痛を感じたためセックスへの重要度は下がり，セックスレス関係を理想とする。ハヤテさんの事例では，パートナーがいた頃に彼女からセックスを避けられた。それをきっかけとして，セックスは必要ない行為と見るようになった（どうせ疲れるし，時間がもったいない）。今では，セックスがないカップル関係を望んでいる。

　そして，レイさんやユミコさんのように自分自身のセクシュアリティをカップル関係で発揮するよりも，自分自身のセクシュアリティと生殖としてのセクシュアリティを分けることで，今後もセックスレスであっても「不満な要素」ではないと言うインフォーマントもいる。これらの事例では，セックスは「コミュニケーション」ではなく，互いの親密性を深める手段ではない。それでは，セック

スに関心と重要度が低いインフォーマントは，どのように性欲を発散しているのか。今回のインタビューでは，マスターベーションやアダルトビデオを見るなどよりも，「買い物」，「お風呂・温泉に入る」や，「本を読む」という回答が得られた。

　セックスに関心度と重要度が低いインフォーマントの場合，どのような特徴が見られるのか。まず，カップル間でのセックスという行為はなくてもいい。また，カップル間で自分自身のセクシュアリティを発揮しようとは考えない。セックスの重要度が低い場合，セックスは親密性を深める手段ではないため，「コミュニケーション」としてのセックスは機能していない。このような価値観を持つ場合，子ども願望，または，相手がセックスを望む時にだけセックスをするが，自分と他者との親密性を深めるためや，楽しいからという意味合いでセックスは行わない。

　以上，セックスの関心度・重要度が高い事例と，セックスの関心度・重要度が低い事例を紹介した。そして，このような2つの特徴からさらに何が言えるのか。2つの特徴を踏まえて，1）現代日本の男女関係において「自己目的的セクシュアリティ」[24]（Selbstreferenzielle Sexualität）という思想は形成されておらず，2）自己目的的セクシュアリティ理論の一部（セックスは性的な快楽のためであること）はカップル内よりもカップル外で成り立っているという仮説を立てたい。

　「おわりに」で西欧の「自己目的的セクシュアリティ」的思想が誕生した社会的背景を整理した上で，日本のカップル関係の観点から「自己目的的セクシュアリティ」からセックスレス現象を取り上げ，新たな問いを立てたい。というのも，「自己目的的セクシュアリティ」的なセクシュアリティは日本社会では形成されていない中，「セックスはコミュニケーション」であるという自己目的的セクシュアリティな発想が曖昧に構築されていると考える。というのも，セクシュアリティは生殖機能中心から性的快楽中心という意味合いに移動した結果，自分自身のセクシュアリティ，その中でも「快楽」という要素をカップル間で構築するという認識が高まった。このような思想の中で，「コミュニケーション」としてセックスという行為を認識するようになり，自分自身のセクシュアリティと相手のセクシュアリティを振り返りながら，自分と相手のセクシュアリティは何か，自分と他者にとって快楽とは何かを見つけ出すことが重要となる。加えて，カッ

24）本書では「自己目的的セクシュアリティ」を次のような理解で使用する。社会的規範に則ったセクシュアリティをそのまま受け入れるのではなく，各々が自己の幸福のためにどのようなセクシュアリティを望んでいるのかを常に考えることである。

プル関係ではどのようなセクシュアリティを作り上げたいのか。カップル関係のセクシュアリティを作り上げて，構築し続けることが重要となった。日本のセックスレス現象を見ると，カップル間では自己の性を構築し，成長させるのは難しい現状が見られる（ただ，婚外恋愛の領域では自己の性を発揮し，自分と相手の性環境を構築することが可能となるのは興味深い現象である）。

7.1.3　2人で過ごす時間・空間を作らない

　外的要素（例えば仕事のストレス）だけではなく，内的要素（例えば，同棲，結婚や出産によってのカップル環境の変化）は人間の性意識・性行動に影響を与える。

　外的要素によってカップル関係および性関係がネガティブな影響を与えられたら，関係性を新しく構築し直さないといけない。だが，今回のインタビューでは，「カップル」を構築し，構築し続ける時間が不足していることが見られる。

　インタビュー調査での特徴は，男女でいられる空間を作らないインフォーマントの場合，セックスは日常生活から排除されている。そのために，カップル間でのセックスの重要度が下がるとも言える。例えば，同棲をきっかけとして男女の空間を作らなくなり，徐々にそういった空間がお互いに重要とされなくなる（重要と思っていても徐々にどのように日常生活で男女の空間を作るのかわからなくなってくる）。長期間付き合う中で，お互いルームメイトのような存在になり，男女の空間を作るのがますます困難になる。さらに，ロマンチックな場面は「恥ずかしい」から避けるというインフォーマントも存在する。そういったセックスレスの要因は日本特独ではないか。

　インタビュー調査だけではなく，セックスレスに関する先行研究においても男女でいられる時間や空間が不足していることによってセックスレスになったと語る男女は少なくない。亀山は自身のルポで，ある40代の女性は夫以外の交際相手を見つけたと紹介している。「もし夫との関係に家族プラス恋人同士の雰囲気があったとしたら，恋には落ちなかったかもしれない。夫を愛してはいても，恋せなくなったから，恋愛が忍び込んできたとも言えるような気がします。ただ，長年，夫婦をやっている2人で，未だ恋人同士の感じを残している人たちがどのくらいいるのかわからないけど」（亀山 2010a：14-15）。

　男女でいられる時間や空間を望むことに気づくのは，特に子どもが成長してからの母親である。つまり，家庭的には不満はない。それに，夫も子どもも優しい。「絵に描いたような幸せな家庭を営みながら，心の内部に何かくすぶっているような状態」に女性は悩んでいる。なぜなら，子どもが成長し，子どもにかける時

間が少なくなると，「母親はふと心に穴があいたような気持ち」になる。「今まで自分の全てを子どもに向けていた分，今度は自分自身や夫との関係に目がいく余裕ができる」からではないか。今まで「男女」の空間が不足していても「母親」の役割で満足であった。しかし，「子が少しずつ手が離れるようになってから，心に穴があいたような気分を覚えることがありました」。いつのまにか，女として満たされていないと感じ，「女としての実感」が不足しているため，「自分に対する存在意義」にまで関連することもある（亀山 2010a：14-18）。

7.2　セックスに誘う時のジェンダー差

　繰り返しになるが，セックスレスになる要因は多様であり複雑な過程であるが，20 代の男女がセックスレスになる大きな要因としては，過去のネガティブ経験からセックスは苦痛で楽しくない行為であると認識することがある。30 代・40 代の場合，女性は夫とのセックスは楽しくない，相手に拒否される，または子育て中心であることからセックスレスが生じることが見られた。また，男性の場合，性関係を含むカップル関係よりも仕事を優先し，仕事で疲れているためセックスレスが生じている。また，カップル間のセックスは「子作り」のセックスとの意味が強くなり，プレッシャーを感じ，性欲が低下することからセックスレスになった事例も見られる。

　だが，本書のインタビュー調査では興味深い特徴も見られる。「あなたがパートナーよりもっとセックスしたい場合，あなたはどうしますか」と，「パートナーが自分よりももっとセックスをしたい場合，あなたはどういう反応をしますか」という 2 つの質問項目について男女差が大きく見られる。

　女性のインフォーマントの場合（年齢問わず）「あなたがパートナーよりもっとセックスしたい場合，あなたはどうしますか」という質問は，本人の考えるセックスの意味と，どのようなライフステージにいるかによって回答が異なる。例えば，セックスは重要だと考える場合，女性のインフォーマントは「誘う」，またはパートナーに察してもらおうとする。他方，相手とのセックスをあまり重要視していない場合「誘わない」または「そういう状況になったことがない」と回答する。他方，「パートナーが自分よりももっとセックスをしたい場合，あなたはどういう反応をしますか」についてはセックスに対しての重要度が低くても，インフォーマントは「応じる」と答える。応じる理由として自分と他者との享楽のためではなく「彼女だから」「付き合っているから」である。

　男性のインフォーマントの場合，「あなたがパートナーよりもっとセックスし

たい場合，あなたはどうしますか」については自分自身のセックスへの関心度や重要度とは関係なく，「誘う」という答えが最も多い。そして「相手には拒否されたことがない」と言うインフォーマントもいる（ハヤテさん，ヨシカズさん）。

　だが，「パートナーが自分よりももっとセックスをしたい場合，あなたはどういう反応をしますか」については「そういう状況になったことがない」（ハヤテさん），または「明日しよう」，「今度しよう」と会話をそらす（Ａさん），「眠いと言って寝ちゃう」（ヨシカズさん）というケースも見られる。別の事例ではヨシカズさんは，「彼女にセックスをしたいと言われるけれど，冗談だと思う」と述べ，彼女からの要求を真剣に捉えないことも見られる。彼女とは彼女自身のセクシュアリティについて語らないため，「冗談半分，真面目半分なのかもわからない」とヨシカズさんは述べる。

　ここで興味深いのは，パートナーからセックスを求められると，女性は彼女だからという理由で応じる傾向が見られるが，一方，男性の場合，パートナーに誘われると真剣に相手の要求と向き合わず，その場を避けようとする。男性側が相手にセックスを誘われると避けようとする理由はどのように解釈することができるのか。

　相手からセックスを求められると男性のインフォーマントはストレスを感じることが１つの理由である。例えばヨシカズさんは「もっとこうしてほしいとか，もっとそこに時間をかけてほしいとか言われると，ま，それはもちろん向こうの希望だから，応えようと思うんですけど。その希望に喜びを見出せないですね。ちょっとストレスを感じます」。Ａさんでも似たようなことが見られる。Ａさんの場合，最初は彼女からセックスを求めてこなかったため，Ａさんは彼女に性的な快楽を見つけてほしいとセックスに積極的であったが，彼女から求めてくるようになるとＡさんの性欲は低下し，彼女からセックスを誘ってきても彼は仕事で疲れていることを察してもらおうとする。

　また，社会的なプレッシャーが２つ目の理由として考えられる。例えば，タクさんは仕事では完璧な仕事をしたいというプレッシャーと，家では完璧なお父さんでいたいというプレッシャーを感じると言う。そこで，家に帰ってきて，妻がセックスに誘ってくると，プレッシャーを感じ，避けたいと言う。あるいは，彼女からセックスを求めてきても「面倒くさいし，疲れるから…」という理由で男性側がセックスを避けることも見られる。以上のようなことから，２人の性生活を日常生活の中で作り上げる困難性が生じているという仮説に至る。今回のインタビュー調査では，男性側の性的なストレス（プレッシャー）も明らかとなったが，

これらについての先行研究はまだ不十分であるため，今後女性と男性との性的環境を作り上げる困難をより深く研究する価値がある。

7.3　セックスレスを経験する男女は何を望んでいるのか

ここでは「もし今の性生活で何か変えられることがあれば，なんですか？」[25]という問いについての事例を挙げる。

7.3.1　性生活の変化

アケミさん，ヒロミさんはセックス以前の身体的触れ合いがもっと欲しいと主張する。ダイチさんは，セックスの回数が少ないことと，妻にもう少しセックスに対してアクティブになってほしいという願望がある。「やっぱりもうちょっと自分からなにかしたい，自分からこうしてあげたい，そういうのを考えてほしい」。夫にセックスにアクティブになってほしいという願望はヒロミさんも同様の意見を持つ。

特に女性側のインフォーマントは性行為以前のロマンチックな雰囲気が不足していることを述べている。このことは男性よりも女性の方が指摘している。つまり，夫は良い旦那であるが，「男としては見ていない」（ヒロミさん，レイさん，ユミコさん）。だが，相手にロマンチックな雰囲気を望み，また「女であることの喜び」と「楽しみ」を感じたいという意見も出た。

> なんかその行為に至るまでのプロセス，例えば食事をして，酒を飲んで，そういう雰囲気になる方が，自分がなんかこう，女であることの喜びっていうか，楽しみっていう感じがするかな。（ユミコさん）

ケンタさんは，妻とのセックスについて「飽きた」ため，マンネリを脱出したい一方，性生活の改善に向けて考えたくないと述べている（毎日仕事をして，疲れているから，家に帰って，性生活の工夫について頭を使って考えたくないと）。だが，性生活の「マンネリ化」を改善したいという願望は非セックスレスであるインフォーマントにも存在した。しかし，何をすれば改善できるかがわからないという状態にある。そして，「マンネリ化」を解消したいという回答はカナさん以外に全員男性であったことが興味深い。

25）この質問に対しては「実際に本当に変えられるかどうかはおいといて，1 つの願いがあればなんですか」という情報も補足した。

7.3.2　セックスへの知識

また，女性のインフォーマントの中にはパートナー側にもう少しセックスに対しての知識を学習してほしいという願望を語っている。例えば，エミさんは次のように述べる。

　　もうちょっと（セックスに関して）研究してほしい。もしそこでセックスをして私が「あ，いいな」って思ったら私もたぶんもっとやりたくなると思うし。ま，そこまで言えないって感じ。「気持ちよかったからもっとしたい」まで私がいかないから。そこをなんか，ま，お互いなのかもしれないけど，研究した方がいいのかなって思っているんだけど，なにをどう研究すればいいの（かわからない）って私の中ではあるから。（エミさん）

カエデさんはこのように述べる。

　　なんか，セックスやることに関してもっと知識を付けてほしかった。なんか，全然濡れていないのに，いきなり入れようとするのは男としておかしいじゃん。そんなのさ，調べたり，インターネットでいくらでも載っているんだから調べればいいのに。そういう勉強すらもないし。（…）いつもそういうセックスをするような雰囲気になったとしても，いつも彼ばっかり気持ちよくなって，私が全部やってあげて，終わり。それがいつもそうで，私は「何をやっているんだろう」っておもっちゃって。それで限界が来て，別れた。（カエデさん）

7.3.3　「子どもができたら…」

今後，子どもができたらどのように，そしてどこまでの性教育をすればいいのかがわからないという悩みを述べるインフォーマントも存在する。例えば，インフォーマントは今まで性教育を受けていなかったため，性教育をしてもらいたかったことから，自分の子どもには性教育を受けてほしいと言う。また，子どもが大きくなると，子どもとどのように性について話せばいいかわからないため，その性教育に対する知識が欲しいという意見も述べられた。

この問いについては，セックスレスでない他の，インフォーマントも何点かの不満を述べてくれた。例えば，サナさんは，相手がコンドームを付けないままセックスをすると不安を感じる。しかし，この不安に対して相手にはどういうふうに言えばいいかわからないため言えないままセックスをする。

だが，この状況においては「もう慣れてきた」と自分で言い聞かせていることも述べている。

　また，ミドリさんは相手がいつも酔っ払っている時にしかセックスをしないため，お酒が入っていない時にセックスをしたいが，改善方法がわからないと言う。

　ケンタさんはセックスへのマンネリ化を改善したいが改善方法がわからないため，もっと専門知識が欲しいと述べる。

　現在の男女関係・性関係への願望には性差が見られることに注目したい。

　女性のインフォーマントは，パートナーにロマンチック・ムードを作ってほしい，男性側にセックスの知識を持ってほしいと望んでいる。相手の知識不足により，女性のインフォーマントはセックスの場面で苦痛を感じている。一方，男性のインフォーマントは「マンネリ化」を改善したいと言う。

　これにはある解釈が考えられる。現代日本社会ではまだセックスの場面で「リードは男性がするべき」という性的規範が強く反映されていることが予測できる。つまり，「2 人でムード作り」や「自分も相手も一緒に性的な知識を得る」などという答えは少ないなかで，男性に知識を得てほしいという願望が目立つ。加えて，女性の中には，相手のプライドを傷つけたくなくて，性生活を変えたいことが言いづらいため改善が難しくなっている。

　だが，男性の方はセックスレスの原因であるセックスの「マンネリ」を改善したいが，「セックスレスに慣れた」ことから改善に進まない理由を挙げる。この点に関しては，女性インフォーマントは相手に工夫する知識を得てほしい一方，男性はカップル関係の性的な知識が不足しているため，互いの性的なズレが生じているのではないか。

　インフォーマントの共通点は，どのように，何をすれば性生活が楽しくなるのか明確にわかっていないことだ。相手にどのように伝えればいいのかがわからないだけではなく，自分もどうしたいのかがわかっていない。そして，長期間のセックスレスの状態に慣れてしまったことで，セックスの場面で親密性を求めなくなる（アキラさん，ハヤテさん，ナオキさん）。

　また，この問いについては「日本だから」という回答も得られた。

　カップル関係での望みを語る際に，「日本では手を繋がない」，「やっぱり日本はどうしても」，「やっぱり日本特有かもしれないけれど…（…）海外，欧米だと…」（カズキさん）と指摘するインフォーマントが存在する。また，「日本ではセックスレスになるのは普通」という指摘も見られる。そうすると，個人がセクシュアリティを持っているというよりも，「日本」という社会がセクシュアリティを構築するために，個人がその枠組みの中でしか動けないと考えられる。つまり，「自分の性は自分の意志や努力次第で決めることができない」，カップル間

の努力でセックスレスから脱出することは困難であるという仮説を立てられる。

　最後に，大川（1998）は男女の性的なコミュニケーションの困難性について，次のように指摘している。重要な内容であるため，少し長めに引用する。

　　　男性にとっても本当の意味でのセックスの会話は苦手なのです。女性は，自分から言うのは「はしたない」と思っていたり，それを口にすることで男性が萎縮したり，ひるんでしまうことに対する心配，または，嫌われるんじゃないかという不安があるのかもしれません。でも，言うのが恥ずかしいとか，言ったら相手に悪いなどと思っていたのでは，いつまでたっても「セックス」を楽しむという段階には達しません。「クリトリスが感じるの」と相手に伝えることはもちろん，そこを刺激するのでも「少し離れたところから徐々に」とか，「下着の上からさわってもらった方がいい」「このくらいの強さの刺激で」とか，人によって，またそのときのコンディションによって，こうしてほしいというのがあるはずです。日常の，例えば，食事のことでは，「きょうのごはんは何する？」と聞かれて「こってりした中華が食べたいね」とか細かい表現の会話ができるのに，ことセックスのこととなると気楽に話せず，ボキャブラリーも極端に少なくなります。そしてきちんと口にできず，意思の疎通もないまま，男性まかせにしてしまうのです。それで“男性のせい”にしてしまっては，ちょっと気の毒です。そういう状態では不満もたまり，限界に達するから爆発するのです。ギリギリまで我慢していて，「やっぱりもうはっきり言うしかない」というときに，いきなり強い口調で，「もう下手なんだから」「そうじゃないってば」と，相手を切り倒すような決定的な言葉がでる。そうなると最悪な状況に陥ります。セックスを楽しむというより，こうなると，やっつけ合いの状況です。

　　　ですから，よりよいセックスのためには，相手との心の通い合い，コミュニケーションが大切です。食事を楽しむように，あるいは音楽を聴くように，五感を駆使します。デリケートな感覚を言葉にして言い合ったり，察し合ったりすることがセックスにはとても大切です。

　　　そのためにも，女性はもっときちんと“気持ち”を伝える努力が必要です。パートナーである男性は本人ではないので，女性の感覚がわかりません。ですから，女性は言わなくてはいけないし，男性は聞く耳を持つ。そのうち男性も本当のことを知ろうという気になるでしょう。それが「感じる」ための第1歩，基本ではないでしょうか。（大川 1998：66-67）

7.4　インフォーマントはセックスレス状態をどのように見ているのか

　未婚者でまだパートナーと同棲していないインフォーマントでも，結婚後，あるいは出産後にはセックスが減ると事前に予測していることが興味深い。主なインフォーマントは結婚後や出産後，または同棲後はパートナーとの「セックスは増えないどころか減るでしょう」と事前に予測していることが目立つ。インフォーマントは性行為が減るだけではなく，セックスレスになると予測していることが共通している。つまり，同棲すると，お互いを「男女」として意識しなくなり，1 つの「家族」や「共同体」として意識するようになる。そうすると，性行為よりも他のことが重要（子どもがいる場合は子育て，同棲の場合は，仕事や家事をより重要視するなど）になると考えられている。そういった意識が強いため，セックスが減ることが当たり前と思っている男女は少なくない。

　　　子育てをしている時にはセックスレスになると思う。でも子育てが大変な時には「ま，いいや」て思うかもしれないけれど，子育てが落ち着いたら，ちょっと不安になりそう。（アケミさん）

　　　たぶん，私はセックスレスになるよ。たぶん，この調子でいくと，絶対セックスレスになるから，たぶん「どうでもいいや」っていう意見になると思う。その一番初めの記憶がどうしても消えなくて。だからそのイメージが私の中ですごい悪くなっていて，たぶんそれは，今後生きていく中でずっと悩むだろうなって思う。結婚したとしても，子どもができちゃったら，もうあとはセックスレスの道をたどると思う，私は。（カエデさん）

　　　あ，でもそうだな（…）ま，それでも満足なのかな，関係が良好であれば。本当の意味で関係が良好なのかなんですけど，自分の思っている欲求のレベルと，向こうの欲求のレベルがすごい合ってれば，ま，最終的にはなくてもま，いいのかなって思うけど。関係が崩れないなら…自分のなかではやっぱり，ゼロはよくないと思う。（リョウさん）

　今後，結婚したらセックスレスになることが予想されるかと聞いたところ，シンさんは次のように回答した。

　　　例えば私は子どもがいないんで，わからないんですけど。子どもができたりすると，あの〜赤ちゃんってものすごく世話がかかりますよね。で，きっと奥さんはかかりっきり。食事中にも目が離せないし，夜泣きもするし，そうすると体力

的も精神的にも疲れてくるんじゃないですか。こう，旦那さんと夜のコミュニ
ケーションが減ると思うのね。それが例えば子どもがある程度大きくなる半年，
１年間になって，そういう時間がないと，どうやってそういう時間を作ればいい
かわからなくなっちゃう。そういうのは思いますね。（シンさん）

7.5　非セックスレス・インフォーマントの特徴

　以上，セックスレスを経験したインフォーマントの語りを分析した。ここでは，
セックスレスではないインフォーマント（アヤカさん，ユナさん，ミドリさん，ハル
アキさん，ケンタさん）の特徴を述べる。以下，セックスレスのインフォーマント
との相違点は５つの点にまとめることができる。

①セックスレスを経験するインフォーマントは「あなたにとってセックスの意
味とは」と聞くと，多くのインフォーマントは「愛情表現」，「身体的な触れ合
い」，または「快楽」と語る。しかし，この質問で語られる「セックスの意味」
と，インタビューの中で得られる現実の情報は少しギャップが生じていることが
判明する。例えば，１人のインフォーマントは，「セックスの意味」として，「愛
情表現」と「触れ合い」と述べているが，実際はセックスにおける性的な欲求が
弱い。また，同棲と出産をきっかけとして，ますますセックスにおける関心度が
下がった。一方，セックスレスを経験していないインフォーマントは，カップル
間のセックスは「相手との繋がり」であり，カップル間でのセックスをすること
によって安心感を得られることを強調し（アヤカさん，ユナさん），回答と現実が一
致していることがわかる。

②セックスレスを経験したインフォーマントは，日常生活でも身体的な触れ合
い（キス・ハグ）を排除していることが共通である。一方，非セックスレスのイ
ンフォーマントの場合，セックスの行為以外に，日常生活での身体的触れ合いを
大切にしていることが特徴である。
　例えば，アヤカさんは，必ず毎日家を出かける時に夫にキスをする。毎日夫と
ハグをするようにする。子どもの前でも必ず夫にハグやキスをすると彼女は述べ
る。身体的な触れ合いだけではなく，感謝の気持ちを表すことも重要であると彼
女は語る。ミドリさんは子どもの前でも男女でいる。つまりハグやキスはする。
「オープンに表現していくような関係を続けたいから，年とったら両親みたいに

なるかもしれないけど，今のうちはできるだけしたいと思う。自然にハグとかはするのがいいと思う」。

　また，ケンタさんは妻と「毎朝ハグ」することを大切にしていると述べている。彼の場合，身体的な触れ合いだけではなく，言語で感謝を表すことも重要であると指摘している。「頭の中で『有難う』という言葉と，『愛している』という言葉をすごく大事にしていて。それは自分自身を愛しているよっていうことでもあり，相手を愛しているよっていう，全てに対しての気持ちである姿勢だから。だから『有難う』っていうのは妻に常に言っている」と語っている。

③インタビュー調査では，セックスレスであるインフォーマントはカップルでいられる時間・空間を作らない傾向が見られるが，非セックスレスであるインフォーマントの場合，カップルとして一緒に行動することを重視する。例えば，休日は一緒に過ごす（ミドリさん），余暇の時間に博物館に行く，ご飯を一緒に食べに行く，趣味を一緒に行うなど（アヤカさん，ユナさん，ケンタさん）。

④非セックスレスであるインフォーマントの中には，相手に対する尊敬を強調するインフォーマントも存在する。ここで，ミドリさんを例にとろう。彼女は子どもが生まれてから，夫をもっと尊敬するようになったと語る。「彼の父親の一面を見たり，子育てに協力する一面を見たり，愛情が深まる。いい関係にはなっているかなとは思う」。ケンタさんも妻を「尊敬できる人」であり，「頼れる人」だと語っている。

⑤過去に外国人と付き合った経験がある（アヤカさん，ハルアキさん），または，外国人の友達が周りにいることによって，セックスについて会話し，意見交換をし，ほかの視点から性を考えることができる（アヤカさん，ユナさん，ミドリさん，ハルアキさん）。そういった異文化の体験も性意識に影響するのではないか。

　以上，非セックスレス・インフォーマントの共通点である。セックスレスを経験しているインフォーマントよりも，非セックスレス・インフォーマントの方が，セックス以外での場面での身体的な触れ合いを意識する傾向が見られる。また，セックスレスであるインフォーマントは，同棲や結婚を経て相手に性的な魅力を感じなくなったと答えるが，非セックスレスのインフォーマントは，同棲していても，余暇はあえて「カップル」としての時間を作っていることが見て取れる。

7.6　インタビューの影響

インタビューを実施した後，インフォーマントからインタビュー調査の感想を聞くことができた。以下に得られたコメントや，インタビュー後にカップル間がどう変化したのかの事例を掲載する。

■ インタビューについてのコメント

サナさんからは「インタビューのおかげで私も彼氏ももっと（セックスのことについて）いろいろ話すようになった。アリスの研究が役に立っていて価値のあることだっていうことだと思う。アリスと一緒に話しているだけで私もすごい刺激になるし興味がわくよ」というメールを受け取った。さらに，彼女は「楽しいセックス」を生かす方法を教えてほしいという提案をしてくれた。

また，「自己分析になった」と述べたインフォーマントもいた（ユウダイさん）。この他にも，「カップル間の理解を深め合う努力をするようになった」（アケミさん，アキラさん），「今まではセックスを拒否したが，少しずつ自分の意見や望むことをパートナーに主張し，良い方向に向くようになった。セックスを他の視線から見るようになった」，「自分の性について考えることは大切であると考えるようになった」との意見が見られる（ミサキさん，ヒロミさん）。

ショウさん，ハルトさん，カズヤさんは「こういう話をしたかった。すっきりした」，ダイチさんは「質問は結構深い。妻にも知ってもらいたい」という意見もインタビュー後に見ることができた。

ある男性は彼自身の性生活の不満について語ることが恥ずかしいため，インタビューを受けていないが，筆者の論文が掲載された際に興味深く読んでくれた。「いつ論文を出すの？　気になる」と筆者に聞き，筆者の論文を読みながら，カップル関係を再考察していると言う。

■ インタビュー後にカップル間に変化があった事例

・ヒロミさんとは2回インタビューを行うつもりであったが，インタビュー調査後にもインタビュー依頼ができた。その理由としては，インタビューをきっかけにして，夫と一緒に「性」について考え，語り合うようになったからである。普段の生活の中では「性」について相手と真面目に語る空間を作ってこなかったが「今日はインタビューを受けに行ったよ」ということで，2人で話すきっかけとなったと彼女は喜んでいた。1回目と2回目のインタビューを通じて夫との望

む性生活を作り上げることはできなかったが，セルフ・プレジャーを見つけだすことにフォーカスを置いた。インタビューをする以前だと，自分で快楽を味わうことを許せなかったと彼女は述べたが，「自分で快楽を感じてもいいんだ」と認識するようになった。現在，彼女は性的な快楽を夫と味わおうという期待を諦め，個人のセクシュアリティに焦点を当ててから気持ちが楽になったと言う。一方，妊活を望んでいるため，新たな問題が生じた。夫との性生活が改善する希望は薄い。このような状況を真面目に捉え，このような問題がもっと世の中で語られるようになるといいなと彼女は望む。彼女とは 2019 年 6 月 25 日にもう一度話す機会ができた。その時には，インタビューをきっかけとして，2 人で性の話ができて良かったと言ってくれた。もっと日本では友達や人々とセックスについて恥ずかしがらずに話せる環境であればいいなと言う（人と話すことは恥ずかしいし，他の人が引いてしまう恐れがある）。普段誰とも話せないため，セックスの基準がわからないと言う。エロチックな本や漫画でしか学べないため，現実的なセックスを学ぶのは彼氏との会話でしか得られない。だが，彼はセックスの会話や行動に対してあまり活発ではないため，限られた知識しか得られないと。

　彼女は来年から高校の講師としての仕事をすることになっているが，もっと人々に恋愛の重要性を教えたいと言う。「夫からもいつか私と性について話したいと言われた」と彼女は言う。

　・エミさんは 1 回目のインタビューの後からもっと自分の体について考えるようになった。排卵日の前のセックスは気持ちいいことを実感した。今でもセックスはあまり好まないが，夫とのセックスは「なくてもいい」から「あってもいい」に変化した。彼女の場合はインタビューで自由に語ってもらったが，初めて自分が考えていることを言語化したと言う。ちょうど「子どもが欲しい」時期でもあったため，両方のことが重なった。インタビューする前には女性は自己の性について考えたり，話してはいけないと考えていたが，このインタビューを通じて自己認識が深まり，性について話してもいいんだということに気づいた。

　・カズキさんはインタビュー後に関係性が「ずいぶん変わった」と述べた。初めてのインタビューでは妻を愛しているとセックスができないと語った。最初のインタビュー後に離婚し，その後には再婚もした。3 回目のインタビューではセックスについて「関係性を円満にする手段」であるという考えを持つようになった。以前の妻とは「子どもを作らないといけない」というプレッシャーが強かったが，再婚した相手とは ED はなくなった。このインタビューを通じて「セックスができない・したくない」よりも「子作りのためのセックス」をした

くないことに気づき，現在は妻とのセックスを楽しんでいる。また，セックスの場面だけではなく，妻と子どもと一緒に過ごす時間も距離をある程度取りながら楽しんでいると言う。現在，2人目の子どもが欲しいことも教えてくれた。

・タクさんも大きな変化が見られる。彼にとって「子作りのセックス」のストレスがまだ彼の性意識に影響を与えているため，2人の性環境は作られていない。カップルとしての時間を作るのは「面倒」であると述べていたが，2回目のインタビュー後，妻とは，週末には「カップル」でいる時間を意識的に作るようになったと述べている。また，子どもが寝てから，子どもの話は一切しない時間を作り，相手を「女性」として見ることの大切さを強く認識した。彼の変化により，妻も喜んでおり，全体的にカップル関係が良くなって，彼は「幸せ」であると言う。妻の方はセックスがなくて不満を感じていることは彼も察しているが，なるべく，カップル関係の時間を作るようにし，互いに話し合う時間も取るようになったと述べた。

　このように，男性も女性もインタビューをきっかけとして，自由に考えを整理し，もやもやとしていた感情を言語化することができる。それを何回も続けることにより，自己，そしてカップル間の性の理解を深めることができた。

<table>
<tr><td>コラム
1</td><td>ウィーンの日常生活に溢れているカップル文化</td></tr>
</table>

・・

　2015 年からウィーンの街にカップルが描かれている歩行者用信号機［Wiener Ampelpärchen/ ウィーンのカップル信号機］が導入されるようになった。信号のピクトグラムはハートマークの付いた「男性同士」「女性同士」または「男女」のカップルだ。赤信号の場合，カップル同士が手を繋いで立ち，青信号の場合，手を繋いで歩いている様子が描かれている。このカップル信号機が街中に設置された経緯には 2015 年に開催された第 60 回のユーロビジョン歌合戦がある。この歌合戦では，性の多様性に対してオープンであることを世界にアピールするために，ユニークな取り組みが行われた。本来，ユーロビジョン歌合戦の後に信号をもとに戻す予定だった。しかし，地域の人たちから評判が高かったため，信号は元に戻されず，カップル信号はどんどん広まってゆき，最終的にはウィーンの街のシンボルになった。

　2021 年の夏休みに 2 年ぶりにウィーンに戻った時にもカップル信号が目に入った。それだけではなく，長い間，ウィーンから離れるとカップル単位で行動する人々も気になるようになる。友達の家に訪問する時には，必ず友達のパートナーも家にいて，私を歓迎して，手料理でもてなしてくれる。友達に会う時には，必ずパートナーが短時間でも顔を出す。別の友達が私を飛行場からピックアップしてくれるときに，友達のパートナーも素晴らしい花束を持って一緒に来てくれる。長く日本に暮らして，ほんの 2 年ぶりに故郷に戻っただけで「ここ，オーストリアは流石にカップル文化の根付いている国なのだ」と実感する。また，非日常なことが起きた場合も，必ずと言っていいほどパートナーが，仕事を休んでまで行動を共にすることが多々ある。私が日本に戻る時にも友達のパートナーが付き添ってくれて，問題なく飛行機のチェックインをするまで見守ってくれた。別の場面でもカップル単位で行動することはある。例えば舞踏会の都，ウィーンは大晦日の「皇室舞踏会」を皮切りに，華やかな日々が 3 月まで続く。舞踏会は，職業別に開催される。法曹服から燕尾服に着替えて踊る法律家の舞踏会や，ライフル銃の射撃音で参加者を歓迎する狩猟協会主催の舞踏会など，その数 300 以上も開催される。冬の風物詩の舞踏会は，必ずパートナーと出席して，カップル同士で交流を楽しむ社交の場なのである。大抵 15 歳くらいからダンス教室へ通い，

ワルツをしっかり習得する。

　ウィーンではカップル単位で行動する風景だけではなく，あらゆる日常生活にカップルが描かれる。日本でのバラエティ番組ぐらい多く，オーストリアのテレビではカップル（リレーションシップ）や恋愛・親密性について取り上げるトークショーやドキュメンタリー映画が放送される。他人の恋愛やカップル，親密性の話について聞くことで，自分の恋愛やカップルのあり方と価値観を再確認し，新しい考え方を学べるとウィーン人は考えるのだ。そして，特に面白いドキュメンタリー映画があれば，友達と共有し，そのドキュメンタリーについてワインやシャンパンを飲みながら，何時間も意見交換をすることもよくある。

　以上のように，「カップル文化」は生活の中に根強く存在するのだ。リレーションシップ・恋愛という話題が人々の生活の中心にある。さまざまな広告に「愛」という言葉や，「カップル」のイメージが用いられる。健康保険の広告を筆頭に，チョコレート，携帯電話などでもカップルの姿がよく使われる。また，スーパーに行ってもパンの包装紙にカップルの写真が載っていたりする。最近，補聴器のお店の前を通ったら「遠くから叫ばれるよりも近くで愛しているよと囁かれる方がいい」というスローガンが書かれていた。

　このような事例から見ていくと，ウィーンでは公共な場でも，私的の場でも「カップル」を意識させる空間となっている。リレーションシップや恋愛というものは個人的なものであり，同時に公共にも溢れている。ウィーンに限らず，オーストリアでは「カップル文化」が当然のように市民権を持っている社会なのだ。

青のカップル信号

赤のカップル信号

　最近，高齢者が増えるオーストリア社会では，未亡人の孤独が社会問題となり，高齢者施設で新たに恋人を見つける高齢者の話題も広がっている。いつまでも，どの状況でも恋愛していたいオーストリア人。

　それゆえ，独身として生きていくことをあえて選択する人々にとっては生きづらい社会でもある。冒頭に紹介したカップル信号の後に，2021 年から性的ダイバーシティを示すためのレインボー横断歩道が誕生した。これからもカラフルな横断歩道が街中に広まるのだろう。ますます「カップル文化」のウィーンから目を離せなくなってきた。

第 4 章

婚外恋愛・婚外セックスとセックスレス

1 婚外恋愛について

1.1 はじめに

日本における「婚外恋愛」（不倫）については，アカデミックな議論の対象とされるよりも，マスメディアにより広く報道されている。現代日本社会では，著名なタレントやアナウンサーの不倫が大きくマスメディアで報道され，芸能界では不倫が発覚するとバッシングを受け，批判を浴びるケースが多く見られる。加えて，夫婦外の異性との付き合いをしている男女のインターネットブログでも，不倫の経験談の書き込みに対して許容する意見がある一方，批判的なコメントがなされることも少なくはない。

その反面，中高年セクシュアリティ調査（荒木 2014）[1]によれば，2000 年から 2012 年の間，夫婦間の性的規範が弱くなる中，既婚者同士の不倫（婚外恋愛，ダブル不倫とも呼ぶ）に対する許容度が高まり，特に，調査対象である 40 代から 70 代で配偶者がいるにもかかわらず，異性と付き合う男女が増加している。また，現代日本社会では不倫を「大人の恋愛」や，「婚外恋愛」，「本気の不倫」と呼ぶようになり，テレビドラマや，本，雑誌などでもポジティブに取り上げる傾向が見られ，不倫に対する 2 つの価値観が存在する。

現代日本社会において，夫婦間のセックスレスが進む中，婚姻関係以外の異性との付き合いはどのような意味を持っているのか。本章では，不倫をしている男女に関して考察した。本章の分析結果は日本人全てが不倫をしていることを示すわけではない。ただし，日本人の不倫に対する許容度が増していることは明らか

1）荒木乳根子（2014）「配偶者間のセックスレス化──2012 年調査で際立った特徴」『日本性科学会雑誌　2012 年・中高年セクシュアリティ調査特集号』第 32 巻増刊号 12, 7-21。

であり，このような現象から目をそらすことはできない。

　本章では，先行研究のレビューを行った上で著者が行ったインタビュー調査を
まとめ，婚外恋愛についての背景を分析し，夫婦間と夫婦外の性意識・性行動の
相違点を考察することを目的とする。不倫に関する性意識・性行動の先行研究は
乏しいため，不倫に関するルポの言説（主にノンフィクションルポライターの亀山氏
（2003；2006；2010a；2010b；2011a；2011b；2013；2014；2016）のルポを扱う）を中心に
取り上げる。

1.2　夫婦関係以外のパートナーの実態調査

　中高年セクシュアリティ調査は（堀口 2014），2000 年，2003 年，2012 年と 3 度
にわたって行われた 40 代から 70 代の男女における性意識・性行動に関するアン
ケート調査である。結果から，2000 年から 2012 年の間に，配偶者とのセックス
が「この 1 年全くない」が 40 代から 70 代の男女の間で増えていることが目立つ。
特に，50 代の男性では，16％（2000 年）から 53％（2012 年）に増加し，50 代の女
性では，23％（2000 年）から 53％（2012 年）まで増加している。このように夫婦
間のセックスレス化が進んでいる中で，婚姻関係以外の異性との付き合いにおけ
る意識が変化していることが目立つ。「配偶者以外の異性と親密な付き合いがあ
る」に関しては 2012 年には増えている。特に女性側の活発化が見られる。

　同調査による，「配偶者以外の異性と親密な付き合いをすることについて」に
関しても「付き合うべきではない」と考える男性は 45％（2000 年）から 28％（2012
年），女性は 55％（2000 年）から 49％（2012 年）と減少している。加えて，婚姻関
係以外の異性との「性的関係があっても家庭に迷惑がかからなければいい」と回
答した男性は 17％から 33％，女性は 6 ％から 14％まで増えている。以上のよう
な結果から，2000 年から 2012 年の間に少なくとも，配偶者以外の異性と付き合
うべきではないという意識が男女ともに低下傾向にあり，既婚者の婚姻関係にお
ける性規範が既婚者の間で大きく変化していることが見て取れる。

　2000 年以降は，既婚男性と（若い）未婚女性との婚外恋愛よりも，既婚者同士
の不倫がメディアで取り上げられている（例えば，2017 年の TBS ドラマ，「あなたの
ことはそれほど」）。また「不倫」という単語に加えて「婚外恋愛」[2]，または「ダ
ブル不倫」という言葉を使うようになり，「不倫」という単語における道徳的な
マイナスイメージがより緩くなってきている。

　現代の既婚者同士の婚外恋愛の特徴として，「互いの家庭のことも相談できる
恋人」であり，互いに「共感」できることが挙げられる。

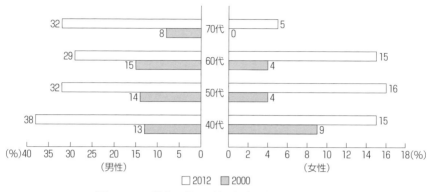

図4-1　配偶者以外の異性と親密な付き合いがある
出所：日本性科学会セクシュアリティ研究会「セックスレス時代の中高年性白書」（2016：79）より著者作成。

　加えて，2015年から「セカンド・パートナー」という現象が注目されるようにもなった。「セカンド・パートナー」とは，肉体関係ではなく，精神的な繋がり，つまり，プラトニックラブの関係が中心となる関係性を示す。互いに家庭を持っているが，家庭外で恋愛したいという場合にセカンド・パートナーを作る。このような現象は主に40代に見られる傾向である（秋山2017）。

　現在，不倫の増加をもたらす要因として，「夫婦間での性の位置づけの希薄化」（荒木2014：18）や，出会い系サイトのようなメディアの発達（亀山2014：95）により，異性と出会うのがより簡単になったということが議論されている。「性的規範が希薄になった」とは次のようなことである。従来では性生活は夫婦を結ぶ大切な絆だと考えられていた。例えば，1960年代から1980年代までの間はお見合い結婚が多く，恋愛結婚が少ない時代であった。異性と出会う場所も限られ，例えば，職場が提供するお見合いで結婚相手を見つけることなどが多かった。結婚する前に交際する人数も少なく，「セックスはあくまで結婚を前提としたもの」であった。しかし，1980年代から自由恋愛が進み，結婚前の性的な経験が増える中（山田ほか2008：41-50），「夫婦間の性生活を重要と考えない人」も増えたと

2）「婚外恋愛」の定義には性風俗産業は含まれないが，「婚外セックス」の定義には性風俗産業も含まれる。男性の場合，外で「恋愛みたいなことになると，今の生活が乱される。それを避けたい」ため，性風俗を利用する人もいれば，性風俗よりも「普通の女性と出会う」ことと家庭で得られない「新鮮な恋愛」を求め，「夫」という役割を捨てて「男」を発揮したいという人も存在する（亀山2003：16-21）。

言える（荒木 2014：18）。

　さらに，メディアの発達によって，SNS や出会い系サイトで異性と知り合うことがより簡単になり，こうしたメディアを利用して異性と婚外恋愛に至るケースもある。加えて，特に 40 代女性の不倫が増えている理由として，子育ての後（子どもが成長したら），妻は自分のための時間ができ，将来をどのように生きるべきなのかについて考える余裕ができる。そこで，パートを始め，婚外相手を見つけるケースもある。また，出会い系サイトを利用して，夫以外の相手と出会ったり，過去の恋人の名前をインターネットで検索し，相手に直接メールし，再会するという事例も見られる。

　このようなデータを用いて，婚姻関係以外の異性と性的な関係（不倫，婚外恋愛）を持っている男女にとって，結婚内の性はどのような意味があるのか考察するため，以下に先行研究と自身が行ったインタビュー調査を分析し，婚外恋愛と夫婦間の性の規範と意味を明らかにする。

2 ｜ 夫婦間と夫婦外の性意識・性行動

　本章では，性規範は個人の行動にどのように内在化しているのかを考察する。本章では主に 2010 年から 2017 年までの不倫（婚外恋愛）を取り上げるが，参考文献が少ないため，2003 年以降に発表された先行研究も取り上げることとする。

　婚外恋愛を経験する男性と女性は夫婦関係でどのような性的枠組みを形成するのかをルポルタージュの言説から考察する。続いて，夫婦関係と婚外恋愛との性意識・性行動がどのように異なるのかという特徴を整理した上で，自身が行ったインタビュー調査から夫婦関係と婚外恋愛の性的枠組みの特徴を紹介する。

2.1　男性の性意識・性行動——妻との性生活

　ここではまず夫が妻とのセックスをどのように語っているのかを述べる。婚外恋愛に至るケースの中で，男性は妻とのセックスに関して「飽き」を感じ，興奮することができないという事例が多く見られる。「セックスって飽きるんですよ。しかも家に帰ればいつでもできると思うと，興奮度は落ちますよね。だからなんとなく外で興奮する場を持ちたいという気持ちがあるんじゃないかと思うんです」（亀山 2003：17）とある男性は述べている。また，外で性的な興奮を得ることによって，自分はまだ「男」であることを強く認識できると述べている。

　さらに，妻とはセックスができない，またはセックスが楽しめない理由として，

妻は「女」というよりも「母親として完璧」であるため，「女として見るのはもう無理」と言われている。そのため妻に対して「エロスを感じるのは難しい」。そこで，不倫を経験する男性の「妻」とのセックスでは，エロスを排除し，「セックスはオーソドックス」，「あっさりしたセックス」，「スポーツのような感覚」という特徴が見られる。つまり，「興奮よりも安心感」が中心である。加えて，妻とのセックスは，「義務」や，「礼儀」であると語る男性もいれば，妻とのセックスを完全に排除する人も存在する。ある男性は次のように述べる。「家庭に戻ってもレス。妻も求めてはきませんしね。たまに体の奥から『したい』という気持ちがわき起こってくることもある。でも，今さら妻を誘うこともできない」。自分の性欲を満たしたいという気持ちになると，妻とではなく，「１人でしますけど，どうせなら女性の温かさに包まれたい。それは妻を好きじゃないというわけじゃない」（亀山 2003：12-16）。他の男性は，妻から１年間セックスを避けられ，「妻がしたくないなら別にいい」と思う時もある一方，セックスで「身も心もほっとする」，「人間にとっては必要なんじゃないか」と考えることもある。しかし，このケースでは，妻との性生活を復活させるよりも，妻以外の既婚者女性と性的な関係を持つこととなる（亀山 2013：80-81）。

　亀山の取材の中では，できちゃった婚を経験する男女の中で，結婚相手のことが好きだから結婚を選択したわけではなく，「結婚」自体が目的であったと述べられている。そのため，男性は「日常と非日常はあくまでも分けたい」ため，「妻には自分が好きなセックスをさせたくない」[3]，「してもらいたくない」と語る。この男性は，妻が求める時にしかセックスをしないと言う。他に，妻とのセックスは今まで子どもづくりが中心だったため，子どもが生まれた後も「妻とのセックスは生殖行為の延長線上」であり，もう妻とは性的な快楽を感じないという事例も見られる。

2.2　男性の性意識・性行動──妻以外の異性とのセックス

　一方，不倫相手とのセックスは性的な快楽が中心であり，男性は相手とのセックスで「もっとさまざまなことを試したい」，「相手を興奮させたい」，「女性に包み込まれるような幸福感というのか，あんな気持ちは初めて」ということを述べている。婚外セックスの場合，夫婦のセックスよりも長い前戯や，単純にセック

3）本ケースでは自己のセクシュアリティや，互いのセクシュアリティを作り上げることよりも，家庭を作る方が結婚の目的の中心であるため，セックスと家庭が分けて考えられていると言える。

スそのものを楽しむ傾向が見られる。相手との性的な関係を持てば持つほど「彼女の性感が面白いように高まって行くことに，興奮した」とある男性は述べる。このような体験をすることによって，男性は「性欲があることを再確認」し，「嬉しいほど男を感じる」ことができる（亀山 2003；2011）。

　以上のような語りを見ると，まず「妻を女として見られない」傾向が見られる。結婚をしてから，自分のパートナーは「女」ではなく，「妻」となる。妻として見ているということは「女」としての意識を排除している。そのため，エロスを感じなくなり，相手に男性が好むセックスをさせたくない。

　また，自分の妻に理想的な母親像を反映させ，1人の女性・性的なアイデンティティを持っているパートナーとしては認識せずに，「妻とはできないセックス」を不倫相手と行う。

2.3　女性の性意識・性行動――夫との性生活

　女性の場合，夫は妻を1人の女としてではなく，「妻」や，「母親」と認識しているため夫からセックスを避けられているという事例が多く取り上げられる。ある女性は夫とのセックスを次のように語る。「夫は自分の欲求がある時だけ，私のベッドに潜り込んでくる。それで私のパジャマの下だけ脱がせて，自分の下半身だけ出して，前戯なんかほとんどしないで挿入してくる」。さらに，「早く終わればいいとだけ思うようになった」（…）「自分の要求も枯れていった」（亀山 2010a：38）。

　女性は，母としての生き方が「ときどき疲れる」（亀山 2010a：17）。「だからと言って全て逃げ出したいというわけではない」。家族は何よりも大事だが，「それだけだと，たまに『私ってなんだろう』と思う」。女性は婚外恋愛を通じて女として大事な存在であることを認識したいのである。婚外恋愛の相手とは性的な行為だけではなく，恋人関係を楽しむ傾向が見られる。

　ある女性は，夫とは15年セックスレスであり，「人肌が恋しくて，夫のそばに行ったら，お前は子どものことを心配するより先に，自分の快楽が欲しいのかと夫に言われ，ショックで次回夫から誘いがあっても『ごめんなさい』と断った」と言う（亀山 2010b：33）。

　また，婚外恋愛を経験する女性の中には，夫のセックスの「やり方」に不満を抱いている人が多い。夫との「セックスはあっさり」していて，「（夫）はあまりセックスが好きではない」，夫はセックスにそれほど手間をかけない，彼から求めてきてささっと終わって背中向けて寝る。夫とのセックスの以前に，「夫とは

キスなんて何年もしていない」と述べている女性もいる。

　さらに，不倫を経験する女性の中で，妊娠後にセックスをしなくなって，欲求不満を感じるという事例も多く見られる。ある女性は，妊娠している際に性欲が高まり，夫とのセックスを求めていたが，「夫は妊娠していると怖がって，あまりしようとしない」と語る。彼女は欲求不満を感じた。出産後も夫はセックスを拒否したので，女性の夫への愛情は低下し，夫以外の異性と性的な関係を持つようになった。妊娠している間に肉体的な快楽を求めながら夫に拒否される場合もある一方，妊娠，出産を経て，互いに男女よりも，母親・父親意識を優先させて，日常生活の中からセックスを排除するケースが多い。

　そもそも，夫以外の異性との関係を持つ女性の事例では，「気に入った男性と結婚がしたい」というよりも，結婚そのものに憧れ，結婚願望が強かったため，夫とは「なんとなく付き合って，なんとなく結婚してしまった」と語る人も存在する。他に，「私たちはできちゃった結婚」，「できちゃったから」と語る女性が少なくない（亀山 2010b：74）。このようなケースでも，気に入った男性，つまりその夫と結婚したいというよりも，結婚前の妊娠をきっかけとして結婚に進むケースが見られる。このような場合，夫のことは「家族としては好き」「友達のような関係である」「家族は家族で大事」だが「家庭と恋愛」は別という意識が見られる（亀山 2010a；2010b；2014）。

　亀山（2010a）は，女性の不倫について次のように語る。

　　女性は結婚すると夢中で「妻」になろうと努力する，そして，子どもができれば今度は「母」としての時間を懸命に生きる。その役割に全力投球すればするほど，あとの反動も大きいのではないだろうか。そのとき，誰かと知り合う。夫とは「家族」ではあっても，もはや，ときめき合う相手ではないとわかっている，だが，知り合った男性は，自分をまるごと「女」として扱ってくれる。心の底で疼いていた，女としての意識が目を覚ます。（亀山 2010a：19）

2.4　女性の性意識・性行動──夫以外の異性とのセックス

　一方，不倫相手とのセックスはどのように語られているのか。不倫相手とのセックスでは，夫とのセックスよりも愛撫が長く，身体的な触れ合いやキスを楽しむ傾向が見られる。「キス1つでこんなに身体の感覚が麻痺するものか，と驚いた」（亀山 2010b：46）。以前にはこのような性的な快楽を夫とは経験しなかったため，「自分があんなにセックスに夢中になれるとは思ってなかった」，「初めて

感じることの素晴らしさを知った」（亀山 2013：19），とある女性は語り，婚外恋愛を経験することは，自己の性的な快楽を発見する機会にもなっている。婚外セックスを経験していなかったら，このような性的な快楽を経験できず，セックスは「そんなものなんだろう」で終わっていただろうとこの女性は考えている。そのため，夫とのセックス，または夫が望むセックスを拒否するのにもかかわらず，不倫相手とのセックスは楽しめる。さまざまな事例を考察する際，セックスを楽しめる理由としては，例えばもともとオーラル・セックスが好きではないのに，不倫相手とは抵抗感がない。また，不倫相手とは情熱的なセックスができる，夫とは感じたこともない情熱を感じることなどが挙げられている。

　加えて，婚外恋愛を経験してから夫婦のセックスにも「以前よりも不満じゃない」と語る女性も存在する（亀山 2016：34）。彼女は夫婦間のセックスに不満を感じていたが，婚外恋愛をしてから，セックスが楽しくなり，前よりも不満ではないと述べている。婚外恋愛と家庭を分けて見ており，「夫とは家庭をうまくやってればいい」のであり，「女」としては外で満たせるのである。また，家庭内で夫とのセックスを好まなくても，「夫婦の義務としてしなくちゃいけない」と述べる女性も存在する。

　本章では，結婚相手とのセックスと結婚相手以外とのセックスの語りについてさまざまな事例を見てきた。特に興味深いのは，夫婦間では「やりたくないこと」，「相手にさせたくないこと」が婚外恋愛では興奮度が高まるために行われることである。例えば，妻・夫とは口で愛撫はしない。特に女性の場合，夫を口で愛撫することを義務で行うケースも見られる。オーラル・セックス［フェラチオ，Cunnilingus］は相手と自分に性的快楽を生み出す手法である（Gagnon & Simon 2005：66）とされるが，オーラル・セックスを婚内のセックスで避けるのは，その行為に対して穢らわしいと感じるからか，またはエロチックな意味を持つため「結婚生活」にはふさわしくないと考えられるからである（亀山 2003：46-47）。オーラル・セックスは婚外セックスでは好んでされ，セックスの最中にキスをすること，さまざまな体位を試すこと，前戯の時間が結婚相手とのセックスよりも長く，丁寧に愛撫することからも，結婚相手以外とのセックスが快楽中心の意味を持っていることがわかる。

　以上，先行研究に基づいて，夫婦間と夫婦外のセックスについてどのように語られているのかをまとめ，２つの領域で性意識・性行動が異なることを見出した。男性の場合，夫婦間では妻に対して性的に興奮できず，エロスを排除している傾向が見られる。妻とのセックスを完全に排除する人もいれば，義務意識でセック

スを行う人もいる。一方，夫婦外のセックスではエロスを味わい，性的快楽が中心である。婚外セックスでは，自分の性欲を満たすことと，相手の性欲を満たしたいという願望が強いことがわかる。女性の場合，家庭では「妻」や「母」としての役割意識が強いため，夫とのセックスを完全に排除するか，または義務のような感覚で行う事例が見られる。また，夫とのセックス自体に不満を感じるため，女性の中ではそもそも性欲がないと考える人も存在する。一方，婚外セックスをすることによって，女性は性に対して主体的になる傾向がある。例えば，夫の性欲処理のためにセックスをするのではなく，女性側も性的な快楽を感じたい，夫とのセックスではオーガズムを感じたことがないため，一度でもオーガズムを感じたいという女性の語りが目立つ。そのため，男性から誘われて婚外恋愛に至るケースだけではなく，女性が例えば，出会い系サイトを利用して，積極的に既婚者以外の異性と出会うきっかけを作っていることが興味深い（亀山 2011a；2011b；2013）。

　亀山は男女の婚外セックスの事例をかなり詳細に分析している。しかし，夫婦間の性意識・性行動がどのようなきっかけで，どのように変化するのかと，その変化によりどのように婚外セックスに至るのかはまだ十分に明確にされていない。例えば，亀山は次のようなケースを挙げる。夫は妻のことを女性ではなく，妻，または母親として見る意識が強いため，妻以外の女性と性的な関係を持つと言う。または，他のケースでは，妻は夫のセックスに不満があるため，夫とできないセックスを夫以外の男性に求め，快楽を満たす。両方のケースは異なるが，両方とも婚外セックスに至る要因である。しかし，このような事例を見ても，それぞれの男女はもともとどのような性意識を持っているのか，漠然だとしても抱いている自分のセクシュアリティについてどのように考えているのかが亀山の先行研究では明確になっていない。

　自分がもともとどのような性意識を持ち，どのようなプロセスで自分の性が発揮できなくなって，どのように婚外セックスに至るのかを知るため，著者はインタビュー調査を行った。

3 ｜ インタビュー調査から

　性意識・性行動におけるインタビュー調査では，インフォーマントに婚姻関係以外の異性との性的な関係についてどう考えているのかを語ってもらった。婚外セックス（不倫・浮気）についてただ一言（例えば，「不倫はよくない」（ミユさん），

「不倫する人はチャライ」（ハヤテさん），「不倫はあり得る」（ヒデアキさん））だけ述べた
人もいれば，多く語った人もいた（カナさん，ユミコさん，カオリさん，タクさん）。
また，不倫というテーマ自体に興味がないと言う人（リョウさん）[4]もいれば，そ
もそも性的な関心が低く，関係性の中でセックス自体を拒否するインフォーマン
トも存在した（ハナコさん，ミサキさん）。

　一方，「不倫（婚外恋愛）は良くないとわかっているけれど，あり得る」（サナさ
ん，ヒロミさん，カエデさん，アキラさん，ユウダイさん，ハルアキさん，シンさん）や，
「互いの家庭に問題が生じなければ構わない」（カズキさん，ナオキさん，ケンタさん，
ユミコさん，カナさん）と考えているインフォーマントは少なくない。例えば，シ
ンさんは，現在一度離婚を経験したが，結婚する前に既婚者の女性と性的な関係
を持ったこともあれば，彼自身が結婚していた時にも，妻以外の異性と性的な関
係を持った経験がある[5]。彼は「頭では良くない」と考えている。「自分の家族
だったらやっぱり悲しむ」。カエデさんは，夫が浮気したら「それは仕方がない。
他の人には目が行くだろうな」と述べた。自分も相手も結婚相手以外の異性と性
的な関係を持つのは「好きになったらしょうがない」（サナさん），「お互い別の人
を好きになっても婚姻関係は続けたい」（ヒロミさん）と言う女性も存在した。

　ここで，婚外セックスを経験した女性の事例（カエデさん）を提示する。彼女
は第1回インタビュー（2017年5月）の時，25歳で未婚だが，彼氏がいた。彼女
は，彼氏・夫がいても，他の異性と性的な関係を持っても構わないと言う。不倫
に対する許容度は高いが，この最初のインタビュー当時には，カップル外セック
スはしたことがないと彼女は語る。現在の彼氏とは定期的に性生活はあるが，彼
氏の「ペニスが太すぎて痛い」と語る。そのため，他の男性と一度でもいいから
セックスをしてみたいと述べている。また，今後「結婚してから後悔しないため
に結婚前に（セックスを）したい人とはしたい」と述べていた。

　インタビューしてから2ヶ月後（2017年7月）にもう一度彼女と話した。その
時，婚約が決まったと言った。そして婚約が決まってから，彼氏とは別の，性的
な関係を持ちたいと考えていた男性と仕事後にご飯を食べに行き，3回性的な関
係を持ったと述べた。その相手とは職場が一緒で，彼は未婚者である。その人と
のセックスについて「一緒にバスケするような感覚」で趣味を共有するみたいな

4）しかし，彼は以前，彼女と付き合っていた時，他の既婚者女性と性的な関係を持ったこ
　とがあると語った。
5）彼は，過去の妻とはずっとセックスレスであったと語る。理由は「疲労」，「マンネリ」
　と，「相手に性的魅力を感じない（そのため欲求の低下）」である。

ものであると言った。セックスが終わったら「はい，お疲れ」といった感じであると語る。彼氏が同じことをしたらどうするのかと聞くと「彼がそういうことしたらダメ，許さない」と言った。

　性風俗産業の利用については，それは心よりもお金との関係であるとして，不倫ではないと述べている男性がいる（シンさん，ケンタさん）。加えて，「もしお金があれば利用したい」（アキラさん，ショウさん，ダイチさん，タカヒロさん，シンさん）と述べる男性も存在した。「お金を媒介としたサービスであって，そんな生々しいものではない。でもそこに行ったら彼女が怒るだろう」とシンさんは語る。ただ，逆に彼女がもし女性用の性風俗に行くとしたら「それは浮気だと思わないけれど，バカヤロウと思う」とシンさんは続けて述べる。加えて，彼にとって，性風俗産業以外に，「セフレ」[6]を持つことも浮気には入らないと述べる。そして，インフォーマントの中には，交際相手がいるが，性風俗よりもキャバクラを定期的に利用し，女性との会話を楽しむという男性も存在する（ヨシカズさん）。インフォーマントの女性の中には，彼氏や夫には「普通の女性」と性的な関係を持つよりも，パートナーが風俗に行く方がましと言う人もいた（エミさん，アイミさん，ヒロミさん）。

3.1　夫婦内のセックスレスと夫婦外の性生活

　第3章ではすでにカップル（夫婦）のセックスレスについてインタビュー調査を詳細に考察したが，本節では婚外恋愛を中心にして考察する。そこで，3つの事例（タクさん，カズキさん，カナさん）からカップル間（夫婦間）のセックスレスと婚外恋愛の関連性を分析する。これら3人のインフォーマントは2回から3回連続インタビューを実施でき，夫婦間のセックスレス事情と婚外恋愛について他のインフォーマントよりも詳細に聞くことができた事例である。

　第3章ですでに紹介した3つのケースであるが，カップル間のセックスレスと婚外恋愛の過程をより理解するため，繰り返しになるが，インタビューケースをもう一度ここで提示する。

■ 事例 I　37歳の男性（タクさん）

　このインフォーマントについては第3章第6節［6.3.1］で述べたが，夫婦間のセックスレスになった要因を簡単にまとめる。

6）セックス・フレンドの省略。

　1回目のインタビュー（2017年4月）では，タクさんは妻と妊活中であった。

　タクさんのケースでは，もともとセックスは「愛情を確かめるもの」，「解放」，「自分がリフレッシュする」という意味合いが強かった。だが，妻が妊娠活動を初めてから，セックスの枠組みが「子作りのセックス」に変わった。つまり，セックスをしたい時にするのではなく，排卵日の時にしかしなくなった。子どもを作るという目的が妻の方で強かったため，愛情を確かめるセックス，解放やリフレッシュするセックスから「やらないといけない」セックスに変化したため，プレッシャーが強くなり，気分が沈んだと述べている。彼にとって，仕事帰りに疲れているのに，妻が排卵日にセックスをすることを頼むと，「辛かろうが，しんどかろうが，もうサクッと終わらせる」，セックスでは精子をただ単に「出せばいい」行為となったと彼は語る。

　2回目のインタビュー（2017年8月）では妊娠が成功し，妊活の思いと婚外恋愛について語ってもらった。

　妊娠が成功してからは，一時期セックスが嫌になったと言う。妻との関係に対して，以前は「カップル」という意識が強かったが，これからは「母親」でいてほしいと彼は願う。

　彼は次のように述べた。

　　もうお母さんでいてください。それは別に構わない。でも僕は僕の人生もあるから，多少はエンジョイしないと。逆に息苦しくなる。家庭でもいい自分でいられない，リフレッシュしていないんだから，全部ハッピーな自分で「ただいま！」って言って帰ってくるのか，それは浮気していようがなんだろうが。そこで変に「いや，浮気はダメだから」って我慢するのか。「うー」てなって「ただいま…」で帰ってくるのか。それ（不倫を不当行為と定めた法律）は国が決めたことでしょう。ここだけの話。そんなの個人の人生は個人である程度決める権利がある。それはそれで楽しくやればいい。

　このように，妻とのセックスに対してプレッシャーを感じるため，性的な満足感が得られないが，単純にセックスを楽しみたいという思いもある中，婚姻以外の領域でセックスを求めていることを語る。妻が妊娠する前にある女性と1回限りの性的な関係を持ち，現在でも知り合った女性と浮気をし，性風俗に通うこともたまにあると述べている。

　このケースでは，妻との性的な満足感が得られないことについて，互いにコミュニケーションを取って，工夫することはしていない。タクさんは，家庭は家

庭で安心できる場所であってほしいと望んでいる。セックスは家庭の外に存在するものであり，それぞれの領域を分けて考えているようである。自分がもともと持っているセックスの意味を維持することが困難であり，「家に帰ったらもう何も考えたくない。無理して妻を自分の方向に持って行くよりも[7]，外で同じ仲間を探す方が早い[8]」と，夫婦間の性を意識的に育てない傾向も見られる。ただ，妻からセックスを求められる時には彼女に従ってセックスをするが，妻とのセックスの流れがいつも同じであるため「正直に言うともう飽きた」と述べている[9]。

■ 事例 II　28 歳の男性（カズキさん）

このインフォーマントについては第 3 章第 6 節［6.3.1］で述べたため，以前の節で取り上げた情報は簡単にまとめ，婚外恋愛に至るプロセスと彼の思想を詳細に紹介する。

1 回目のインタビュー（2013 年）では，彼にとってセックスはもともと「快楽」という意味合いが強かった。だが，結婚後，妻を家族として見ているため，そして，愛情を持つとセックスができないためセックスレス状態になったと彼は述べる。セックスができないことに対して両者が不満に思うと言う。彼は「妻だけED」であり，バイアグラも飲もうと考えていた[10]。

興味深いのは，彼は妻以外の女性とは性的な関係が持てることである[11]。彼は，

7）ここでは，性的な価値を意味する。

8）例えば，人間は，ご飯を食べる仲間，サーフィンが好きであればサーフィン仲間がいる。セックスもそうで，セックスが好きであれば，セックスをする仲間を探せばいいし，割り切る方が楽であると彼は語った。

9）2019 年 9 月 26 日にこのインフォーマントと少し話す機会があり，インタビューをした当時の妊活についてもう一度話してもらった。彼は，その当時は辛くて，大変であり，同じことはもう二度としたくないと言う。だが，このような経験を踏まえて，子どもができにくい人や，妊活で苦労する男女，そして特に男性側をもっと理解するようになり，「人間に優しくなった」と主張する。妊活当時，プレッシャーを感じたことを誰にも相談できず，自分だけではなく，多くの男性はこのような悩みを持っているが，話す機会がないため，辛い問題であることを指摘した。妊活を背景とする男女双方の性問題は今後も深く掘り下げる価値はある。

10）彼は医者の診察を受けることなく，バイアグラを飲んだため，性器が長時間痛くなった。バイアグラを自己判断で飲むことには注意することを勧める。

11）阿部は，妻とはセックスができないが，妻以外の女性と性的な関係を持てる（妻だけED［勃起障害］）ことについて心因型疾患（阿部 2004：78-82）と述べ，ストレスや相手とのセックスについて抵抗を感じるなどの場合に生じると論じた。

妻とのセックスはできないが，妻と結婚する以前から1回限りの女性や，数回会った女性とはセックスの関係がある。婚外セックスの相手は既婚女性と未婚女性であり，複数の女性と性的な関係を持っている。妻以外の異性とのセックスは恋愛目的ではなく，性的な快楽が中心である。結婚してからも婚外セックスに至ることが少なくないと述べる。彼は，互いの家庭に迷惑がかからないのであれば性的な関係を持つのは構わないと言う。そのため，異性と連絡を取っても，例えばメールはすぐに消すようにしていた。

　妻とのセックスは，カズキさんのしたいセックスではなく，妻に行動を合わせる傾向が強いため，彼自身の欲求を満たそうとは思っていない。しかし，婚外セックスの場合，彼の欲求を満たすことが中心にあり，妻とのセックスでは感じられないエロスを味わえると彼は言う。

　2回目のインタビュー（2017年）の時には，カズキさんは離婚していた。離婚の原因は夫婦間のセックスレスであったと言う。彼は結婚中，家庭は家庭で，性的な快楽を満たすのは家庭外だと思っていた。しかし，「やっぱり性的な欲求をある程度こう感じさせるような相手じゃないと結婚生活はやっぱりうまくいかないですね。それは僕，離婚してからわかりましたね。なんかその一緒にいて楽しいとか，話が合うとか，価値観を共有できるとか，建前はそうなんですけど，やっぱり性的なものが多少ないとダメですね」とカズキさんは述べる。またセックスレスになった要因としてもっと深い理由があったことも述べる。最初のインタビューでは愛情を持つ妻とはセックスはできない，そして，妻を家族として見るため性的な魅力がないと述べたが，それよりも，当時に「義父母とか自分の両親も含めて，そのセックスをある意味強要されるっていうのが僕にはものすごく心地悪かったんですよね。要するに『子どもはまだなの』とか，『仲良くやっているの』みたいな，なんかその性的なものに対して，こうタブーとされているものだからこそ欲情するところがあるのに，それがオープンになってどうもなんか楽しめない」と彼は語る。

　結婚後，妻とのセックスを完全に「子どもを作るための行為」と捉えるようになり，互いの性的な快楽を満たし，2人で満足する性生活を築くことはできなかった。婚外セックスの場合，身体的な触れ合いが多く，性に関するコミュニケーションも楽しめる一方，妻とは性的なコミュニケーションを避けていたとカズキさんは言う[12]。

　3回目のインタビュー（2019年1月）では，現在のカップル関係についてカズキさんは語っている。離婚した後，以前に交際した女性と再婚し，子どもができ

たと言う。最初の妻は子ども願望が強かったため，セックスにプレッシャーを感じていたが，彼は過去のことを振り返って「年齢的なこともありましたね。20歳とやっぱり 34，35 歳とは全く違っている」と述べる。再婚してから，子どもが欲しいという願望が出たと言う。

　現在，子どもは 1 歳であるため，カップル関係よりも子育てが重要な時期である。

> でもやっぱり妊娠中や産後はやっぱり結構そういうのは（セックス）なかったですね。今もやっぱりこういろいろ予防接種をしたりするんですよ，妻は。風疹とか。そうやってするとやっぱり禁止されるんですよ，そういうの（セックス）を。やっぱりこうどうしても日本特有かもしれないけれど，うちもそうなんですけど，赤ちゃんと一緒に寝るわけですよね。川の字に寝るみたいな。やっぱり夜泣きとかがあったり，授乳をしたりすると，性欲がすぐ落ちちゃうんですよ。ま，海外，欧米だと別々に寝るから，あのベビーモニターみたいなのでいいかもしれないけれど，やっぱり日本はどうしてもまだこう寝るって感じになると，どうしてもそういう感じが起きないんですけど，ただ，2 人目が欲しいなというのはある。だからそこは，ま，解決はできるかな。もうこんな「ダメダメ」という感じではないですね。絶望的な感じではないですね。

　子どもができる前のセックスについては「なかなかよかったですね，それは。別に普通ですね。こうアップダウンがそこまでにはなかったですね。割と平均的」と述べており，1 回目のインタビュー，つまり以前の妻とのセックスとは異なる点が興味深い。また，相手とは「他者として距離を置く」ことが以前の妻と異なる点である。

> 今の方が，ある程度の距離感ができて，他者としてこう認識するようにできるので，その方がむしろいいんだなって。あんまり自分と一体化してはいけないなと思うんですよね，他者を。
> やっぱり家族ってどうしてもちょっと一体化して，一緒にいる時間がどうしても長すぎると，それはそれで緊張感がなくなっちゃうんですよね。だから僕は一

---

12) 1 回目のインタビューでは，夫婦間のセックスレスを解消したいため，2 人で工夫もした時期があったと彼は語る。例えば，セックスについて 2 人で話し合うこともあると述べている。しかし，彼は妻の性的な好みや願望を知っているが，妻には彼の願望や，彼がどのようなセックスが好きなのかは伝えてないことが興味深い。関係性が長くなればなるほど，徐々に妻との性についてのコミュニケーションは減った。

日必ず，休みの日でも5，6時間は外に出るようにしている。ちょっと喫茶店で本を読むとか。家の中で読んでいてもいいんだけど，あえて外に出て，ちょっと距離を保つ。そうすると帰ってきた時にまた話せるし，ずっと一緒にいることはあまりよろしくない。特に夫婦だと。だから買い物をしても，子ども用品を一緒に見たら，ちょっと30分おれは本屋さんに行ってくる。で，向こうは他のものを見る。とにかく常に距離をある程度置くようにしています。

カズキさんは，子どもができてから婚外恋愛に関する意識と行動が変化したと述べる。現在でも婚外恋愛はしているが2つの点で変わったところがあると言う。

1つ目は，最近は他の女性とセックスをするよりも会話をしたいと述べる。「こう全然知らない人と話したいなというのがすごいあるんですよ。それはけっこうセクシュアリティと接続するんですよ」と答える。このような状態について次のように説明する。

　　なんか不思議なことに，なんかどうしてもセックスだとどうしても生殖が結びついてしまうんだよね，子どもが生まれちゃうと。そこに忌避するその嫌な否定される気持ちが加わっちゃうとセックスがしたいなという気持ちがなくなっちゃう。だからただ快楽を追求するということがなくなっちゃったんですよ。で，さらに，他の方と恋愛に落ちると，結果的に非常にこう心を傷つけたりとか，相手のね。例えば，女性は独身で，仲良くなって，こういうふうな感じになってきて，確実になんていうのかな傷つけることになるじゃない。どんな形であれ。それはあまり望ましいことではないからこういうふうに話すということには何の問題もない。で，それで相手の話を聞いて，だいたい表情を見たり，いろんなしぐさを見たり，それを充足する。

婚外恋愛に快楽を感じにくくなった理由はもう1つある。

　　子どもが生まれると，なんかセックスをしている最中でも，セックスのこうしぐさで，子どもの動きが重なってしまうんですよ，頭の中で。つまり，こう表情とかも，自分の息子がオムツをかえる表情とか，女性に投影されてしまう。そうするととたんに快楽を感じなくなる。常に子どもの身体の動きが，例えば僕はいつもオムツをかえたり，抱っこをしていると常に触れ合ったりしているじゃない。それがオーバーラップしてしまうんですよね。そうなるともうダメなんですよ。

以上のように述べながらも，婚外セックスがないわけではないが，それについても変化があったようだ。つまり，以前のインタビューでは婚外恋愛の相手は未

婚女性でも既婚女性でも構わないと述べていたが，今回は既婚女性に限定していると言う。現在でも 50 代の女性との婚外恋愛をしている。未婚女性で彼よりも若い女性とセックスをしたくなくなった理由としては次のように述べる。

> それは安心するのは，もう生理が終わっていて。だから安心するんですよ。だから生殖と結びつくと嫌なんですよ。それはなんだろうな，例えば社会的ななんとかとか，金銭的なとか，倫理的なというよりも本能的に忌避しているのね。

　以上，カズキさんの事例では，3 度のインタビューを通じて性意識・性行動が変化したことが明確となった。

　まず，彼にとって，本来のセックスは「快楽」であるが，1 回目のインタビューでは愛情を抱くと（この場合は妻）セックスができなくなると言っていた。セックスレス状態に関して妻からの不満を感じるとともに，セックスについての義務感も強くなる。それが，2 回目のインタビューでは，「愛情を抱くとセックスができない」というよりも，子作りに対する親たちからのプレッシャーが強いため，「快楽を味わう」セックスが，「子どもを作るため」のセックスに意識が変わり，義務感を感じていたことがわかった。このようなプレッシャーを感じたくないため，快楽を感じるセックスは夫婦外で経験するようにしている。妻とのセックスができなくなり「ED 状態」が続いたが，妻以外が相手であれば普通にセックスと女性との 2 人の空間を楽しめる。

　セックスが子どもを作るための行為（義）になってしまうと，性的なコミュニケーションと身体的な触れ合いも少なくなるか，完全になくなる。一方，婚外セックスは快楽中心であるため，相手の性的な好みにも関心が高く，コミュニケーションも多く取り，身体的触れ合いを味わう傾向が見られる。

　3 回目のインタビューでは，子どもができ，再婚した妻とは義務意識なくセックスはできると言う。性生活だけではなく，夫婦関係も変化し，互いに「父」と「母」の意識が強くならないようにするため，日常生活の場面で距離感を大事にしている。また，婚外恋愛に対しても 2 つの変化が見られる。つまり，他の女性とセックスするよりも会話を楽しむようになったことと，婚外セックスに至る場合，彼よりも年上の既婚者を望むことである。

■ 事例III　42 歳の女性（カナさん）
　カナさんについては第 3 章第 6 節 [6.3.2] で述べたため，夫婦間のセックス

レスになった要因を簡単にまとめる。

　彼女にとってセックスは愛情表現だけではなく，普通に言葉でコミュニケーションを取るだけでは足りないものを補う行為であり，相手から女性として見られていると実感することができる大事な行為である。

　1回目のインタビュー（2017年5月）では，カナさんは夫との性生活，つまり，セックスレスであったことを中心に語る。夫とは，10年前から少しずつセックスが減ってきたと言う。1人目の子どもが生まれた後に徐々にセックスが減ったが，2人目の子どもを妊娠中にも多少の性生活はあった。ただ，2人目の子どもが生まれてから夫とはセックスレスとなった。夫をセックスに誘っても「疲れている」と拒否されるようになり，27，28歳の頃（2002年）には結構悩んでいたと言う（ここで悩みというのは夫から性的に拒否されることと，夫とのセックスにおける言語的コミュニケーションがうまくできないことを意味する）。夫からセックスを拒否されることが自信喪失のきっかけとなり，「このままもうなんか女として終わるのかな」と夫に問いかけた。「彼と話し合って，『このままもうそういうことをしたくないならしたくないって言ってくれれば，私もじゃ，あなたがそうだったら，私自身がどうするのかを考えるから言ってほしい』と言ったら，『そういうことじゃないんだよ』と彼は答えた。『したくないわけではないんだよ。ただ疲れているんだよ』って言うの。でも多分その時は今思えば浮気していたんだろうね，向こうは。でも子どもは小さいし，別れることもできないし，どうしようかなってずっと悩んでいた」。

　夫の浮気を想定していた理由として，インフォーマント自身もその1年半前（2005年）から夫以外の男性と不倫していたため，夫の行動パターンの変化がわかったと言う（例えば，仕事の後に飲み会に行くと言ったが，夫は酒の匂いが全くしないなど）。2回目のインタビュー（2017年8月）では，夫と夫以外の男性とのセックスについて述べている。

　現在の彼氏とのセックスは「情熱的」であると表現する。相手は愛情表現も豊かで，「外のデートでキスとハグもする」。一方，夫とは「20年付き合っていると『愛している』とか『好き』とかを言わない」が，彼女はそれを望んでいる。一方，不倫相手とは毎晩電話し，互いに好きであるというメッセージのやり取りをしている。また，夫と性生活がまだあった時，セックスの「流れがわかってくるでしょう。次こうで，こうで。たまには，なんかちょっと違うようなこともしたいんだけど，ちょっと違うんだよね。あと毎回そんなに変わったことをしようという気持ちがないんだと思う。『好き』ていう気持ちはあっても，なんか作業

ではないんだけど，ま，普通に『はい，こうして，こうして。はい，終わる』」，夫とのセックスは「ただの欲求処理」，「夫婦でするべき行為」であった。

　カナさんの場合，不倫を経験する前は「不倫は絶対ダメ」な行為であり，「私もされることがあったから，すごく嫌だったし，最低だ」と考えていたが，「だけど今は，結局，浮気ってする方だけが悪いんじゃなくて，される方も原因があるとちょっと思う」と語る。彼女によると，夫が浮気する前に女磨きをするべきであったと言う。つまり，もっと相手のことを「好き」ということを表す，愚痴を言わない，化粧をするなどの行動のことである。現在，彼氏がいるため，本やネットで女性磨きについてたくさん勉強し，以前の失敗を繰り返さないように努力をしている[13]。

　以上の事例を見ると，カナさんにとってセックスは「愛情表現」や「コミュニケーション」であるが，このような性的な意味を2人で育てるのではなく，夫とのセックスはマンネリ化してしまった。夫のセックスの「流れ」はいつも同じであるため，セックスはただの「欲求処理」になった。最終的に，夫にセックスを断られ，それがきっかけとなり拒否されることと，互いのコミュニケーションがうまく進まないことに悩んでいた。カナさんは，セックスレスになったのはマンネリ化だけではなく，2人目の子どもが生まれてから，彼女は妻・女性としてよりも，母親としての意識が高まり，夫よりも子育てに夢中であったことが原因ではないかと考えている。夫とセックスレスになってから彼女は女性としての存在価値を感じなくなり，婚外恋愛をすることによって，また女性としての意識が高まった。夫以外の男性とのセックスは愛情表現であり，「自分は相手から愛されている」，「自分は女である」と認識する行為でもある。

　彼女のように，夫婦間でセックスレス状態が生じ，「心のどこかが寂しい」（亀山2014：41），夫が身体的触れ合いを避けるため，夫の「心は家庭にないんじゃないの」と述べ，夫婦間で得られない欲求を夫婦外で発揮する事例は少なくない（亀山2013：68）。しかし，このインタビューからは，彼女が考えている「愛情表現」と「コミュニケーション」のセックスを夫婦間で育てるのがいかに困難であるのかが見えてくる。

　3人のインフォーマントは異なるライフストーリーを持ち，夫婦間のセックスレスや，婚姻外セックス（婚外恋愛）に至るプロセスは異なる。しかし3人には

13）2017年8月にカナさんと再会した時，付き合っている男性の妻が2人の関係に気づき，男性側からインフォーマントに別れを言い出したということである。

共通点がある。3人のインフォーマントは，もともと持っていた自己のセクシュアリティを夫婦間で育てられない，または育てることが困難であることが見られる。事例1（タクさん）では，セックスの意味は「愛情を確かめる行為」と「解放」である。事例2（カズキさん）では，セックスは「快楽」の意味であり，事例3（カナさん）の場合，セックスは「コミュニケーション」と「愛情表現」である。

　このように3人のインフォーマントは自己のセクシュアリティについて述べているが，結婚や，出産を経て，性意識・性行動が変化し，セックスの意味が変わり，行動も変わってくる（例えば，「快楽」や，「愛情表現」，「コミュニケーション」よりも，夫婦間のマンネリ化により，「性欲処理」が中心になる。また，出産を希望するため，セックスの意味は「愛情表現」や，「快楽」よりも，「子作り」に変化し，セックスへの義務意識が強くなるなど）。夫婦間ではもともと持っている自己のセクシュアリティを発揮できず，性生活は夫婦外の領域に移動する傾向が見られる。そして，夫婦間と夫婦外で求めるセクシュアリティも異なる。例えばカナさんのケースでは，夫とセックスレスになる前，セックスは欲求処理のためであったと語るが，不倫相手とはもともと彼女が持っているセクシュアリティにおけるセックスの意味，つまり「コミュニケーション」と「愛情表現」を発揮できた。ところで，日本の場合，インフォーマントの性意識・性行動はライフイベントにより変化するし，夫婦内と夫婦外での性意識・性行動は異なることをみると，自己のセクシュアリティは漠然とし，内面化されていないと言えるのではないか。もし，自己のセクシュアリティがもっと明確で，肯定・内面化され，すなわち，自己のアイデンティティの重要な部分としてセクシュアリティが組み込まれていれば，ライフイベントや，夫婦間の変化によって大きく変化しにくいのではないか。あるいは，家庭の状況の変化が生じても，互いにコミュニケーションを取り，2人の性をどのように育てるのか，マンネリ化しない工夫ができるのではないか。だが，自分自身のセクシュアリティが内面化されていないため，夫婦間で得られない性を別の領域で発揮するのだと考えられる。

3.2　結　論

　本章では，2010年以降からの婚外恋愛（不倫）における先行研究を取り上げた上で，インタビュー調査に基づき，インフォーマントは不倫をどう捉えているのかを，3人のインフォーマントの例により詳細に提示した。その目的は，夫婦間と夫婦外の性意識・性行動がどのように異なるのか，つまり，婚内と婚外の性意

識・性行動の相違点を考察することにある。

　先行研究によれば，夫婦間のセックスは，性的な快楽よりも義務感やプレッシャー（夫婦であるからやるべきこと）で行われる傾向が強い。夫婦間のセックスの特徴として，次の点が挙げられている。すなわち，「あっさり」，「オーソドックス」，「性欲処理」である。他方，婚外セックスは，快楽中心である。つまり，自己が望むセックスを味わい，エロチックさを体験するという特徴があり，男性だけでなく女性も性的な主体になっていることが見受けられる。筆者が行ったインタビュー調査でも，夫婦間と夫婦外のセックスが異なるという点に関しても同様である。先行研究とインタビュー結果を踏まえ，夫婦間と夫婦外の性意識・性行動に焦点を当てると，性は家庭と恋愛の 2 つの領域に分けられるのである。すなわち，夫婦間と夫婦外では性規範が異なり，セックスという同じ行動であってもセックスの意味が領域や相手によって大きく異なるのである。日本における夫婦関係では，男女の性的な満足よりも，夫婦としての役割を果たすことで「十分」であると捉えられているため，性的なコミュニケーションは排除され，セックスレスになる男女も少なくはない。インタビュー調査では，インフォーマントの中に，自己の性意識・性行動が十分に満たされていないため，不満を抱え，この問題をどのように解決すべきかがわからない事例も存在した。自分のセクシュアリティを重要視すると共に，夫婦間のセクシュアリティを作り上げることは家庭内で困難であると考えているのである。こうした点から，夫婦間で満たすことができない身体的触れ合いや性的快楽の追求は，夫婦外で探すことへと繋がるのである。

　また本章で確認したように，人間はそれぞれ自分自身の性的アイデンティティを持っているという定義（Lewandowski 2008）がされているとはいえ，先行研究とインタビュー調査を見る限り，夫婦間のセックスへの意識や行動，自分自身のセクシュアリティに関する意識が曖昧である。興味深いことに，西欧の場合，日本よりも，人々のアイデンティティの重要な部分としてセクシュアリティが組み込まれている。具体的に言えば，結婚や出産のような大きなライフイベントが生じたとしても，もともと自分が抱いている性意識・性行動を夫婦間でも保つことが重要視されている。仮に，夫婦間で自分のセクシュアリティを発揮できなくなると，何をどのようにすれば夫婦間での性的関係が修復され，改善できるのかといった点に焦点が当てられる。しかし，日本の場合，夫婦間のセックスはアイデンティティとセクシュアリティの結びつきが弱く，セクシュアリティと生殖の方が強く結びついている。そこで，結婚後や出産後（またはライフイベントが生じる

と）セックスレスになりやすい傾向にあると言える。一方，婚外セックスは生殖との結びつきが極めて弱く，快楽中心であるため，自分自身のセクシュアリティを見つけ出し，それを発揮することができる。

　セクシュアリティは社会や文化により構築されるものである（Gagnon & Simon 2005）。そのため，日本のセクシュアリティは日本の文化や社会の影響を受ける一方，西欧の文化を完全に受け入れることはできず，またその必要性もないと思われる。しかし，インフォーマントの中には，夫婦間で自分自身のセクシュアリティをより発揮し，互いの性生活を育てたいとの欲求はあるものの，その方法がわからず，不満を抱えてセックスレスに至る者も存在する。そのため，セックスレス・カップルが増えることから，婚外恋愛・婚外セックスの捉え方が変化していることも考えられる。したがって，日本人が漠然と持っている自分自身のセクシュアリティについてより深く考え，内面化させ，性生活に反映させていくことが重要ではないかと考えられる。最後に，婚外恋愛の現象をより深く理解するために今後の課題を以下に述べよう。① 男女関係のあり方だけではなく，仕事・経済と不倫の因果関係を考察すること，② 性風俗産業を利用する人と，利用せずに婚外恋愛に至る人を分けるファクターを明らかにすること，③ その上で夫婦間の性生活で不満を抱えている男女に，日本人にとって適切な改善方法を考えることである。

コラム 2

セックス・ポジティビティ

●●

　2021年10月のとある朝，いつものようにメールをチェックしていたら，3日間にわたるドイツ語圏のオンラインイベントのお知らせが届いていた。イベントの内容が気になって見ると，「セルフ・プレジャー。あなたは自分自身の1番の愛人［Lover］になるんだ」「恥？　そんなことは考えない」「女性性と情熱」などの文字が並んでいた。しかも，イベントのアイコンの背景は明るいオレンジで，まるで女性器をイメージさせる甘夏が目立つ位置に置かれている。このメールを開いただけでみなぎるパワーとポジティビティを感じられた。このイベントは「Passionista（パッショニスタ）」と言って，女性のセクシュアリティを「お祝い」するイベント・ワークショップである。そして，セックス・ポジティビティの思想を前提とする多様なイベントの1つである。

　このところ，セックス・ポジティブという表現はドイツとオーストリア（オーストリアよりもドイツのベルリンの方が進んでいるが）で話題となり，広まりつつある。セックス・ポジティブ［Sex positive］，あるいは，セックス・ポジティビティ［Sex positivity］は文字通り，自分，そして他者のセクシュアリティ・身体・リレーションシップをプラスに受け入れ，そして尊重する思想であり，ムーブメントでもある。この思想の目的の1つは，自分が持っている親密性・セクシュアリティ・リレーションシップの形態などに対する価値観と意識的に向き合うことで，他の人たちとの価値観の違い，そして自分と他の人たちとの境界線がわかるようになることだ。自分の体に眠っていた欲求と向き合うことで，新たな「自分」を学び，視野を広げ，徐々に自分の欲求や希望に正直でいられる「自分」の形成ができる。また，相手にも自分の欲求・願いを伝えられる土台を作り上げられるようになることで，リレーションシップや性関係のマンネリ化から無縁な世界を主体的に作り上げられるようになるのだ。健康的で幸せな人生にはセックス・ポジティブは欠かせない重要な源とされる。セックス・ポジティブの姿勢は何が正しいのか・正しくないのかを評価しない。むしろ，この思想では，人々が個人的に望む道を見つけることを心がけているのだ。

　21世紀のドイツ語圏ではセックス・ポジティブ・ムーブメントがどんどん広まっているが新しい思想ではない。実際には70年代から広まった思想であり，社会で抑

圧されていた性的ダイバーシティの人たちなどの特定のコミュニティの中で知られていた。当時，自分の性を隠さずに人々と交流できるような安全なスペース「セーフ・スペース」としてもイベントは機能していた。現在では，メディアの多様化によってセックス・ポジティブな思想がメインストリームとなり，一部のコミュニティの中だけの用語ではなく，社会的なトレンド用語にもなってきている。ドイツ語圏の人たちもこのようなイベントの中心は性行為だと思いがちだが，実は性行為は禁止されている。

　とはいえ，私が研究しているセックスレス現象からセックス・ポジティブ・ムーブメントを考えてみると，複雑な気持ちが芽生えてくる。セックス・ネガティビティを抱く人たち，例えば交際相手とセックスを望まない，友達夫婦のようなリレーションシップの形態はこのムーブメントから排除されるのか？　自分のセクシュアリティに嫌悪感を抱く人はこのムーブメントから排除されるのか？　より良い性生活を求め続けるのもいいが，いつまで，そして何を求め続けるのだろうか。新たなプレッシャーが生まれないのだろうか？　性別，リレーションシップの形態・性的指向を問わず，全てのライフスタイルに平等な権利を求めている思想・ムーブメントである一方，セックス・ネガティビティがさらに可視化されない社会に進むのではないかという疑問が残る。

ワークショップ「パッショニスタ」のロゴ "Peeled Pomelo Fruit"「皮が剥いてある甘夏」
アートデザイナー Charles Deluvio

第Ⅲ部
_____
セクシュアリティの国際比較

第5章

セックスレスは日本特有なのか，
西欧でも生じるのか

　これまでの考察をもとにして，セックスレス現象は日本特有の現象なのか問いたい。セックスレス現象も含めた日本の性意識・性行動のトレンド（性交未経験率の上昇，未婚化・晩婚化）は国内だけではなく，世界のメディアで報道されている。第1節では，まず，日本のセックスレス現象に注目し，日本外のメディアでどのように報道されているか，それらの特徴を紹介することを目的とする。

　第2節では，日本のセックスレス現象が海外で注目されるようになったきっかけの調査を紹介する。つまり，2005・2007・2008年のコンドーム製造・販売会社デュレックス社の各国（26ヶ国）における「セクシャル・ウェルビーイング・サーベイ」の調査結果と，2006年の Laumann et. al. (2006) の "A Cross-National Study of Subjective Sexual Well-Being among Older Women and Men: Findings from the Global Survey Study of Sexual Attitudes and Behaviors" の調査結果である。2つの国際調査では，文化や社会構造の背景などには注目せずに，セックスレス現象を単純化しながら，西欧の視点を前提として分析する傾向が見られることを考察する。西欧では，セクシュアリティの満足度の高さは，クオリティー・オブ・ライフと強く結びつけられており，セックスレスが生じると，自分と相手の性的な満足感を得られていないという解釈に至ることを述べる。

　この結果を踏まえて，第3節と第4節では現代のドイツ語圏における男女関係および性関係の特徴について，1）ドイツ語圏ではセックスレス現象は存在しないのか（日本特有な現象なのか），そして2）なぜドイツ語圏では，セックスレスという現象は公共領域で語られにくいのかという2つの側面から考察する。

　本章における筆者の仮説は以下の通りである。ドイツ語圏において，カップル間のセックスは親密性と快楽を意味する以外にも，個人の承認，相手の承認，グループの承認でもある。したがって，セックスがない，つまりセックスレスであるというのは個人，相手，カップル関係の否定に繋がることとなる。そのため，セックスレス現象は複雑な話題であり，議論しにくいこととなっている。以上の

仮説を立て，ドイツのセクシュアリティの状況を精査していきたい。

1 "No Sex Please, We're Japanese"

　日本のセックスレス現象は西欧でも注目を浴びている。そして，話題はセックスレス現象から未婚や晩婚化と性行為の未経験率の増加にまで広がっている。また，西欧のカップルと比べて，日本のカップル（夫婦）間の身体的触れ合いは少ないため，「日本人の親密性」を対象とした研究も存在するぐらいだ。

　日本のセックスレス現象は主にインターネットに掲載されているオンライン新聞記事，そしてテレビニュースで取り上げられている（例えば 2012 年 7 月 28 日「Sex in Japan」Pro Sieben）。オンライン新聞記事について次のような事例を挙げる。

　事例 ① : "Japan : Pflanzenfresser ohne Lust auf Sex"
　2011 年にオーストリアの新聞社『Die Presse』は "Japan : Pflanzenfresser ohne Lust auf Sex"（日本語訳：セックスに欲求がない草食系男子）という題で，40 代の日本人カップルは約 5 割がセックスレスであり，さらに 16 歳から 24 歳の男女（特に男性）はセックスや異性に興味がない傾向にあると指摘されている。

> "Immer mehr junge Männer verweigern sich Frauen, Essen, Mode und Karriere. Mehr als ein Drittel der 16-bis 19-Jährigen japanischen Männer hat laut besorgniserregenden Umfragen nicht einmal mehr Lust auf Lust".
> （日本語訳：女性，食事，ファッションとキャリアを避ける若い男性たちがどんどん増えている。3 分の 1 以上の 16 歳から 19 歳の日本人男性は「欲求」に欲求を感じないとある憂慮するべき調査結果が明らかとなった。）（Köhler 2011）

　性に関心がない男性が増えていることを指摘されているが，以上のような状況が増えていることに対して「憂慮するべき」[1]数字であると主張する。同じ記事では，このような現象は「驚き」であることも書かれている。さらに，若い男性のデート願望がどんどん低下していることに対しては「若い男性の不思議な行動を懸念すべき」である[2]と指摘されている。このようなトレンドに関しては日本

---

1 ）オリジナル："Erstaunlich und besorgniserregend."
2 ）オリジナル："Als besonders alamierend gilt auch das seltsame Verhalten der jungen Männern (…)."

社会自体も「大きな不安をもって観察している」と書かれている。このような現象は，草食系男子の増加から生じる少子化と結びつけられて論じられている。

事例②："Erschöpft, lustlos, überfordert. Warum Japans Sexlosigkeit auch Deutsche sorgen sollte."

2017 年にドイツの新聞社『Stern』は "Erschöpft, lustlos, überfordert. Warum Japans Sexlosigkeit auch Deutsche sorgen sollte." という題で日本人夫婦にとって，セックスは人生の一部ではなくなってしまうという「悲しいトレンド」[3]が見られることが書かれている（Stern. de. 2017）。この雑誌記事では，日本のセックスレス現象は西欧でもこれから起こりうる可能性があるため日本の現象を憂慮するべきであると書かれている。

この記事では，セックスレスになる要因として日本社会の労働・ストレス環境が生み出す疲労と結びつけて論じられている。つまり，日本人は長い通勤時間によって，エネルギー不足，長時間労働で慢性的なストレスを感じていることを主張している。それに対して，若者は大学や学校，塾によって慢性的なストレスを感じ，ストレスは人生の一部であるため，恋愛をする余裕がないと指摘されている。

Asienspiegel（2010）という別のオンライン記事も同様に，残業による「疲労」が理由でどんどんセックスレスが進んでいることを指摘している。また，セックスや異性に関心がない要因として，異性とのコミュニケーション不足が挙げられている。つまり，日本の若者はヨーロッパと比較すると，異性と触れ合うことを避けているのが目立つと語られている。それは日本での少子化現象の 1 つの原因ではないかと推測されている。

事例③：世界的に拡散したニュースは "No Sex Please, We're Japanese"

2013 年に BBC ニュースは "No Sex Please, We're Japanese" というタイトルで日本のセックスレス化を取り上げ，そのドキュメンタリーは世界的に拡散した。そこでは，日本の少子化が進むのは，セックスに関心がない男女の増加が要因なのではないかと論じられている。セックスレス化が進む理由として，オタク文化，特にアニメの恋愛ゲームの拡大によって，生身の女性との恋愛が困難と感

3）オリジナル："Japans Eheleute zeigen einen traurigen Trend: Sex ist kein Teil ihres Lebens mehr."

じる男性が増えていると論じている。"No Sex Please, We're Japanese" とい
うタイトルは脚光を浴び，新聞記事にも同じ題で掲載された。そして，このス
ローガンは公共領域で知られるようになった。オンライン新聞記事でも，疲労や
性生活に対する不満が増え，性行為の頻度が減ってしまったことで，日本の少子
化が進んでいると論じている。ドキュメンタリーとオンライン新聞記事でも，こ
のようなセックスレス現象に対して「なぜ？」という問いが中心にある。

　また，ネットフリックスでも，セックスレスを含んだ日本の性意識・性行動を
中心としたドキュメンタリーやドラマが配信されたことによって，海外でもこの
ような現象を知ることができるようになった。

　例えば，2018 年に CNN が報道したドキュメンタリー "Sex and Love" が
ネットフリックスでも取り上げられた。"Sex and Love" というそのドキュメン
タリーでは，ジャーナリスト Christiane Amanpour がさまざまな国を旅し，そ
れぞれの国の女性たちのセクシュアリティについての聞き取り調査を行っている。
ここでは，インド，アフリカ，ドイツ，そして日本が報道されているが，日本の
特集でもセックスレスが大きな話題となっている。このドキュメンタリーでは，
取材者の Christiane Amanpour は，セックスレスを経験した女性の体験談を聞
いた。Amanpour は女性にセックスがなくて寂しくないのかを聞くと，女性は
寂しくないし，不満でもなく，この状況に慣れて，逆にセックスがあった方が不
思議であると語っている。それを聞いた Amanpour は，驚いた表情を見せた。

　さらに，先にも指摘したように，2019 年に日本の小説『夫のちんぽが入らな
い[4]』がドラマ化され，ネットフリックスで多くの国で配信されるようになった。

　これらの欧米で掲載されている記事やドキュメンタリーを見ると，欧米の規範
を前提として異文化である日本を論じているという特徴が見られる。現代の西
欧・欧米社会では，カップル間の性的快楽（sexual satisfaction in a couple relation-
ship）が不可欠であるという思想を前提にした議論がなされている。しかし，日
本では，カップル間での性的快楽を必ずしも必要としない文化があり，西欧・欧
米での議論は，その文化を理解しないまま議論しているとも考えられる。さらに，
なぜ日本のセックスレス化が不安と不思議な現象（無理解）として報道されてい
るのかについて仮説を立てたい。そのため，西欧で中心になっている議論につい
てもう少し深く考察する。

4）しかし，このドラマの性的な枠組みは西欧から見ると，異なりすぎて，あまり理解が得
　られていない。

　日本のセックスレス現象についての議論では単なる「セックスをしていない」という実態だけを示しているのではなく，「人権」と結びつけて論じられていると考えられる。つまり，現代社会では人間は性的な「自己決定」を持つ権利があるという議論が中心となっている。自己決定の中でも特に「自分が望むセクシュアリティを持つ権利」を示す。だが，日本のセックスレス現象の場合，自分自身が持っているセクシュアリティをカップル間で発揮できないため「問題」と見なされ，そして「他者性」という立場から日本のセックスレス現象が「問題」と捉えられているという仮説を立てたい。この仮説については，現代西欧社会でのセクシュアリティ理論に関連させて第 2 節で詳細に考察する。

　本節では日本のセックスレス現象が西欧でどのように取り上げられているのかを考察した。西欧ではカップル間のセクシュアリティにおけるウェルビーイングについての議論が中心となっている。日本のセックスレス現象は西欧でもこれから起こり得る現象と危惧されている。しかしながら，西欧の議論では日本においてもセクシュアリティの「自己決定」が必要であるという意識が抜け落ちている。そのことからセックスレス現象について「無理解」あるいは「驚き」の態度で西欧では論じられていることが明らかとなった。一方，"No Sex Please, We're Japanese" というタイトルをつけることで現代日本人のステレオタイプを作り，議論の単純化を生んでいる。

2 ｜ 国際比較の実態調査

2.1　セクシャル・ウェルビーイング・サーベイ（デュレックス社）

　コンドームの大手メーカーのデュレックス社の各国（26 ヶ国[5]）における「セクシャル・ウェルビーイング・サーベイ」の結果が公表された頃（2005 年）から日本のセックスレス化が注目されるようになり，2005 年，2007 年，2008 年，2010 年という短い期間に調査・発表がなされた。その調査方法は，無作為抽出で，16 または 18 歳以上のモニター調査であった[6]。その調査結果では，日本は調査国中最もセックス回数が少ない国として挙げられている。年間のセックス回

5）26 ヶ国は次のとおりである。オーストラリア，オーストリア，ブラジル，カナダ，中国，フランス，ドイツ，ギリシャ，香港，イタリア，日本，インド，ナイジェリア，マレーシア，メキシコ，オランダ，ニュージーランド，ポーランド，ロシア，シンガポール，スペイン，南アフリカ，スイス，タイ，イギリス，アメリカ。

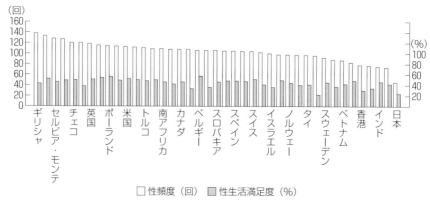

図 5 - 1　　世界各国の性頻度と性生活満足度（41 ヶ国）

出所：“2005 Global Sex Survey Report”（2005）より著者作成。

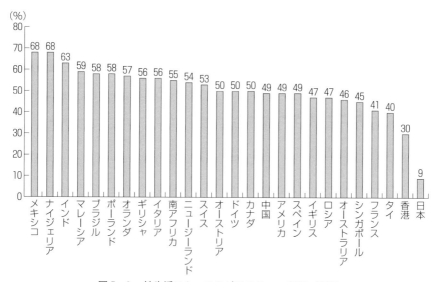

図 5 - 2　　性生活においてのバラエティー 2007／2008

出所：“The Face of Global Sex 2008”（2008）より著者作成。

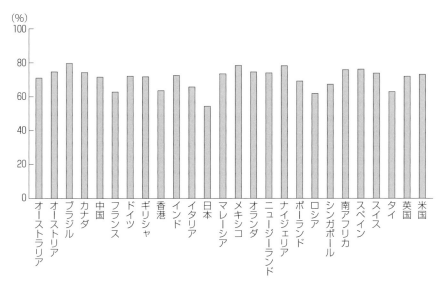

図5‒3　満足度の高い性生活をどう実現するかをどのくらい知っていますか
出所："Face of Global Sex 2008"（2008）より著者作成。

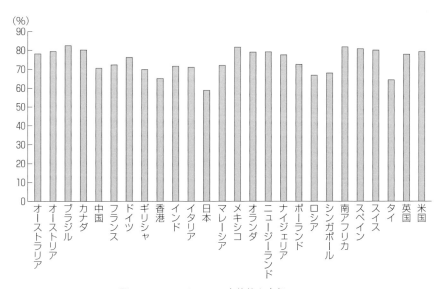

図5‒4　セックスへの全体的な自信のレベル
出所："Face of Global Sex 2008"（2008）より著者作成。

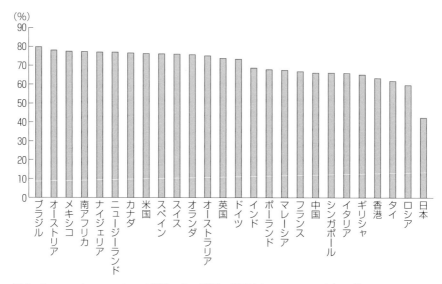

図5‐5　セックスにかんして相談できる機関・場所を知っていると自信を持って言えますか
出所：“Face of Global Sex 2008”（2008）より著者作成。

数で日本は最下位であると同時に，性生活の満足度が比較的低いアジア諸国の中でも日本は最低である。例えば，2005 年の調査結果ではセックス頻度の各国平均回数は 1 年に 103 回，パートナーとの性生活の満足度を答える割合は 44％であるが，日本の場合，セックスの頻度は 1 年に 45 回，さらに性生活の満足度は 24％で最下位である（図5‐1）。そして，「私のセックスライフではバラエティーがある」（9％，図5‐2），「私はパートナーに自身のセックスにおける願望を伝えられる」（23％）も日本は他国と比べると数字が低い。同調査（2008）では，「満足度の高い性生活をどう実現するかをどのくらい知っていますか」（54.3％, 図5‐3）について，日本は一番低い数字を示していることがわかる。

　それに加えて，“Overall level of confidence about sex”「セックスへの全体的な自信について」の項目を見ると，セックスへの自信の最上位はブラジルで 82％である一方，アジア全般が低い値を示している。その中でも日本は 59％と顕著に低い値となっている（図5‐4）。

6）だが，ナイジェリアでは，電話回線やインターネットの普及が進んでいないため対人調査・記入式で実施された。

　最後に，セックスについて相談する場をどのぐらい知っているかについての調査結果を提示する。ここで，最も高いのはブラジルで79.9％である一方，日本は42.4％で最も低いことが見て取れる（図5-5）。セックスにおける相談する場を十分に知られていないこともセックスレスに繋がる1つの要因ではないか。

2.2　Global Study of Sexual Attitudes and Behaviors（GSSAB）

　デュレックス社調査の他に2006年に"A Cross-National Study of Subjective Sexual Well-Being among Older Women and Men: Findings from the Global Survey Study of Sexual Attitudes and Behaviors"（Laumann et. al. 2006）という調査が実施された。シカゴ大学が他大学と共同で2006年に性意識・性行動について行ったものである。調査対象は29ヶ国の40代から80代の男性13,618人，女性13,882人であり，具体的に各国の性生活と満足度について調査した。

　しかし，ここでの調査方法は国によって異なる。具体的に，ヨーロッパ，イスラエル，東アメリカ，ブラジル，オーストラリア，ニュージーランドでは無作為

表5-1　性生活における満足度の上位国 2006年　　　　　(%)

国	身体的満足度		精神的満足度		性的機能の満足度		セックスの重要度	
	男性	女性	男性	女性	男性	女性	男性	女性
オーストラリア	67.7	62.9	72.3	68	82.1	82.7	43.6	29.7
オーストリア	79.7	63	83.4	70.6	91.4	91.1	56.3	35.5
ベルギー	66.2	65.1	72.3	67.3	86.7	78.1	48.5	32.3
カナダ	71.2	67.8	73.7	62.5	87.4	87.6	44.6	33.8
フランス	61.2	51.7	59.9	53.2	85.2	69.6	55.8	39.4
メキシコ	69.1	57.4	71.8	62.3	85.2	64.4	59	36.6
ニュージーランド	71	62.5	76.9	61.6	70.6	64.1	35.7	21.6
南アフリカ	60.6	46.9	64.7	46.7	77.7	65.5	34.5	26.3
スペイン	72.9	67.5	76	69.1	90.2	78.4	64.1	33.8
スウェーデン	58.2	55.9	57.8	59.7	89.4	84.5	46.4	31.7
ドイツ	62.5	56.8	69	59.9	87.7	85.9	41.1	33.1
イギリス	60.9	56	71.3	67.5	73.9	74.6	44.8	29.6
アメリカ	72.9	65	77.1	68	83.9	82.4	36.6	27.7

注：性意識に関する質問の回答（国，ジェンダー別）有効回答 14,503人（男性 7,224人，女性 7,279人）
出所：性生活における満足度の上位国「Global Study of Sexual Attitudes and Behaviors」（Laumann, et. al. 2006：151）より著者作成。

表5‑2　性生活における満足度の中位国2006年

(%)

国	身体的満足度		精神的満足度		性的機能の満足度		セックスの重要度	
	男性	女性	男性	女性	男性	女性	男性	女性
アルジェリア	21.1	33.7	46.3	24.6	70.2	47.6	53.9	33.8
ブラジル	59.3	39.7	60.8	41.3	88.2	69.6	74.6	43.1
エジプト	36.2	23.6	44.4	27.6	73.2	52.2	52.8	40.4
イスラエル	51.8	47.7	59.3	54.8	76	75.1	64.2	53.6
イタリア	42.8	31.6	48.8	40.6	90.9	82.1	58	32.7
韓　国	47.3	36.2	54	47.2	60.9	46.3	73.1	46.4
マレーシア	45.6	50.2	50.9	58	60.1	44.5	45.8	34.9
モロッコ	47.4	37	53.7	45	82.2	77.3	73.3	42.6
フィリピン	46.5	40.2	48.7	38.5	71.3	56.8	56.9	30.2
シンガポール	46.8	34	50.6	39.2	65.1	55.1	43.4	25.9
トルコ	50.9	25.4	55.6	33	88.6	56.7	69.5	28.6

注：イスラム圏とアジアとヨーロッパの一部（性意識・性行動の満足度の中位国）有効回答8,997人（男性4,394
　　人，女性4,603人）
出所：性生活における満足度の中位国「Global Study of Sexual Attitudes and Behaviors」（Laumann,
　　Paik et. al. 2006：151）より著者作成。

　電話調査を行った。また，メキシコでは，下層の人々は電話で行う調査に偏見を
持つため，電話だけではなく訪問調査を実施した。日本ではインターネットを通
してモニター調査を実施した。無作為に男女が選ばれ，謝礼も渡した。中東・南
アフリカでは電話の普及が進んでいないことで，訪問調査が行われた。日本以外
のアジア地域では路上（都市）で回答者を探した。各国の調査時間は20分，調査
内容は人口動態調査，健康，日常での満足度，パートナーシップ，性意識，性行
動，性に関する価値観についてである。その結果，次の3つの質問項目のうち，
(1)と(2)は他国に比べて日本が最下位であった（表5‑1，表5‑2，表5‑3）。
　(1)今後も，現在の性的機能または性的健康の状態のままで生きることとなれば，
　　どう思いますか。（非常に不満～非常に満足まで5つの回答選択肢）
　(2)この12ヶ月間，あなたとパートナーとの関係における精神的満足度はどの
　　ぐらいですか。（非常に満足～非常に不満まで5つの回答選択肢）
　(3)あなたにとってセックスは日常生活の中でどのぐらい重要であるのか。（非
　　常に重要～全く重要ではないまで5つの回答選択肢）
　デュレックス社調査とGSSAB調査では，日本の性意識・性行動は他国よりも

表5-3　性生活における満足度の下位国2006年

(%)

国	身体的満足度		精神的満足度		性的機能の満足度		セックスの重要度	
	男性	女性	男性	女性	男性	女性	男性	女性
中　国	25.2	24.4	36	32.8	68.7	45.5	28.8	17.5
インドネシア	22	24.7	18.5	19.9	73.8	61	35.4	16.6
日　本	17.6	9.8	23.6	15.5	60.3	39.7	27.8	12
台　湾	21.5	19.4	28.7	25.4	60	42.3	24.7	7.3
タイランド	38.1	21	42.6	22.8	67.6	61.3	23.8	10.1

注：東アジア（低い満足度）有効回答3,500人（男性1,750人，女性1,750人）
出所：性生活における満足度の下位国「Global Study of Sexual Attitudes and Behaviors」(Laumann, Paik et. al. 2006 : 151) より著者作成。

低い数字が現れていることが目立つ。たが，これらの調査国は偏っていることから，国際比較とは言ってもその対象者が偏っている可能性もある。例えば，デュレックス社の調査では，イスラム圏や東南アジアの国々が含まれておらず，限られた国しか調査されていないことから，日本人における性意識・性行動の最低数字は実態を明確に捉えているかどうか判断することができない。そして，両調査は科学的な手法による調査ではないため，信頼性が低いという批判も存在する（Clement 2004 ; Simons & Carey 2001）。

　以上の調査結果は偏りがあることから批判もされているが，日本の性意識・性行動の特徴が国際的に注目されるきっかけとなった。そして，第5章第1節ですでに指摘したように，これらの結果を通じて，（オンライン）新聞記事，テレビニュースなどで「なぜ日本はセックスに興味がないのか」という疑問が広まり，日本の性意識・性行動が独特であると認識されるようになった。だが，日本の性意識・性行動を国際調査で十分に捉えることは困難であると思われる。次項[2.3]節において説明する。

2.3　国際比較の困難性

2.3.1　国際調査から見た比較の困難性
　では，国際調査から日本の性意識・性行動の現状を見ると，どのような国際比較上の困難性が生じているのか。第1節で述べたように，西欧や欧米社会では，性的な自己決定をもたらすセクシュアリティの満足度・ウェルビーイングについての研究が主流となっている。このような研究の前提として，セクシュアリティの満足度の高さは，生活の質[Quality of Life]という思想と強く結びつけられて

いるのである。

　そこで，少し観点を変えて国際比較の困難を考えていきたい。Uchida & Oishi（2016）は幸福観と幸福度指標には個人的，そして文化的な特徴があることを述べている。この論では，「文化的幸福」を捉えるにあたって，まず各国が「幸福」をどのように定義付けているのか確認している。つまり，「幸福」の「意味」，「重要度」および「理解度」を知る必要があるからだ。各国の社会構造や経済社会状況が異なると幸福の最適値も異なることから，国際比較の一要素として「幸福」をどう理解しているかを含める必要があると主張する。そして，Uchida & Oishi（2016）は国際比較を行う際の集計値の比較だけの結論には単純化や疑似相関の過大解釈の恐れがあると述べる。「尺度の回答には，文化的な反応バイアス（例えば，日本では尺度の極の使用が避けられる傾向にある）や参照点の違い（自己の幸福感などの判断において，日本では周囲の日本人との比較が，アメリカでは周囲のアメリカ人との比較が用いられるといったように，比較対象が文化によって異なる）が存在しうる」（Uchida & Oishi 2016：8）。

　このような分析は，上掲のセクシュアリティにも当てはまるだろう。

　セックスレス・カップルの中には，交際相手とのセックスがないことにより不満を感じる人もいるが，セックスがなくても「満足」であると感じている人も少なくない。後者の場合，性的な満足が低く，交際相手とのセックスを避けるケースがあるが，このような状況が改善する希望は低い。NHK 性行動・性意識調査（2002）[7]では，セックスレスである 64％の男女はセックスがなくても「満足」と回答している。さらに，その内の 66％の男女はこのような現状を変えずに，性行動を増やそうとは考えていない。そして，荒木（2014）によると，セックスレスである男女の 42％から 57％は交際相手とのセックスがなくても不満は感じないという高い数字が示されている。2016 年に『アエラ』に掲載された，500 人を対象とした「日本人のセックス調査」でも，セックスレス解消の希望についての質問に対して「特になし，何もしない」と答えた女性は 75％，男性は 83.3％である。また，「わからない」と回答した女性は 20.8％，男性は 13.8％である（『アエラ』2016 年 10 月 24 日 No. 46）。

　日本の事例からすると，性的な満足度というのは普遍的ではなく，文化や社会・時代において異なるということが言える。西欧の意識が前提となっている国際調査では，自分自身と相手のセクシュアリティのウェルビーイング［Sexual

---

7）調査結果は 1999 年のものとなる。

well-being］は全体的なウェルビーイング［Overall well-being］との関連で論じられる傾向にあるため，性的な満足度はカップル関係の全体的満足度に影響を与える要素と考えられている。そのため，日本の調査結果を見ると，性生活の不満が高ければ高いほど婚姻関係全体の関係性に不満が高いという認識がなされてしまう。つまり，「長期間のセックスレス」＝「満足ではない」＝「カップル関係の満足度が低い」という認識である。

　一方，日本では，性的な満足度は婚姻関係全体，そして人生全体の満足度と直接関係づけられていないことが先行研究「中高年の性意識調査」で主張されている[8]。パートナーとは「家族」や「兄弟」「ルームメイト」といるような関係を表しているため，相手を性的な対象として見られないことからセックスがなくても不満を感じないということが言われている。

　加えて，そもそも，日本の場合，性的な満足感は全体的なウェルビーイングに直接は結びついていないことも考えられる。例えば，A Global Survey of Sexual Behaviours（2009）で示されている国際調査では "Agreeing or strongly agreeing that sex is beneficial for your health and well-being" についての項目に対して，日本の agree の率は他国と比べると低い（最も高いのは 90％，日本は 30％で 2 番目に低い。一番低いのは 29％でタイ）（Wylie 2009）。

　ところが，性意識・性行動における国際調査では西欧の枠組みで分析する傾向がある。文化や社会構造の背景などを参照せず，日本におけるセックスレス現象を単純化し語ることに問題点がある。このような背景を踏まえて，ドイツ語圏の事例を挙げながら，日本のセックスレス化の議論の困難性を考察したい。

2.3.2　西欧の視点から見たセクシュアリティ言説の困難性

　Daniela Klimke（2010）は，ドイツ語圏に住んでいる移民の女性器切除について多くの批判的議論が広まったことに，グローバル化の進むセクシュアリティ言説に付きまとう問題を見出している。つまり，グローバル化の進むセクシュアリティ言説は西欧中心主義であることの問題だ。その中でも 1．人権，つまり，性的な自己決定に基づく議論と，2．他者性［Fremdheit］という 2 つの思想の強さから「他国」のセクシュアリティを強く問題視する傾向にあることが言及されている。

8）一方，実態調査では，セックスレス夫婦よりも，セックスレスではない夫婦の方が精神的満足度は高く，日常生活の会話頻度も高いため，性生活と夫婦関係の満足感の因果関係は存在することも考えられる。

⑴人権・性的自己決定

　自己決定（ここでは性的自己決定）は西欧では大きな価値を持ち，セクシュアリティの言説の中心となっている。現代社会のように平等や自己決定が強く求められるのは歴史的にみて現在までにはなかったと言われている。現代では，男性も女性も性生活で望むことを実現することができる。現代社会では，愛情表現としてセックスをするのか，快楽のためなのかは社会的な規範で決定されるよりも，個人の選択であると Clement（2004）は述べている。性的な自己決定の言説の中では，性的な快楽を味わう権利が基盤となっている。多様な性的快楽を味わう選択肢がある中でも，交渉モラル［Verhandlungsmoral］が重要となってくる[9]。交渉モラルというのは，自己と他者の間で，どのようなセックスが適切あるいは不適切であるかを互いに決める行動である。相手が望ましくないと思う行為であれば，それは不適切となる。とはいえ，性的に自由な選択肢が増える中でも，強くタブー視されている領域が 2 つ存在する。それは，暴力と小児性愛である（Clement 2004：11-13）。

　西欧では，女性の割礼は暴力行為と認識されている。Klimke によると，女性器切除の議論には，皮膚の部分を切るか切らないかという問題のみならず，人権，具体的に言えば，性的な自己決定権に関する問題も含まれている。Klimke の指摘によれば，ここでは，狭い法律的な意味ではなく，全体的な性的，そしてジェンダー視点の自主性の領域を意味している。加えて，移民の女性器切除における問題（他国のセクシュアリティの問題）の中にはイスラム，家父長制，移民などといった別の問題も含まれている。セクシュアリティの問題がその中でも中心的な議論となり，そこから社会的な問題までに議論がどんどん広がるようになった。例えば，お見合い結婚の問題，スカーフ論争などという文化的，宗教的な分節［Articulation］はセクシュアリティの領域の中に入り込んでおり，偏った情報から語られる他者性が問題とされた。

　女性器切除は「暴力的思考」であり，性的快楽を味わう権利が侵害される自己決定ができない社会であるとして，西欧は批判的な立場に立つ傾向がある。

　ところが，例えば Lewandowski（2010）は，性的な自己決定を中心とする言説について論じている。性的自己決定の思想が強い社会では，性的快楽を得るという思想が基盤となっており，このような社会では，性的快楽中心の思想は疑問視されず，むしろ絶対価値となっている。快楽中心社会においては，セックスの参

---

9 ）交渉モラルの高さは西欧の国々でも異なる。

加者全員が快楽・楽しさを感じなければならず，そうでない場合は，快楽・楽しさを感じない者にとって性的な不平等となり，それが問題視される。Lautmann (2002) はそのような社会では，快楽ではなく，「子どもを作るためのセックス」のみを行うことはありえないことだと見なされると論じている。

⑵他者性

　西欧におけるジェンダーやセクシュアリティの規範は，西欧以外の規範によって相対化されていると Klimke は論じる。つまり，西欧の基準に合わない性的な自己決定のみが問題なのではなく，西欧が西欧以外の文化・社会に対し，「他者性」を無視して西欧の価値基準を当てはめていることが問題になっているという。

　Klimke は西欧の性的規範から疎外されるものは全て他者性と見られることを問題視する。イスラム圏のジェンダーやセクシュアリティ問題はシステマチックに選択されて議論が広まったのではなく，偶発的に広がったのであり，西欧と異なる社会規範を持つ社会であれば，どの社会でも同様に批判されることはありうると Klimke は語っている。

　この Klimke の理論を踏まえて，西欧で広まっている日本のセックスレス現象の議論にも共通する点がある。というのも，望むセックスをするべきだという主張は，性的自己決定を持つべきだという人権意識を前提としているからである。こうした意識を前提とした議論においては，日本におけるセックスレスの増加は，カップルがセックスを望むのは当然であるにもかかわらず，それが達成されていないということを意味し，それが人権に反することであると批判的に捉えられてしまう。また，日本という西欧と異なるアジア，そしてもともと西欧と異なる性的規範を持つ日本は，西欧から見て「他者」という扱いであるため，日本のセックスレス現象の議論が西欧で広がる際に，無理解や心配，不安が生じていることも考えられる。その不安は「ドイツでもこのような現象が起きうるのだろうかと心配する必要がある」という言及からも読み取れる (Stern. de. 2017)。

　だが，ここで新たな疑問が湧いてくる。性的自己決定を持つことが人権意識と結びつけて論じられていることである。西欧では自分が望むセックスを発揮することは人権となっているが，逆に，「セックスをしない」ということも自己決定に基づいた人権であると考えられないだろうか。換言すれば，自己決定のセクシュアリティに基づく西欧の議論は，快楽を中心とするという 1 つの枠組みの中で行われているため (Clement 2004：11-13)，「セックスをしない」という自己決定は，考慮の外に置かれていると言えるのではないか。このような，西欧の「性

的自己決定の枠組みの限定性の問題」は今後の課題とする。

3 ┃ ドイツ語圏の事例からセクシュアリティを考察

　続けて，ドイツ語圏の 20 代男女を対象にした先行研究とインタビュー調査に基づき，対象者がカップル間の性をどう捉えているのかを明らかにする。インタビュー調査では主に１）セックスの意味，２）性的関心度・重要度，そして３）セックスレスに対する考え，の３点について注目し，社会によって，カップル間の性についての意識が異なることを明らかにする。そして，最後に，ドイツ語圏ではなぜセックスレス現象について議論しにくいのかについて考察する。

　ドイツ語圏は日本と異なり，中学生，高校生，大学生のキス，デート，性交経験の低下を示す公式調査は見当たらないが，時代によって性交経験年齢が異なっていることを示す調査は存在する。BZgA Jugendsexualität 2015 によると，1980 年では 14 歳から 16 歳の男性 20％，女性 40％に性交経験があったが，1998 年には同年齢で男性 59％，女性 85％に増加した。そして，2014 年になると，男女の性交開始年齢のピークが 16 歳よりも 17 歳に遅くなっていて（男性 65％，女性 58％），25 歳になると女性の 97％，男性の 94％がセックスを体験している（BZgA Jugendsexualität 2015）。2019 年の同調査では，17 歳になると性交経験率が男女とも 60％を超えていることが示されている（BZgA Jugendsexualität 2020，図 5-6）。

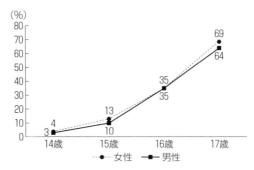

図 5-6　性交経験率の推移（2019 年）
出所：BZgA-Studie Jugendsexualität: Geschlechtsverkehr-Erfahrung（2020）より著者作成。

3.1　カップルについての性意識・性行動における先行研究
── ドイツ語圏の事例から

　現代ドイツ語圏におけるカップル関係では，カップル内の性愛は非常に重要視されている (Irmer 2008)。そもそも男女にとって「カップル」[10]という共同体は重要である。近代から現代にかけて宗教，村共同体，身分階層の規範から解放され，個人主義が進展した。人生を自己の力で構築するようになる一方，自己の不安や孤独が生み出されることにより，「カップル」という共同体が理想化された。「カップル」は精神的な繋がりをベースに作り上げられるものであるが，性愛・性欲は目に見えない基準であるため，性についてのコミュニケーションが重要となる。例えば，互いに好きな性，好まない性を把握し，2人だけの性の世界を作り上げることが重要視されている (Illouz 2012)。加えて，セックスは人生の芸術 "The art of life" であり，どういう性を生きるのかは自分で育て上げるものである。自分の性欲を発揮することのみが重要ではなく，性欲「リビドー」をずっと持ち続けられるよう働きかけ努力することが大切である。ドイツ語圏では性欲は年齢とともに減少するという思考よりも，人々はどのように性欲を保つのかに集中しており，長期間のカップル関係でお互いが「マンネリ化」しないための工夫を一生懸命行っている。ここである男性のインフォーマント（トーマス）の事例を紹介する。彼は 2016 年現在，彼女と5年間付き合っていて，3年以上同棲している。彼によると，お互いの性がマンネリ化しないように，常に「自分の性とは何か」，「パートナー間における性とは何か」を意識していると言う。付き合って3年目に彼女は彼との性的な関係を時折拒否するようになった。それがきっかけで2人はカップル間の性に関する専門書を読み，週に1回，一緒にカップルセラピーのワークブックを行うようにした。ワークブックはセクソロジストによる自分自身のセクシュアリティとカップル間のセクシュアリティについて考える質問が掲載され，2人で質問を回答し，話し合う形式になっている。セックスに関しても，頻度よりも質に焦点を当てるようにしている。週に4，5回セックスをするよりも，週に2，3回に減らして，その中でも土曜日だけはお互いのクオリティータイムを作ることを決めている。その時間には，キャンドルをつけて，互

10）本書では「カップル」を一対一の関係性と定義付ける。ドイツ語圏では，異性・同性の一対一の関係性が社会的にベースにあるが，「オープン・リレーションシップ」や「ミングル（"mixed" and "single"）」などといった多種類のカップル関係の形成も存在するが，本書では「カップル」のみを扱う。

いに全身マッサージをする。その際，セックスにいたればセックスをするが，セックスまででいたらなくてもいいと彼は述べる。さらに現在，セックスの質をあげるため，自身の生活を見直し，机の整頓を心がけ，タントラの勉強もしていると言う。

　また，ドイツ語圏では，性は人々から重要な非言語的コミュニケーションとして認識されており，相手からの心づかいや関心が見られ，かつ相手側にそれを与える行為でもある。そのため性は関係におけるマイナス面を排除してくれる行為でもある。例えば，カップル間で喧嘩が起きても喧嘩のあとにセックスをすることによって仲直りしやすくなると認識されている。セックスに限らず，そもそも身体的触れ合いは互いを親密にし，信頼関係を深める機能がある。

　また，カップル間で満足度の高いセックスを育て上げることによって，日常生活のストレスが減り，気持ち（感情，気分）が明るくなるとも信じられている。つまり，健康の面にも良いことが知られている（Schmid 2013）。

　以上の先行研究とインタビューの比較から，日本とドイツ語圏の男女における性意識・性行動は異なっていると言えるだろう。日本ではカップル間のセックスレス化が広く話題となっているが，ドイツ語圏ではまだこうした現象はあまり論じられていない。日本の場合，セックスは年齢が上がるにつれて，またはライフイベント（同棲，結婚，出産）により減少するという認識が見られるが，ドイツ語圏ではこうした思考は少ない。ドイツ語圏の先行研究によると，カップル間の性に対する価値が高いことは十分に説明されているが，セックスを重要とする背景，またその意味付けについてはあまり説明されていない。さらに，ドイツ語圏では，カップル間のセックスは不可欠な行為であると考えられているが，セックスレスになった場合，人々はどう感じるのかという調査は見当たらない。そこで以下ではインタビュー調査に基づき，日本人とドイツ語圏の性における認識の相違点を深く検討する。さらに，ドイツ語圏の社会ではなぜセックスレス化にならないのかを明らかにしたい。

4 ｜ インタビュー調査の結果と分析

4.1　性についての語り方

　日本人とドイツ語圏のインタビューでは，内容に関する「語り方」についての相違点も明らかとなった。ドイツ語圏のインフォーマントの特徴として，日本人

と比べて答えに要する時間が短く，話す内容が多いことが挙げられる。つまり，日本人の場合，インタビューに平均 1 時間から 1 時間半かかったのに対し，ドイツ語圏の男女は同じ項目に対し 30 分から 40 分で回答している。特に「あなたにとって，セックスの意味はなんですか」という質問に対し，日本人とドイツ語圏の男女の語り方は非常に異なっていた。日本人の場合，多くのインフォーマントにとって今まで考えたことがない質問であるため，どう回答すればいいかわからないという人々も存在した。また，回答した理由を適切な言葉で表現できない人が多かった（セックスの意味，セックスの関心度，重要度など）。ドイツ語圏の場合，同じ質問に対し，自分がどう考え，なぜそう思っているのかという発想も言葉にして具体的に語り，さらに，「今まで考えたことがない」と語るインフォーマントも日本人のインフォーマントと比較すると回答が早かった。

　また，日本のインフォーマントには男女差も見られた。20 代の男性の場合，性について語るときには「下ネタ」に聞こえないかどうかという心配が存在した。女性の場合，女性として「性について話すべきではない，考えるべきではない」という規範が強いため，初めてのインタビューでは回答しにくかったという回答も得られた[11]。ドイツ語圏の男女には語り方については大きな差は今回見られなかった。

　最後に，日本人の中には日常的に「性」に関して話さないため，逆に長く話した人もいる。この場合，他の人の性経験について一生懸命語る傾向にあった。ここでもインフォーマントは自分の性に対して話すことに抵抗を感じるため，他人の情報を積極的に話し，筆者の反応に期待しているように見受けられた。積極的に語るインフォーマントと語らないインフォーマント，両者とも自分に関する性意識を言語化して伝えることの抵抗や羞恥を感じ，どのような言葉で説明すればよいのかと戸惑っている様子であった。

---

11) インタビューを行う際に，このような規範の由来について聞いていなかった結果，ここでは，インフォーマントの説明のみを述べる。性という話題は女性として語るべきではないと考えるインフォーマント，エミさんとヒロミさんは 2 回インタビューを実施した。2 回目のインタビューでは「初めてインタビューを受けたときには女性はセックスの話題を話すべきではない」と考えていたことを述べてくれた。だが，第 3 章で示したように，自己と他者との性生活について真面目に振り返ることによって，自己の性についての理解が深まり，このような規範自体に疑問を抱くようになったことを 2 人のインフォーマントはインタビュー後に報告してくれた。

4.2　セックスの意味

　ここではまず「セックスの意味」について考察する。ドイツ語圏のインフォーマントから最も多く得られた回答は，カップル間のセックスは互いの「親密な行為」（14人），「信頼」の証拠（6人），そして「セックスは楽しい」（11人）というものである。

⑴セックスは「親密な行為」

　インタビュー調査により，男女とも，セックスは相手との親密性を深める重要な行為と考えていることがわかった。つまり，「セックスはパートナーとより深い，親密でインテンシブな繋がりを持てる行為」（レーナ，ミハエル，トーマス，ローレンズ）であるため「愛する者同士でしか行われない」行為でもある（ダニエラ，アンディ）。また，パートナーとの親密性だけではなく，自分自身とも親密になれる行為であると主張するインフォーマントの女性が目立った。例えば，レナーテ，カタリーナとミアは，自分自身と親密になり，意識が他者と自分に向くために，自分と他者をより深く知ることができ，また，互いの欲求をはっきりさせる行為でもあると言う。また，ソフィアとローレンズは次のように述べる。

　　　好きな人とセックスをすると，相手と深い親密感をシェアすることができる。
　　　この瞬間，彼の体をすごく，すごく近くに感じて，いい気持ち。この時間だけは，
　　　短かろうと長かろうと，5分でも45分でも，その時間だけは私が彼の人生の中
　　　心となるからいいよね。（ソフィア）

　　　2人だけの時間を味わう。周りを忘れて今の瞬間を深く生きる。（ローレンズ）

⑵セックスは「信頼」の証拠

　さらに，カップル間のセックスはパートナーとの「信頼関係」を築く重要な土台であることがわかった。ある女性インフォーマント（ユリア）は，「性的にうまくいかなかったら，関係の土台がちゃんとうまくいっていない証拠」だと語る。続けて彼女は「私にとって，『信頼』というものはセクシュアリティの形に現れる」と主張する。加えて，アメリーはセックスと信頼関係の関連についてこう語る。

　　　（セックスでは）相手が私に近づく。相手は私のカラダの中にまで入ってくる。

ということは，私は彼を信頼しないといけない。その信頼関係はワンナイトラブよりも，付き合っている相手との方がうまく成り立つ。付き合っている相手とセックスをして，なにか失敗したとしても（例えば，性病になるとか），次の日，彼が私をその状況のままにせず，私のそばにいてくれるという信頼がある。相手における信頼が深まれば深まるほど，感情的な面で私は彼に近づいている気がする。さらに，セックスではいろいろ試したいという感情がでてくるし，抵抗感がなくなる。全部のカーマスートラを試しても，失敗しても恥をかかないでしょう。ワンナイトラブだと，私はオープンにはなれない。だって，その相手を愛していない，相手を信頼していないから。そういう時には自分のコントロールを失いたくないから，セックスはかなり限定的になる。セックスをすることによって，相手を愛していることと，その相手と付き合いたいということを証明できる。（アメリー）

⑶「セックスは楽しい」

　次に「セックスは楽しい」という回答について紹介する。男性の場合，セックスの「楽しさ」は自己の趣味と比較している点が特徴的である。例えばある男性（ドミニック）は，セックスはサッカーのように楽しくて人生に不可欠であると述べている。

　　　セックスは楽しい。俺は（セックスが）必要。セックスはやめたくない。あと，子どもの頃からサッカーをしているけど，サッカーのように重要なレジャーでもある。（ドミニック）

他の女性（アメリー）もセックスは「楽しい」と述べ，次のように語る。

　　　付き合っている相手を知れば知るほどセックスは楽しくなる。相手に触れられるのが好きだし，相手の体に触れるのも好き。オーガズムを得られるのは嬉しいことでしょう？　オーガズムを得られるとすごく満足した気分になる。（アメリー）

　今回の調査では，性に対してポジティブに考えるインフォーマントが目立ったが，セックスについては「義務」と「不安」[12]という要素を語る女性も存在する。しかし，「義務」の場合，日本人のインフォーマントが語る「義務」とは異なる。

12）セックスは「不安」であると語るインフォーマントは，インタビュー調査を行った時には彼氏がおらず，ワンナイトラブを主に経験していた頃であった。ワンナイトラブの場合，相手が毎回変わるため，「セックスの最中に悪いこと（性病，コンドームがズレないか）が起きないのかという不安はある」と述べていた（アメリー）。

　日本人の場合，性的な「義務」はネガティブな意味合いを持つ。例えば，ある20 代の女性インフォーマントは，セックスに対して苦痛を感じているが，セックスをカップル間で「しないといけない行為」と捉えており，セックスに対して義務意識を持っている（アケミさん）。

　また，他の日本人の女性インフォーマントは，現在のパートナーが自分よりも性的な欲求を持つことに対して不満を抱いている。「でもちょっと性欲を抑えてもらいたいっていうのはあるかもしれない」と語る（カエデさん）。

　一方，セックスを「義務」と捉えているドイツ語圏のインフォーマントからは以下のような回答が得られた。

> 　パートナーはバーバルコミュニケーションをとるためだけに存在するのではなく，身体的なコミュニケーションをとるためにも必要でしょう。その相手と付き合うと決断したら，必ずその相手の世話をして，その相手をそのまま受け入れるべき。身体的にもね。それはお互いさまでないといけないけど，いい義務だね。
> （アメリー）

　本調査では，「セックスの意味」において男女差は少なかった。しかし，セックスの意味に対する回答は多様であり個人差が見られる[13]。ドイツ語圏では「あなたにとってセックスの意味はなんですか」という質問に対して，セックス自体の重要性も同時に主張していることがインフォーマントの共通点である。

　それに対し，日本人の中では「あなたにとってセックスの意味はなんですか」という質問に対して答えられなかったインフォーマントが多かったため，質問に加えて選択肢を示した回答用紙も用意した。興味深いのは，20 代前半の男女は20 代後半や 30 代の男女[14]よりも回答を困難に感じていたことである。

　⑷日本人インフォーマントにおけるセックスの意味：ドイツ語圏との比較

　第Ⅱ部では，日本人のインタビュー調査結果を詳細に分析したが，両文化圏の

---

13) 回答を比較するため，回答用紙を NHK 放送文化研究所（2002）『データブック NHK 日本人の性行動・性意識』から使用した。セックスの意味：⑴愛情表現 ⑵触れ合い（コミュニケーション）⑶安らぎ ⑷子どもを作るための行為 ⑸快楽 ⑹ストレス解消 ⑺義務 ⑻征服欲をみたすもの ⑼不快・苦痛 ⑽自分とは関係ないもの ⑾その他。

14) 20 代後半と 30 代の方が 20 代前半よりも性経験が多いため，回答しやすい面もあったが，回答する際に「自分の性」よりも友人や知り合いが語ったことについて多く述べている。また，インフォーマントは自分のパートナーについての不満を語る傾向が目立つ。

相違点を理解するため，繰り返しになるが，ここで簡単に日本人のインタビュー調査結果を述べる。

　日本人インフォーマントは，セックスは「親密な行為」，「信頼関係」そして「楽しい」というよりも，セックスは「愛情表現」，「触れ合い」と回答する傾向が見られる。例えば「一番は愛情表現でしょう，あとは触れ合い，快楽。あとはないかな」（アキラさん）といったものがある。また，「相手と付き合っているからセックスは彼氏とするもの」（サナさん）といった回答は，特に 20 代の男女から得られた。アケミさんは「セックスは愛情表現の中で一番大切」であると同時に「セックスは苦痛」でもあると語っている。本当は相手とのセックス行為を重要視しているわけではなく，セックスをする時に得られるハグやキスを望んでいると言う。

　この結果から，日本人のインフォーマントが語る「セックスは愛情表現」は曖昧であり，「セックスは愛情表現である」と回答する一方，「セックスは重要ではない」と述べる男女も存在するため，「愛情表現」と語るからといって，カップル間では不可欠な行為であるとは限らないと言える。

4.3　調査結果

4.3.1　関心度と重要度

　次に，ドイツ語圏では「セックスについての関心度」，「セックスについての重要度」についての調査結果から，男女問わずセックスへの重要度や関心度が非常に高いことが明らかとなった。

　日本のインタビュー調査結果では，セックスに関心があったとしてもカップル間のセックスは重要ではないと語るインフォーマントも存在し，関心度と重要度は必ずしも一致したわけではない。ドイツ語圏の調査では「セックスに関心がある」が「セックスは重要ではない」という回答は得られず，関心度の高いインフォーマントは性についての重要度も高いことがわかった。また，日本と異なり，ドイツ語圏のインフォーマントの場合，セックスについて「関心がない」，「重要ではない」という回答は今回の調査では得られなかった。

　それでは，以下に，セックスに関する重要度はどのように説明されているのかを大きく 2 つに分けて紹介する。

　⑴セックスというテーマ自体について関心を持つインフォーマント
　まず，セックスにおける関心の理由を聞くと，「セックスに対し他の人はどう

いうことを考えているのか」、「どういうセックスをしているのか」が気になると述べる男女が存在する。

　人によってセックスについての考え方が異なり、「相手の性意識・性行動を知ることによって相手の心理がわかる」という理由が述べられる。他の人と性について意見交換をすることによって、相手のことだけではなく自分のことを振り返る機会ができ、もっと自分を知る機会にもなるという（ビアンカ、クララ、ソフィア、カタリーナ、ヤスミン、ミア、ジョセフィン、ミハエル、トーマス、フィリップ、ローレンズ）。そのためインフォーマントは人々と性について話したり、雑誌、本、そしてインターネットでセックスの記事を読んだりする（ビアンカ、レーナ、ヤスミン、ミア、アンディ、ドミニック、ミハエル、トーマス、フィリップ、ローレンズ）。また、自分よりも経験不足である人にアドバイスをすることに意義を感じるため、常に性に関する知識を得たいというインフォーマントも存在する（ビアンカ、トーマス）。ヤスミンは関心度について次のように説明する。

　　　セックスは食べる、飲む、寝るのと同じ情緒的満足が得られるものだと思う。その本能は止めることはできない。私たちにとっては一番強い機動力かもしれない。どの人間でもそれぞれの性があってすごく興味深い。（…）文化的にも大きく異なるけれど、（セックスは）自然なものでもある。あと、セックスは人々の心理を反映するから興味ある。性生活によって、私はどういう人間なのかを見たり、観察したりすることが面白い。（ヤスミン）

⑵セックスがカップルの間で重要な役割を持つため関心を持つインフォーマント
　続いて、カップル間の性はカップルの関係を構築する上で重要な役割を持っていることからセックスへの関心度の高さが説明される（アメリー、ユリア、クララ、レナーテ、ソフィア、カタリーナ、ヤスミン、ミア、ジョセフィン、ミハエル、トーマス）。上述したように、セックスはお互いの「信頼関係」の証拠でもあり「関係性の土台」（ユリア）である。あるインフォーマントは次のように語る。

　　　私にとって（セックスは）すごく重要。だってセックスの相性が合わなかったり、頻度[15]が少なすぎたりすると、関係は破壊される。（ビアンカ）

　加えて、セックス行為そのものは相手との距離を縮める重要な役割があるとドイツ語圏のインフォーマントに認識されているためそれなりに関心度も高いこと

---

15) セックスの頻度の「少ない」、「多い」には個人差が見られる。

が本調査では見られる。ある男性（ミハエル）は次のように述べる。

> 相手は相手なりの欲求を持っていることを互いにちゃんと認識するべきで，セックスをして楽しんだり，コミュニケーションを取ったりするのは人間的なことである。それに，相手に快楽や欲求を味わわせることが大切だと理解することが重要。自分に快楽を与えるのと同じくらい大切なこと。（ミハエル）

　以上，インフォーマントによる「セックスの意味」，セックスにおける「関心度」と「重要度」を分析した結果，「セックスの意味」は多様であり，「自分にとって性とは何か，カップル間の性とは何か」を真剣に考えていることがわかる。また，他の人と意見交換をすることによって，他人や自分をもっと深く知ることができ，性は男女共に関心度や重要度の高いテーマでもあることが明らかになった。「相手の真の姿はその人のセクシュアリティで探り，発見されるべき」（Bänziger et. al. 2015：15）と，よく言われる。セックスの意味，関心度や重要度について語る内容はインフォーマントそれぞれで異なるが，その背景にある思想，つまりカップル間の性における重要性は全てのインフォーマントに共通の部分ではないだろうか。

　人生において性とは何か（セックスの意味）という問いを見つけるため，また，自分の性を育てるためには知識を必要とする。人々における性意識・性行動に大きく影響するのが性教育である。そこで，次にドイツ語圏のインフォーマントは今まで受けてきた性教育についてどのように語っているのかを紹介する。日本のインフォーマントと異なり，ドイツ語圏のインフォーマントは性教育をどのように受けたのか，どのような内容を学んだのかなどについて多く語ってもらった。

4.3.2　性教育

　ここでは，インフォーマントはどのような手段で初めて性についての情報を得るのかを報告する。インフォーマントの中，2人のインフォーマント（ダニエラ，ビアンカ）は教師を目指しているため，専門学校で学生にどのように性教育を行うのかを学んでいる。こうした専門家の視点から学んだことで，自分の性について改めて見つめ直すことができたと2人は語る。また，インタビュー以外の場面で29歳のオーストリア人女性に性教育をどのように受けたのかについて聞いた結果，「文学[16]，心理学・哲学の授業で性教育を受けた」と述べた。このような

16）フランスの小説家マルグリット・デュラス『愛人ラマン』（1984 年），ゲーテの古典『若きウェルテルの悩み』（1787 年）など。

回答はビアンカからも得られた。ただ，ビアンカによると，文学，心理学・哲学の授業で学ぶ性教育は，生物的な側面よりも性愛思想，カップル内・カップル外の性の役割，時代によって性愛・性欲がどう変化するのかなどを学ぶことが多かった。加えて，ソフィアは宗教の授業で「性」を学び，性における考えに大きく影響を受けたと言う。

> 昔，学校に通っていた頃，宗教教育があった。その時私の宗教の先生が言っていたのは，感情をもつものは全てセックスであると。つまり，何でもいいわけ。何か食べたり，飲んだりする時とか。何か食べて，それが美味しいと思うと，それもセックスと言える。強い感性は全部セックス（と呼べる），と彼は昔言っていた。だから普段でも言うじゃない，チョコレートはセックスのように美味しい。（ソフィア）

学校以外，例えば「メディア」も人々の「性」における思想を構築する重要な手段である。今回のインタビューでは「雑誌」で性について学んだと回答した男女が多い。20代のインフォーマントは思春期に，週刊誌を読んでいた。今回のインタビューでは男女とも『BRAVO』を，加えて女性は『Mädchen』という2つの雑誌について述べていることが特徴である[17]。

さらに，インタビュー調査では，過去に性教育を受けただけではなく，現在でも本や雑誌から性について日々学んでいるというインフォーマントが多かった。つまり，若者はカップル間の性についてライフステージの中でどのように生かせるのか，どのように互いの満足度を高められるのかを常に意識している。ハウツー本を読むインフォーマントもいれば，性愛・恋愛の心理学・哲学側面の本を好むインフォーマントも存在する[18]。こうした本をカップル同士で読んで，読み終わった後に意見交換をし，お互いの性的な成長を望む。それに加えて，カップ

---

17) 1998-1999年，若者の性意識・性行動において一番影響力のある雑誌であったため，性について情報を得たい場合には，その雑誌が購入される傾向にあった。雑誌の内容は主に若者が興味を持つ音楽，ファッションやテレビについてであったが，性愛・恋愛カウンセリングと性の相談も重要な内容であった。性愛・恋愛カウンセリングの領域では，性の専門家やカウンセラーが執筆した性をテーマにした記事が掲載され，読者の質問コーナーでも専門的な回答が提供されている。また，その雑誌の特徴として男女が読む雑誌であるため，両方の価値観を学べる機会があった。しかし，『Mädchen』は女性向けの雑誌であり，恋愛・性愛についての内容も女性目線となっている。両雑誌で性におけるプロの専門家が関わっているため，いつでもメールや手紙，電話で相談することができ，若者の中でも広く活用されている。

ル同士で本を読み意見交換をするだけではなく友達同士でも性についての本を貸し合って，読み終わった後に意見交換をすることも多い。

(1)現代ドイツ語圏と日本における性教育の特徴

　日本と比べ，ドイツ語圏では性についての情報源が多様である。「自分の性」を「正しく」判断するため，ドイツ語圏の社会は性教育に力を入れている。特にオーストリアは，さまざまな種類や年齢別の性教育[19]が存在する。性教育はただ学校で生物学的に学ぶのではなく，さまざまな角度から（例えばテレビ番組やCM，雑誌，書店・図書館ではセクシュアリティの棚がとりわけ大きい，など）情報を得ることができる。このような真面目な性の情報にいやおうなく接するため，「自分の性とはなにか」について深く考えることができ，知識を得ることができる。性について学ぶ手段が多様であり，自分に合う価値観を経験や年齢とともに構築することができる。しかし，ドイツ語圏に比べ，日本は自分の性について考察する領域が少ない。

　日本の学校では体の仕組み，妊娠や性病について学ぶことはある。セックスは快楽よりもリスクであり，望まない妊娠を避けるための内容が強調される一方，セックスが男女のコミュニケーションとして取り上げられることは全くない。カップル間でのセックス・コミュニケーションを学ぶ機会が少ないことにより，カップル間の性的な会話が成り立たない。そのため，男女間で互いを理解できないという関係が続くこともある。

　また，第8回「青少年の性行動全国調査」によると，性教育への評価が低下したことが提示されている。中学生の男子では「非常に役に立つと感じた」，「役に立つと感じた」の割合は2005年に比べて2011年でやや上昇し，2017年で低下している。女子の場合，「あまり役に立たないと感じた」という回答が増え，否定的な評価が多くなってきていることが指摘されている。大学生の男女とも「役に立たないと感じた」，「全然役に立たないと感じた」という回答が増え，2017

---

18) インタビュー以外での会話から得られた情報：ある女性は芸術が趣味であるため，芸術側面から性を扱う専門の本を読んでいる。また，医者を目指しているオーストリア人は性を医学的側面から取り上げ，日常生活でも医学と性に関する本を読んでいる。また，あるオーストリア人の女性は宗教学に興味をもっているため，宗教と性の本を常に読んでいると述べた。

19) 大人や高齢者への性教育について幅広く行っている。また，幼稚園から性教育を始めるという議論も進んでいる。

年調査では否定的な評価が半数に達していることが明らかとなっている。

その背景として，2003年には「性教育バッシング」があった。2008年に中学校で「性交」という言葉を扱わないことになり「性的接触」という言葉を使うようになるなど，「性教育が後退を余儀なくされたことが，生徒の知識欲との齟齬を生み，性教育への否定的評価を高めたことも考えられる」と指摘されていることが考えられる。また，次のように性教育に対する変化を提案している。「(…)国際的には2009年に，ユネスコやWHOやユニセフなどにより，国際セクシュアリティ教育ガイダンスが示された。ここでは，包括的性教育すなわち性に関して多面的に学習させることで，青少年をエンパワーすることを目的としている。こうした国際的な潮流が，今後，国内法や学習指導要領にどんなインパクトを与えるかも注視していく必要がある。」(日本性教育協会 2019：22-23)

4.3.3 セックスの頻度

ここでは，同棲・結婚・出産というライフイベントによってセックスの頻度が変化するインフォーマントへの質問に対する結果をまとめる。本調査で得られた結果は大きく2つのタイプに分けられる。

① パートナーとのセックスがライフイベントによって減る可能性があるが，そこでセックスレスにならないために必ず互いに努力し合うことが重要と語るインフォーマント。

あるインフォーマントは次のように語る。

> 変わると思う。結婚したら互いにもっと頑張らないと。一緒にいること，パートナーの存在が当たり前にならないために努力しないといけない。努力をすることが一番大変かもしれない。(ユリア)

また，次のような意見も挙げられる。

> どう変わるのかは今，明確に言えないけど，関係性における責任（子どもに対する責任）がもっと強くなるから，相手との結びつきがより強くなると思う。もっと大人になって，性のレベルも成長するかも。もっとお互いの欲求にコミットして，セックスの場面でも成長する。結婚や子どもができる時には必ず生活状況が変わるから，セックスも変わるだろう。子どもができると，パートナー間で一緒に過ごす時間は減るけれど，そこでちゃんと意識しながらお互いの時間も大切にして，セックスをする時間も取る必要がある。(レーナ)

②ライフイベントによってセックスの頻度は変わらないと考えるインフォーマント。

　性頻度は同棲・結婚や出産とは関連しないと考えるインフォーマントが存在する。「なんで結婚とか同棲してセックスの頻度が変わるの？」と逆にインフォーマントに聞かれることが本調査の特徴である。また，同棲や結婚よりも，出産を経て頻度が変わることは考えられるが，完全にセックスがなくなるのは信じがたいとインフォーマントは語る。加えて，ライフイベントよりも，関係性の長さの方が性頻度に影響するのではないかと推測されることが目立つ。

　心理学・社会学における先行研究や実態調査によると，ドイツ語圏でも関係が長期間（5年間）に及ぶ場合，セックスの頻度が減ることは証明されているが，一般人が把握しているメディアでは，セックスを保つことの重要性が強調されていることが特徴的である（Irmer 2008）。そのため，人々は性生活をいかに充実させるのか，もしくは充実した性生活をどのように保つのか，さらには性的な頻度を下げないための工夫などに集中する傾向が見られる。その点が日本と異なるのではないか。

5 │ 考　　　察

　では，ここでは，第5章第1節で提示した問いに戻りたい。ドイツ語圏の男女において，カップル間のセックスは「親密性」と深く結びついていることが見られる。セックスについての関心度や重要度が高いことから，カップル間のセックスレスは生じにくいと推測することができる。そこで，セックスレス現象は本当に日本特有な現象なのかという問いを中心として考察する。

5.1　親密性とセクシュアリティ

　ドイツ語圏のインフォーマントはカップル間のセックスを「親密な行為」であると強く認識していることが前節において明らかになった。よって，本節では，親密性［Intimacy］という言葉が現代のドイツ語圏（西欧）でどのように捉えられているのか，そしてカップル関係でどのような特徴があるのかについて考察する。そして，ドイツ語圏と日本人のインフォーマントとでは「カップル間のセックス＝親密な行為」という認識がどのように異なるのかを検討した上で，ドイツ語圏でセックスレスが生じても論じにくいことを検討する。

　「親密性」という概念に改めて着目してみると，その定義は普遍的ではなく，

文化や社会によってその定義が異なっている（Ting-Toomey 1991；Jamieson 2011）。親密性を意味するセクシュアリティは 20 世紀，21 世紀から西欧で基盤となった。それ以来，親密性からカップル間の性生活を考察する先行研究は広く存在する。例えば，性科学者 Lautmann は，セクシュアリティは本質的に親密な事項であると論じている。「性のように身体的に近く，そして言語的表現から離れている相互行為はほかにはない」と述べている。続けて，「もちろん，セックスはカップル外でも行われ，または，カップル間のセックスに対して重要な価値を置かなくなるカップルも存在する。だが，基本的にセクシュアリティが不足するとカップルというコンセプトは不完全となる」と指摘する（Lautmann 2002：238）。同じように，性科学者の Burkart は，親密性というのは，カップルが必要な時に（状況により，短い間に）社会から離れることができる領域と定義する。その領域では，身体的コミュニケーション，性的かつ愛情的な行動を守られた空間で行って味わうことができる（Burkart 2018：35）。つまり，「セクシュアリティを通じて，互いの身体に接触することができるため，特別な密着と親密性が可能となる」と述べている。

　これらの定義を見ると，セクシュアリティ，特にカップル間のセクシュアリティは親密性という思想と強く結びついていることがわかる。ドイツ語圏も含めて現代の西欧では，「セックスという行為」を前提にして「カップル」が捉えられているという点が見受けられるのである。

　しかし，この「親密性」を前提とするセクシュアリティにはどのような特徴や価値があるだろうか。

5.2　現代ドイツ語圏におけるカップル間のセクシュアリティの意味

　各パートナー関係ではそれぞれの特殊な性的な様式・枠組み［Sexuelle Kultur］が形成される。性的な様式といえば，性生活の中で何が重要なのか，2 人にとってどのようなルールや理想が大切なのかを決めること，すなわち 2 人の理想的な性的規範を構築していくことを意味する。この規範の構築には，何が良いセックスなのか。そして，性的な文化には，誰がセックスに誘うのか，どこでセックスをするのかなどといった要素も含まれる。このような「セックス・マナー」は文化的背景の影響を受けるだけではなく，各パートナー関係でもそれぞれ特殊な枠組みを形成する（Clement 2004）。

　加えて，カップル関係の性生活だけではなく，自分自身のセクシュアリティ，相手のセクシュアリティ，そしてカップル間のセクシュアリティの両立が社会的

に求められている［Individuum versus Partnerschaft］。この枠組みによって，セックスの意味も異なるため，以下では，3 つのセックスの特徴を簡単に紹介し，それぞれの領域でなぜドイツ語圏ではセックスレスが論じにくいのかを考察する。

(1)自分自身にとってのセクシュアリティ
(2)自分自身と相手のセクシュアリティ
(3)カップルというフレームの中でのセクシュアリティ

　本書の仮説として，ドイツ語圏において，カップル間のセックスは親密性と快楽を意味するだけでなく，個人の承認，相手の承認，カップルの承認をも意味する。したがって，セックスがない，つまりセックスレスであるというのは個人，相手，カップル関係の否定に繋がることとなる。そのため，セックスレス現象は複雑な話題であり，議論しにくい現象であると筆者は考える。

　(1)自分自身にとってのセクシュアリティ
　現代欧米や西欧社会では，セクシュアリティは「自己」を発見する手段である。要するに，セクシュアリティは自己の認識，自己実現，そして自己のアイデンティティの発見のための手段でもあると言われている。このことについて，Illouz（2012）は次のように述べている。「セクシュアリティは舞台である。その舞台の上で自己の真実を発見し，セクシュアリティについて話すことを学ぶと同時に自立化が形成されていく」。
　加えて，西洋において，各個人は性的な自己決定［Sexuelle Selbstbestimmung］をする権利があるという思想がベースとなっている。つまり，この決定はカップル内で性的な親密性や快楽を得る権利を意味する。そのため，自分の性を内面的に理解することに大きな価値が置かれている。そして，人々は自分自身の性意識・性行動（自己のセクシュアリティ）について多く振り返り，パートナーや友人，信頼する人とセックスについて話し，さまざまな手段（専門書，カウンセリングなど）を利用し，知識を得ようとし，常に自分，そして相手とのセックスの満足度をどのように保ち，または作り上げるかについて考える。そのため，インフォーマントはセックスに好意的な意味合いを与えている（例えば，親密性，相手との感情的な結びつき，コミュニケーション，楽しいなどである）。前節のインタビューで示したように，インフォーマントは「セックス」という言葉を自分のセクシュアリティと相手のセクシュアリティという 2 つの領域に分けて語っている。「セックス」

は相手だけではなく，自分のためにも重要であると考えてインフォーマントは語っている。しかし，自己決定や自己の権利からセクシュアリティを考えてみると，これらの思想において批判的に捉えられるのは「セックスレス」である。

　個人を確立するために人々は性的な自己決定をする。性的な快楽を求めるという前提があるため，セックスレスは自己権利に反するものと感じられ，人々は「不安」を感じてしまうことがあると筆者は考える。

(2)自分自身と相手のセクシュアリティ──セックスで承認欲求

　社会学者の Illouz（2012）は西欧の性愛と親密性の変遷について分析している。Illouz によると，男女がセックスを求める 1 つの要因として，相手がセックスを求めることによって，相手は自分のことをパートナーとして認めているという証拠となり，セックスは自分の存在価値を高める行為となる。それは西欧の現代社会の特徴とも言える。要するに，カップル間のセックスは「相手が自分を愛している」という意識が結びつく行為である。そのため，パートナーから愛されることによって，相手からの承認［Anerkennung］が得られる。例えば，前近代では自分の価値の基準は社会的地位，社会的属性で決まっていたが，現代では個人主義によって，自分の価値を計る基準を自分で作り上げられるようになった[20]。そこで，個人的な基準で判断できるもの，特別に思えるものが必要となる。エロチック・ロマンチックな関係が自己の自信を構築する土台となると Illouz（2012）は分析している。

　さらに，お互いがセックスを求めることによって，男性性・女性性が構築される。例えば，カップル間で男性が女性にセックスを求めることによって，相手は自分を「女性」として見ているという承認を得られ，安心感が湧く（Illouz 2012：221-229）。

　このような思想はドイツ語圏のインタビュー調査でも明らかとなっている。例えば，「セックスをすることで，相手をどれほど愛して，どれほど彼と一緒にいたいのかを見せることができる」（アメリー），「セックスをしている時間の間に自分は相手の中心にいる」，「互いを愛し合っていること」とソフィアは述べている。

　このような意味からすると，もし今後セックスレスになった場合，自分だけではなく，相手も不満になるだろうとインフォーマントは指摘する。その際には

20）西欧ではセックス・アピールや見た目で相手の価値が評価されるが，その基準も個人によって異なるため，評価する基準が不安定である。

「セラピーに行くか，プロからの助けを求めるね。セックスレスだと自分だけではなく，パートナー側も不満に思うだろうね」とエヴァ，トーマス，レナーテが指摘している。

⑶カップルというフレームの中でのセクシュアリティ──セクシュアリティの儀式化

「男女関係」は２人だけの特別な世界・ゲマインシャフトである。カップルは２人の個人が１つのゲマインシャフトを作り上げ，構築し続けることを目指す。その中ではカップル間の性生活が重要な役割を果たす。カップル間のセックスによって２人の儀式的な結びつきが行われることを意味する。これは，性的欲求を単に満たす行為ではなく，重要なシンボリックな行動［Symbolische Handlung］を意味する。儀式を繰り返すことは，カップル関係を連続させる重要な社会的な機能を持つ。カップル間の身体的な触れ合い（セックス，ハグ，キスなど），または愛の言葉を言い合うということはある種の儀式と言える。

　このような儀式にカップルが参加することで，その関係性と，２人の結びつきに互いが同意し，これからもその関係性を続ける気持ちを表すこととなる。つまり，セックスの行為によって，今の関係性そのものに問題はなく，これからも将来があるということが予測でき，安心感が得られる。

　このような視点からカップル間のセクシュアリティを見ると，「セックスレス」を他の観点から捉えることができる。儀礼という観点から見ると，セックスをしないことによって，カップルであるという関係性を示すシンボリックな意味が失われてしまう。そうした場合，性的な関心がなくなることが直接の問題ではなく，関心がなくなるということに含まれている「意味」自体が問題として捉えられる。ユリアが指摘しているように「性的にうまくいかなかったら，関係の土台がちゃんとうまくいっていない証拠」であると述べている。セクシュアル・セラピストの Clement によると，パートナーがセックスを拒否したり，性欲がなくなったりすると，パートナー関係の構築を続けたいという願望に人々は疑問を抱き，関係性の危機感が生まれると指摘している。そのことから，性の頻度または身体的な触れ合いが急激に減る，あるいは完全になくなると男女は不安を感じてしまう（Clement 2011：72-73）。

　このことから，ドイツ語圏の人々にとってはセックスがなくなることで危機感を感じてしまうと言える。同様のことはドイツ語圏で行ったインタビューにも見られる。ドイツ語圏のインフォーマントに，もし今後セックスレスになった場合どのように思うのかについて質問をすると，次のような回答が得られた。

「最悪，最悪！　それは無理でしょう」（クララ，レナーテ，ビアンカ）

「離婚の原因になるね。最初は解決策を考えて，セックスレスになる原因を一緒に探る。それでもなにもよくならなかったら，別れる」（ヤン）

「セックスがなくなったら…そしたら最初から結婚する必要がないよ。私はセックスもできない男とは一緒に暮らしたくないね」（アンナ）

「私にとっては最悪。たまにセックスをすることで夫婦の関係がリフレッシュされると思う。きっとそれは迷信かもしれないけどね。セックスを完全にしないのは，わからないな。セックスをすることによってパートナーを再発見できる，相手を感じることができる。毎日やる必要はないけど，たまにセックスをやることも悪くないと思う」（ラファエル）

「セックスレスになったらカップル間で問題がある」（ユリア，アメリー，トーマス，ローレンズ）

　これらの事例から見ると，セックスがないこと自体が問題ではなく，セックスがなくなることで2人の関係が危機に陥ることが問題となっていることが明らかとなっている。セックスレスになると，関係性そのものに問題があることを意味するため，インフォーマントはセックスレスになった原因を探り，2人で解決しないといけないと捉えている。ラファエルが指摘しているように，セックス行為の回数[21]は重要な要素ではなく，セックスという行為を続けることが大切である。もしセックスレスを解決できなければ，2人の関係性を続けることが困難となり，ヤンが示しているように，別れの原因となる。

　以上の結果から，カップル間でのセクシュアリティの儀式化，そして承認欲求の強さは，西欧以外の国では見当たらない。日本においても見られないと言えよう[22]。日本人のインフォーマントは，同棲・結婚・出産を経験した場合，「マンネリ化」したり，相手のことを「ルームメイトのような存在」，「兄弟みたい」と認識するようになることからセックスレスが生じると語る。特に女性は，出産後は男女関係よりも子育てに集中するため，相手に対して性的な魅力を失い，男女

21）セックスをする回数よりもセックスをする回数が突然減ることに人々は危機を感じる傾向が見られる。だがここでの「回数が減る」ということは，相手がセックスをどんどん求めなくなる状況を示している。長期間付き合うと，セックスをする回数は減るが，互いの信頼が深まったため，もっと親密さを感じ，セックスの質が初めの頃よりも良くなったと語るインフォーマントも存在する。

22）日本の場合，職場での承認，インターネット上での承認（ソーシャル・ネットワーキング・サービスで投稿する内容に友人に「いいね」と押されると承認される気持ちとなる），周囲に意見や行動を合わせるというところで承認を得る傾向があるのではないか。

のような恋愛感情が持てなくなることでセックスレスに至ることも少なくない。また，そのようなライフイベントを経験していない日本人のインフォーマントでも，セックスの回数が減るのは当然であると捉えられていることが特徴的である。これに関する調査内容を以下に挙げる。

　　　結婚したとしても，子どもができちゃったら，もう，あとはセックスレスの道を辿るんだと思う，私は。（カエデさん）

同じインフォーマントは続けて主張する。

　　　たぶん，私はセックスレスになるよ。この調子でいくと，絶対セックスレスになるから，たぶん「どうでもいいや」っていう意見になると思う。その一番初めの記憶がどうしても消えなくて。だからそのイメージが私の中ですごい悪くなっていて，たぶんそれは，今後生きていく中でずっと悩むだろうなって思う。（カエデさん）

　また，セックスのない関係が一番理想であると語る日本人男女も存在する（ミユさん，エミさん，ハナコさん，ハヤテさん）。加えて，日本人のインフォーマントの場合，カップル間の性行為がなくなると，それを復活させるために工夫し，努力することへ焦点を当てるよりも，セックスがなくなるのは「しょうがない」（サナさん），「お互い幸せであれば，セックスがなくてもいい」（ユウダイさん）と回答するインフォーマントがいることも特徴的である。

　他方，ドイツ語圏のインフォーマントはカップル間のセックスレスについて「想像できない」，「無理」，「最悪」と驚いた表情で語る。相手とのセックスが充実していれば，パートナーシップも全体的に良いと認識されるため，セックスの頻度が減るとカップル間に問題があると認識され，不安になると言う。もしセックスレスが生じると，セックスレスになった原因と経緯を探る必要があると語る。もし，その原因や改善方法が見つからない場合は，外からのサポート（カウンセリング）を利用するという意見も存在する。ドイツ語圏の男女により，セックスはどの年齢，どのライフイベントによっても，復活できるものと認識されていることが特徴である。しかし，日本の場合，セックスレスになると解決策を探すよりも，それは「しょうがない」ということで諦めてしまう場合が多いのではないか。つまり，性的欲望と能力が強い相手は弱い人に合わせ，求めているセックス（自分自身のセクシュアリティ）を徐々に諦めてしまい，セックスレスになりやすくなると考えられる。また，結婚や出産を経験していないインフォーマントは，こ

のようなライフイベントによってセックスの頻度が減る，または完全に解消するという認識が大前提となっている。それゆえセックスは関係が続く中で「増えるどころか減る」という思考が強いのではないか。

　だが，ここで新たな問いが生まれる。これまでの考察から，社会や文化によってセクシュアリティにおける価値や意味が異なることが明らかになったが，国際的なカップルは性生活をどのように構築し，どのような困難が生じるのか。

　あるケースを紹介したい。2019年の春にドイツのインフォーマント（アメリー）の誕生日会に誘われた時のことである。アメリーはインタビューをして以来，日本人の交際相手ができ，現在同棲中である。彼女の誕生日会には3人のドイツ人女性も参加し，たまたまイザベラも出席していた。彼らは全員6年以上日本に滞在しているメンバーであった。突然，イザベラはアメリーに「あなたは彼氏と長く付き合っているけれど，性生活はどう」と聞き，アメリーは答える前にワインのグラスをもう一杯注文した。一口に飲みきってから，後に彼女が後悔する発言をした。彼女は「セックスはしていない」と言う。その発言を聞いて，参加者の3人は目を大きく開き，大きい声で議論を始めた。1人の女性は「すぐ別れなさい」と言い，1人は「セックスをするのはあなたの権利だ。セックスができなかったら，付き合う理由がないし，別れるしかない」と発言し，また別の女性は「この状況に我慢しちゃダメよ」と強く主張する。

　アメリーはセックスがなくても彼のことが好きで，彼は疲労でその気にならないことを主張するが，参加者の3人はセックスレス状態であるのに，彼と付き合っていることに怒りを含んだ不安の声を出す。

　彼女らが怒る理由としては次のようなことが考えられる。3人共，日本人男性と付き合ったことがある。1人の女性の場合，性的な欲求が一致しなかったため，別れた経験がある。1人の女性（イザベラ）は日本人彼氏と同棲していたが，彼は疲労のため彼女と過ごす時間が少なく，セックスの頻度と質がどんどん落ちたことから，別れた。もう1人の女性は，付き合っている彼が仕事で東京を離れたきっかけで遠距離恋愛となり，どんどん彼女への連絡が少なくなった。彼女が彼のところへ会いに行っても，彼は同僚と一緒に時間を過ごすことを優先した。性的な情熱もなかったことで，別れた。彼女ら3人の共通点として，自分たちが望んでいるセックスをカップル内で構築することが困難であり，日本人パートナーと2人だけの性文化を作ることができなかった。今後，日本人と付き合いたくないという意見も述べていた。

　後日，アメリーと話す機会があった。彼女は，現在の交際相手とセックスレスであると発言したことを後悔していた。一方，セックスレスであることを誰かに相談したかったが，セックスレスなのに，相手と付き合っていることは周りに理解されないことは知っているため（このようなリアクションが来るのは知っていた），誰にも相談できずに苦しんでいたことも述べている。だが，彼女は彼のことを好きであることを何回も主張し，セックスレスであるからといって別れたくはないと言う。だが，彼との性生活を作り上げることができないため，フラストレーションが溜まっていることを述べている。彼はセックスの話題を出さない，そして仕事で疲労を感じているため，彼女はどのようにその問題点を切り出せばいいかわからないと悩んでいる。彼は仕事で疲れているため，居眠りも多いと言う。このような点もセックスレスになる 1 つの要因ではないかと彼女は推測する。つまり，夜は決まった時間にベッドで寝て，決まった時間に起きることはないと言う。疲れているため，週末でも突然ベッド以外の場所でも寝るクセがあると言う（床やテレビを見ながら寝るなど）。睡眠のリズムが整っていないことが体力の低下に繋がるのではないかと疑問に思っている。

　もし相手がドイツ語圏の男性であれば，そこまでして付き合わないと言う。そしてドイツ語圏の男性であれば，このような状況にはまずなっていないだろうと彼女は言う。だが，日本ではセックスレスになるカップルは少なくないため，「仕方がない」という風にも彼女は考えている。そして，現在は 2 人の性文化を作れないため，彼女は他の手段を使って，気を紛らわそうとしている。例えば，ヨガや買い物をすることで，性生活がないことへの不満と悲しみ，自分は女性としてセクシーであるという承認が得られないという考えから逃避しようとしたことも述べている。だが，こうして他の手段をセックスの代替とするのは日本でしかないと言う。ドイツに住んでいればこの発想には至らなかったと言う[23]。

　このケースでは，異文化同士の 2 人がいかに性生活を作り上げることが困難であるかわかる。

　セックスはカップル関係全般の幸福と結びつくというのはドイツ語圏における考え方で，2 人にとって良い性生活をどのように構築し得るのかという課題は今後，国際カップルという視点から考察する必要がある。

---

23) 2019 年 8 月のメールのやり取りの情報。

5.3　ドイツ語圏と日本のセックスレス言説の相違点

　最後に，ドイツ語圏でのセックスレスの実態をもう少し見ていきたい。これまでに指摘した「自己のセクシュアリティ」，「セクシュアリティの儀式化」と「承認欲求」からカップル間のセクシュアリティを考えると，ドイツ語圏ではセックスレスが生じないのかという疑問が湧いてくる。だが，ドイツ語圏でもセックスレスは生じるが，公共ではあまり話題とはならない。では，ここで，セックスレスはどのように取り上げられているのかを検討し，セックスレスを話題にする困難性を検討する。

　まず，ドイツ語圏では日本と異なり，セックスレス状態を指摘する際に「セックスレス」という言葉ではなく，性欲がない・欲求がない［Lustlos］，または性的な欲求がない関係性［Sexuelle lustlose Beziehung］を使用する。このような現象は先に指摘した通り公共な領域よりも，医療的な領域や心理学の方で注目されている。そのため，セックスレスは主に医療領域の学術書，または心理学のカウンセラーが話題としているが，広くはまだ知られていないのが現状である。セックスレスが中心的に書かれている本はドイツ語圏ではまだ少ないが，ジャーナリスト Jörg Zittlau の *Wer braucht denn noch Sex？*（2014）と，カップル・カウンセラー Michele Weiner Davis の英語からドイツ語に翻訳された *Lustlos: Was Frauen tun können, wenn er nicht mehr will*[24]（2017）がある。男性側の性欲低下から生じるセックスレス・カップルを中心とする一般向けの本である。

　心理学，性教育や医学領域などでは性欲低下によるセックスレス現象が議論され，毎年セックスレスが増えている現状が説明されている。増加傾向にある実態は明確な数字で統計化されていないが，カウンセラーの執筆書によると，性欲低下が原因でクリニックを尋ねる男女が増えていると述べる。そして，性欲低下の要因として大きく2つの特徴が挙げられる。

　1つ目は身体的影響，例えば，更年期から生じるホルモン変化，糖尿病，肥満，癌などによる性欲低下。これらの要因は満足度の度合い，カップル関係の環境にどう影響するのか，解消法などが学術書で議論されている。2つ目は，カップルおよび性関係の問題から生じる性欲低下。この場合，セックスレスが生じる要因は多様であるため，原因は1つに絞ることができない。以上の学術書の特徴とし

24）オリジナルタイトルは "The Sex-Starved Wife. What To Do When He's Lost Desire"（2008）である。

ては，家族構造，パートナー関係のヒストリーや性関係を分析し，長期間にわたり丁寧に当事者のカップルに寄り添い，どうしたら性的満足度を高められるのか考察している。

　また，セックスレスはカップル関係，性関係といった心理的要因と身体的要因が複合している。そのため，セックスレスが身体的な要因，もしくは心理的要因，どちらから生じているのかを分析し，その後に両方の領域の影響を分析している。

　日本と異なり，当事者は性欲低下から生じるセックスレス状況を問題として大きく取り上げる傾向がある。彼らは，パートナーを性的に幸せにできないことや，自分の体に問題があるのではないかという要因から自信を喪失する。パートナー側も自分への愛情に疑問を抱き，承認欲求の不満足からカップル関係を構築し続けられるかどうか疑問を抱く。

　もう 1 つの点で日本との大きな相違点が見られる。セックスレスという実態は一時的なものと捉えている点だ。心理学者や性教育者（セックス・カウンセラーやセラピスト，セクソロジスト）によると，一旦セックスレスになることは良いことであると主張する。例えば，セックス・セラピスト David Schnarch（2011）によると，性欲低下が生じると，カップルおよび性関係を見直す機会が与えられ，カップル関係の質を高める手段となる。Ulrich Clement（2004）や Ann Marlene Henning（2017）も同様な意見を持つ。興味深いことに，セックスレスという現状を取り上げられても，「問題視」を中心に考察するよりも，どのように解消をするか，自己能力が育てられるのか［Kompetenzsteigerung］，に焦点を当てている特徴が見られる（Lautmann 2002）。

5.4　まとめと疑問点

　現代ドイツ語圏社会では，セックスレス現象は複雑な話題であり，議論しにくいと考えられる。日本と異なり，ドイツ語圏では公共領域でセックスレスはあまり議論されていない。それは，現代西欧社会におけるセクシュアリティは快楽中心言説が基盤となっているからである（Lewandowski 2010）。現代ドイツ語圏では，セックスレスの実態把握を中心的に議論されるよりも，セックスレスが生じる前からこのような現状を防ぐこと，自分と相手の性的快楽や満足度をカップル関係の中で作り上げ，構築し続けるという言説が中心となっている。

　だが，家族・カップル・性科学者たちが毎年セックスレス現象の増加を話題にしていること自体が興味深い。

　もしパートナー関係でセックスレスが生じると，相手を精神的・肉体的に満足

させることができない，自分は病気であるのかという自信の喪失と，カップル関係自体に問題があるのかという不安が両側に生じ，自分と相手にとって大きな問題として取り上げられる。そのため，当事者たちは一生懸命性欲低下の原因を探り，解消する努力をする。

　少なくとも，セックスレス現象を論じていることは無視できない。セックスレスを取り上げる学術書が広まるということは，人々がこうした内容の問題を抱き，必要としているためではないか。

　現代ドイツ語圏では，「自分自身のセクシュアリティ」と「カップル間のセクシュアリティ」の両立を求められている。そのバランスがうまく取れて互いに満足していれば良いのだが，自分自身のセクシュアリティとカップル間のセクシュアリティのバランスを取ることに困難が発生すると，性欲低下を引き起こす可能性が出てくると筆者は推測する。その理由を次に挙げたい。

　「自分自身のセクシュアリティ」というのは自分が望んでいる性的欲求を発揮することである。それに対して，「カップル間のセクシュアリティ」は個人の快楽の追求でもあるが，カップル関係を構築するための儀式でもある。「自分自身のセクシュアリティ」は快楽の追求であるために，常に同じ快楽の充足方法には留まらない。しかし，快楽の追求に加えて「カップル間のセクシュアリティ」は儀礼的側面をも含む。儀礼的側面では，相手から異性でありパートナーとして承認されていると互いが実感し，それによる安心感が重要になる。

　このようにセクシュアリティには自分自身だけではなくカップル間も含めて，2つのバランスを取る必要がある。ところが，儀礼的側面のみが大きくなると，ただ「カップルである」という確認のために性生活が行われるようになってしまう。そうすると，David Schnarch（2011）が述べている「退屈な日常のセクシュアリティ」［Fatigue Alltagssexualität］が生じ，エロチックな性が排除された，日本語で言うところの「マンネリ化」に繋がる。

　Lautmann（2002）は性的な退屈さ（要するにマンネリ化［Sexuelle langeweile］）が原因で専門的な相談を受ける男女が増えていることも指摘している[25]。このような実態を防ぐため公共の場では「セックスレス」の実態の議論よりも，カップル間の性生活をどのように構築するのか，自分と相手の性的快楽の満足度を長期間のカップル関係でどのように作り上げ続けるのかに焦点が当てられている（本，

25）増えているのかどうかはそれでも明確にはわからない。実証データが少なく，臨床データ（カウンセラーにおけるデータ）しか存在しない。

カウンセリング，ルポなど）。

　だが，現代社会ではセクシュアリティの多様性の議論[26]が盛んである中，今後セックスレスに対する見方も変化すると筆者は推測する。そして，「日本のセックスレス現象」の話題も国際的に注目されるようになり，現代ドイツ語圏社会における性的な規範を問い直す機会にもなっていると筆者は考える。

26）例えば，性的な欲求を感じない無性愛［Asexuality］や相手へ強い精神的な感情を抱かないと性欲がわかないデムセクシュアリティ［Demsexuality］などという概念がどんどん拡大し，多様なセクシュアリティが認知されるようになっている。さらに，polyamory の関係性を持つ人々も増えている中，「男女」という枠組みも再構築する必要がある。

お わ り に──全体像における結果の考察と今後の課題

　本書では 2010 年から 2019 年までを中心として，20 代から 40 代のカップル（夫婦）間のセックスレス現象が生じる要因を考察した。

　本書の前半では，セックスレス現象はどのように生じ，そしてどのように語られてきたのかを取り上げた。セックスレスが生じる要因をより深く理解するため，半構造化インタビューを用いて，セックスレスが生じる要因を分析した。

　後半では，セックスレス現象というものは日本特有な現象なのかという問いから始まった。そこで，日本以外の国（特にドイツ語圏）ではどのように議論されているのかに焦点を当てたところ，ドイツ語圏でもセックスレス・カップルは存在するが，議論しにくい現象であるという仮説を立てた。

　おわりに，改めてセックスレス現象について考察した結果と新たな仮説，今後の課題を再考察する。

1　セックスレス現象について

　日本家族計画協会によると，2000 年，そしてさらに 2010 年代から現在に至るまで，夫婦（カップル）間のセックスレス化（セックスや性的接触が月に 1 回未満）が進行している。既婚者のセックスレス率は 2001 年に 28％であったが，2016 年に47.2％，そして 2020 年には 51.9％まで上昇した（家族計画協会 2016；JEX 2020）。セックスレスが進むファクターとしては仕事の疲労，出産後の子育てを中心とする家族形態，そしてセックスが面倒であることが主に指摘されている。しかし，このような説明においては，自己のセクシュアリティや，カップル間のセックスの意味（価値）の差異に対する言及がなされていないため，セックスレスが生じる要因が単純化されているものと考えられる。本書では，セックスレスは次の 3つの因果関係から生じていることを明らかにした。すなわち，1．外的社会的なファクター（仕事の環境，出産，結婚など），2．カップル関係の構築（セックス以外の親密的な時間を作らない，「カップル」意識から「親」意識への変化など），および性関係の構築（互いの好きなセックスを知っているのか，セックスについて 2 人でオープンに話しているのか，マンネリ対策の有無など）と，3．個人のセクシュアリティ（セックスについての関心度と重要度，セックスの意味，自分自身の性的な経験など）である。

　また，日本家族計画協会の調査によると，「仕事の疲れ」や「出産後なんとなく」「面倒くさい」が主なセックスレス要因であると説明されている。そうすると，現代のストレス社会ではセックスレスが生じることは「自然」なことだと考えられており，同様の現象は他文化・社会でも起こりうることが予測できる。そこで，セックスレス現象は西欧でも生じるのかという疑問から，まずドイツ語圏を分析した。ドイツ語圏ではカップルのセックスレス現象の議論はほとんどされていない。とはいえ，西欧ではセックスレス現象が生じていないわけではないと推察される。

　また，ドイツ語圏の男女における性意識・性行動の先行研究と筆者が行ったインタビュー調査を踏まえれば，カップル間のセックスは親密性および快楽を意味する以外にも，個人（本人）の承認，相手の承認，カップルであるという承認を意味しているのである。したがって，セックスがない，つまりセックスレスであるというのは個人，相手，カップル関係の否定に繋がることになる。そのため，セックスレス現象は複雑なテーマであり，多角的な検討を要することが判明した。本書により，セックスレス現象も含めたセクシュアリティの意味や価値は「自然」なものではなく，文化や社会によって形成されるものであることが明らかになった。

2　自己目的的セクシュアリティ

　現代日本社会では，特に女性の性意識についての変化が議論されている。そこでは，夫婦間の性規範が緩くなったこと，および，女性の社会的地位の向上により，望まない性行動において女性が「ノー」と言えるようになったこともセックスレスの増加要因と関連づけられている。一方，先行研究では，パートナーとのセックスは楽しいものではなく，「気乗りしないセックス」を行う女性の割合が高いことが指摘されており，この点は看過できない。そして，このようなカップル間の話し合いの場では，女性は「ノー」と断ることができても，どのようなセックスを望んでいるのかを主張できないという問題があり，それは十分に議論されてこなかった。インタビュー調査を行った結果，女性だけではなく，男性もカップル関係の中で望んでいる性生活を作り上げる困難性を感じるケースも明らかとなった。例えば，男性側も望んでいるセックスを適切な言語で主張できないこともある。また，交際相手から望んでいる性生活について言われても，プレッシャーを感じ，2人でより良い性生活を構築する困難を経験したケースも見られた。また，カップル間のセックスが，交際相手との親密性を深めるためではなく，

子どもを作るための行為としての意味合いに変わる際に，男性に苦労があることも今回の聞き取り調査で明らかとなった。このような点から，今後，カップル間の性生活における現状はジェンダー別でより深く検討する必要もあるが，共通する現状・問題も把握する必要が出てくる。

　先行研究と筆者が行ったインタビュー調査では「セックスは重要なコミュニケーション」であることが改めて確認できた。とはいえ，セックスレスが生じているカップル関係では，性的な主体性が十分に定着していないことが言える。そのため，「コミュニケーション」以前の問題を新たに考察したい。なぜならば，西欧で考えられている「コミュニケーション」とは複数の主体が行うという前提があるからだ。現代日本社会では人々の性的な主体性よりも，ジェンダーや，社会的規範から性意識・性行動の枠組みが形成されていることが先行研究とインタビュー調査を合わせて明らかとなった。例えば，第3章で検討したように，女性は性的な欲望をパートナーに言うべきではない，女性は相手からセックスを望まれたら応じないといけない，セックスについて話すのはタブーなため相手にはその話題を振らない，男性にセックスでリードしてほしい，というようないくつかの事例が見られた。

　これらの事例を見ると，現代日本社会でセックスレスである男女にとって問題なのは，性的なコミュニケーション不足ではなく，性的な主体性の無さである。

　そもそも，ジェンダー意識や社会的規範が強いと，対等なコミュニケーションとしてのセックスは育てにくいと考えられる。

　そこで，コミュニケーションであるセックスの2つの側面について述べたい。

① 「コミュニケーション」としてのセックスと主体性の関連性［2.1］
② 日本での言語的・非言語的コミュニケーション［2.2］

　これらを踏まえて，現代日本社会では「コミュニケーション」という言葉は曖昧に使用されているため，人々は矛盾する性意識の価値観の中で生きているという仮説を立てる。

2.1 「コミュニケーション」としてのセックスと主体性の関連性（西欧からの考察）

　ここでは観点を変え，西欧の性科学の理論を踏まえてコミュニケーションとしてのセックスはどのように生まれたのかを簡単に整理したい。その後に現代日本社会のセクシュアリティ議論の現状を再検討したい。

■ 機能分化社会とセクシュアリティ

コミュニケーションとしてのセックス（ここからは「性的なコミュニケーション」
と省略する）という思想はもともとあったわけではない。第 1 章で述べたように，
性意識・性行動の意味と，その意味の度合いは各時代や社会のなかで形成される。

Luhmann (2012) の *Liebe als Passion* では，カップル間での性的コミュニケー
ションという思想は 1980 年代から 90 年代にかけて定着し，男女の性的主体の思
想と密接に結びついて形成されたことが説明されている。この間の時期を機能分
化社会と呼ぶ。機能分化社会以前の社会（伝統主義社会）では，組織を保つために
夫婦間のセックスが強く制約されていた。当時，カップルのセックスは，2 人の
性生活を作り上げるものではなかった。セックスは生殖との関連が強く，同じ階
層同士との関係を結ぶのが望ましかった。

つまり，社会的な秩序を保つことが中心であった（Lewandowski 2010：73-75）。
そして，セックスは生殖と快楽の 2 つの領域に分けられた。特に男性の場合は，
私的領域と公共領域の性に分けられ，領域によって性行為の意味が異なった（生
殖は夫婦内で，快楽は外で）。

19 世紀になると，機能分化社会が社会的な秩序の形態となり，愛とセクシュ
アリティは次第に社会的な制約から分離され，独自のものとなった。そして，セ
クシュアリティの力が「発見」され，形を変え，セックスは次第に自己目的的セ
クシュアリティとして発展するようになった。

当時の一番大きな変化としては，「夫婦」意識が恋愛を伴った「カップル」意
識に変化したことである。夫婦であるからと言って，2 人の性のあり方をすでに
ある「夫婦」という社会的規範に当てはめる必要はなく，「カップル」として自
己決定できるという認識が強くなった。自己目的的セクシュアリティが中心とな
ると，「性的な快楽」の価値が高まった。そこで，自己と他者が快楽を発見し，
快楽を作り上げるためには，夫婦間のコミュニケーションが重要となってきた
（Runkel 2010：203）。

そのため人々は性に関する知識を求めるようになり，自ら学ぶようになった。
このような社会背景から，心理的なハウツー本がどんどん普及し，自己の内面を
振り返って，言語化することがますます進んだ。

ところが，初めて自己目的的セクシュアリティの思想が社会で大きくなった頃，
カップル関係に自己目的的セクシュアリティの思想を導入するのは困難であった。
モラルとセクシュアリティは伝統的な要素から離れ，セクシュアリティはテク

ニックとして形成されていくようになった。つまり，セックスの体位，頻度，性的な意味や欲求が議論され，管理されるようになった。性的規範（セックスをする意味と頻度など）が変化したため，多くの人々は驚き，どのように受け入れればいいかわからなかったことが指摘されている。そして，女性のセクシュアリティについての議論も増えてきた。また，17 世紀と 18 世紀では，女性だけではなく，子どもの性行動とその規範，そして健康性などについて語られるようになり，規範が構築されていった。18 世紀から 19 世紀になると，セクシュアリティに独自な意味［Semantik］が構築されてきた。そして，「コミュニケーション」としてのセックスの側面が強く肯定された。

　夫婦からカップル，モラルから自己目的的セクシュアリティへの変化を経て「コミュニケーション」が構築されてきた。現在の西欧のカップル間では，セックスは性的なコミュニケーションであるという思想が深く構築されている。そのため自己と他者の性的快楽をカップル関係で見つけ出し，作り上げ，そして保つことの重要性が高い。このような背景から考えると，セックスに不満を抱え，セックスレスになることは大きな問題として取り上げられてしまう。

　以上のように，西欧では性的なコミュニケーションの誕生する社会的・時代的背景が存在するが，日本の場合は，近代に至るまでこのような言説は皆無に近かったため，西欧のような社会的背景が存在しない。

　本書では，西欧の性的なコミュニケーションの誕生と社会背景の変動を詳細に取り込むことを中心としていないため，簡単な紹介に留めたい。西欧での明確な変動を分析することを今後の課題とせざるを得ない。だが，共通する「セックスはコミュニケーション」という言葉をもつ西欧と日本の社会を比較すると，日本では性的な主体性の議論が弱く，性別役割と「セックスはコミュニケーション」であるという 2 つの思想がカップル間のセックスで生きている。

2.2　日本での言語的・非言語的コミュニケーション

　以上の繰り返しになるが，自己目的的セクシュアリティ[1]というのは，快楽中心である。カップル関係では 2 人で快楽を感じることが重要となる（Luhmann 2012, Lewandowski 2010）。2 人が快楽を十分感じるためには，お互いが何を求め

1）Runkel（2010：200）によると，現代西欧社会は，自己目的的セクシュアリティをベースにセクシュアリティが形成されているが，教育という手段において行動枠が構築されるため，限られた枠組みの中でしか自分自身のセクシュアリティを発揮できず，好き勝手にはできない。

るのか交渉する必要がある。

　そこで,「コミュニケーション」を取るには心理的な言説の重要性が高まってくる。コミュニケーションとは,自分が望むセックス（例えばキス,オーラルセックス,性行為など）を相手に伝え,自分と他者が望むセックスをカップル間で作り上げるためにある（Byers & Demmons 1999）。

　加えて,互いが快楽を味わうためには自分と相手の身体を理解しないといけない。自分はどのようなセックスを望むのか。どのように快楽を感じるのか。自分は相手とどのようなセックスをしたいのか。自分の要望をどの程度実現したいのかなどという問いを立てることが重要となる。ただ,ここでいうコミュニケーションというのは,言語的なコミュニケーションだけではなく,相手の欲求を認識する非言語的コミュニケーション（観察力）も含まれる（Lautmann 2002 : 31）。

　そこで,セックスレスのインフォーマントの場合について検討したい。20 代から 40 代のインフォーマントの特徴として,自己目的的セクシュアリティが育てられていないことからセックスレスが生じることが考えられる。つまり,自分自身が持っているセクシュアリティをカップル間で充足したいのにもかかわらず,相手との性的なコミュニケーションが成り立たない（相手に拒否されたら,どうすればいいかわからない。性行為で苦痛を感じてもどのように相手に伝えればいいかわからない。マンネリ化を改善したくても,どのようにすればいいかわからない）。このような状態が起きると,コミュニケーションを取るよりも「女性として〜するべき」,「男性として〜するべき」,「日本だから」という認識が強まることから,男女における性関係では個人と他者の主体性よりも,ジェンダーと社会的規範の方が強いと言えるのではないか。そのため,改めて日本で言われている「セックスはコミュニケーション」ということを考え直す必要があり,今後の課題とする。

　そして,日本の場合,男女間のセックスは必ずしも「コミュニケーション」と結びついていない。特に 30 代の女性の場合,セックスは重要なコミュニケーションというよりも「子ども作り」という発想の方が強く,その点に関しては西欧とは異なる。

　コミュニケーションの中には,言語的なコミュニケーションだけではなく,非言語的コミュニケーションも存在する。荒木は,日本人は言葉なしのコミュニケーション,例えば「空気を読む」方が得意であると指摘している。そのため,セックスが気持ちいい時には表情や吐く息で気持ち良さを示すことを提案している（荒木 2019 : 237）。

3　個人のセクシュアリティ

　男女間のセックスレス現象の先行研究では，日本の男女はセックスに関心がなく，性的に消極的になっていることが指摘されているが，本研究では，セックスレス現象がもたらす新たなセクシュアリティの形態についての問いも立てる。

　インフォーマントは，カップル間の性生活を構築することおよび構築し続ける願望が希薄である（または，自分と相手の性的なプロフィールが異なっていて，相手に望む性生活をどのように伝えればいいかわからないため，2人の性を作り上げるのが困難である）。一方，セックスはカップル外で行うこともある。例えば，婚外恋愛や性風俗を利用することで，カップル内で得難い性的な快楽を味わっている。だが，なぜ婚外恋愛では，望む性を充足できる一方，カップル（夫婦）間では，自分が望む性を相手に伝えると，「相手が嫌がる」「もう言っても遅い」，そして「これで別れたら嫌だ」と考えるのかという新たな疑問が湧く。

　同時に，他の現象も見えてくる。つまり，セックスをするために他者を必要とするのではなく，アダルトビデオを利用し，マスターベーションをすることでどんどん個人だけのセクシュアリティになることである。

　現代社会ではセックスレス化が増えると同時に，性的な快楽を満たす手段が多様であり，カップル間のセックスは性的なコミュニケーションや親密性から離れ，別の領域で性的な快楽を満たす傾向に進んでいることが考えられる。実際にセックスレス化が進むと同時に，マスターベーション率も増えていることも無視できない。自分で自分のセクシュアリティを味わう傾向は，インタビュー調査においてセックスレスが生じても「満足」と回答する男女が増えていることからも推測できる。

　西欧において，性行為はあくまで2人の身体が関わるものとして議論されてきた。Lautmann によると，セックスでは身体と身体が他の行為よりも密着し，空間的距離が近くなる（Lautmann 2002：27）。今回のインタビュー調査では，セックスレス男女は，自分と相手の望ましい（精神的かつ肉体的に満足する）性生活を2人で作り上げることを楽しむよりも，セックスは「1人のもの」になっているように見受けられる。本書におけるセックスレス・カップルの研究からは，セックスという行為における「身体」への認識が変化していることも考えられる。2人の体で愛撫するよりも，個人のセクシュアリティになり，「2人のセックス」から「自分だけのセックス」にシフトしていることが考えられる。

　以上のような考察を踏まえて，男女間におけるセックスレス現象の言説につい

て次のようなことが言える。セックスレスが進行する1つの要因として，セックスに関心がない若者が増えているという理由も挙げられる。セックスに関心がない若者も増えていることは第2章で取り上げた先行研究でも明らかとなった。一方，セックス自体に関心はあるが「2人でのセックス」ではなく，個人のセックスに関心が向いている男女が存在することも今回のインタビューでは明らかとなっている。カップル間のセックスレスが増えているが，マスターベーション，婚外セックスなど，むしろセックスレスがもたらす新たなセクシュアリティについても検討する余地があると考えられる。Foucault（2017），Bauer（2003）はセクシュアリティが社会や時代によって変わるものであり，特定のセクシュアリティ現象が消えると，新しいセクシュアリティの形態が生まれると指摘している。彼らの議論を日本の事例に当てはめると，カップル間のセックスが失われた先にある新たなセクシュアリティ現象を見て取ることができる。

4　「セックスレス」における定義の再検討

　以上のようなことから，セクシュアリティという概念の再検討が必要となる。また，セクシュアリティのトレンドが変化している中で，「セックスレス定義」が変化せずに定着している。繰り返しになるが，セックスレスというのは「特殊な事情が認められないにもかかわらず，カップルの合意した性交あるいはセクシャル・コンタクトが1ヶ月以上なく，その後も長期にわたることが予想される場合，セックスレス・カップルのカテゴリーに入る」（阿部2004）と定義されている。そして，セクシャル・コンタクトには，キス，ペッティング，裸でのベットインなども含まれている。だが，先行研究と自身が行ったインタビュー調査を見ると，セックスレスを経験している・した人々は，この定義からズレが見られる。要するに，人によって，セルフ・プレジャー（例：マスターベーション）は定期的に行うが，パートナーとの性行為も長期間にわたって不足している。あるいは，セルフ・プレジャーもパートナーとの性行為も長期間にわたってないが，キスやハグはする。または，交際相手とのセックスはないが，パートナー以外と婚外恋愛を味わう人もいるわけだ。セックスレスと言われている状態には多様な形態が存在するのにもかかわらず，阿部の定義を中心に「セックスレス現象」を考察すると，狭い視野のままでセックスレスを取り上げる恐れがある。また，阿部の定義だと，セックス＝性器挿入という考えになるため，セックスという概念が狭くなる。セクシュアリティの多様化が進む中，特定のパートナーとの性行為がないからといってセックスレスと言えるのか。このような問いが残るが，今後に取り

組む課題とする。そのほかの今後の課題を以下に簡単にまとめて紹介する。

5　今後の課題

セックスレスがなぜ生じるのか（人口密度と住まい環境からの考察）

　本書の大きな問いは「セックスレス現象はなぜ生じるのか」であったが，セックスレスはどのように議論されているのかという言説分析に近い論考となったことを実感する。そのため，今後は，住まい環境と人口密度と性意識・性行動の関係性を分析することを目指す。つまり，経済環境・労働環境と住まい環境といった３つの視点から国際比較を用いてセックスレスも含めての性意識・性行動の因果関係を考察する。また，人口密度とセクシュアリティの関係性についても分析し，セクシュアリティ研究の可能性を広げる。

セックスレス現象の歴史的な変遷を探る

　本書では，2010 年から 2019 年にかけてのセックスレスの実態を分析したため，今後はカップル間のセックスレス現象をもたらす社会的環境の影響をより深く研究したい。１つの事例を挙げると，労働形態の変化とセックスレスの関連性である。労働形態や収入などが及ぼすセックスレスを含むカップル関係への影響を分析したい。さらに，女性の社会進出が増えるにつれて，高齢出産が増えている。このような状況で男女のセクシュアリティがどのように変わるのかも併せて調べたい。

「コミュニケーション」概念の詳細な検討

　本書では「コミュニケーション」という言葉を西欧的な意味合いでの日常用語として用いたが，日本と西欧では「コミュニケーション」という概念は異なるため，西欧中心的枠組みから日本のセックスレス現象を考察しかねない。そこで，今後「コミュニケーション」という言葉の西欧と日本での差異を社会的に分析し，その上でセックスレス現象を考察したい。

国際比較の拡大

　本書では国際比較としてドイツ語圏に焦点を当て，日本とドイツ語圏のセックスレス言説の相違点を考察した。本書では限られた数のドイツ語圏のインフォーマントを紹介したため，今後はさらに詳細に研究を行いたい。つまり今回できなかった「ドイツ」と「オーストリア」などの特徴をさらに分けて考察したい。ま

た，他国の性意識・性行動の実態と社会状況の因果関係を詳細に分析し，日本の
セックスレス現象を国際的な観点から分析したい。

コロナ流行とセクシュアリティ

　本書で紹介した自身の研究はコロナ流行前のものだ。2020年以降，コロナ流
行の拡大において，日本だけではなく，各世界のカップル関係・性関係にも影響
を及ぼしていることは無視できない。コロナ流行と恋愛・親密生・セクシュアリ
ティについての研究は世界中で注目されている中，日本ではまだなかなか注目さ
れていない領域である。Rothmüller（2020）はドイツ語圏でコロナ流行と恋愛・
親密性・カップル関係の変化と実態を考察するため，2回にわたって4,706人の
対象者にオンライン調査を行った。調査内容はポジティブおよびネガティブな自
粛期間の影響，身体的距離の変化，多様な性生活への変化などについてである。
このオンライン調査の一部を，平山と筆者が日本語に翻訳し，日本で1回目の緊
急事態宣言（2020年5月から6月N=572）と，2回目の緊急事態宣言（2021年の2
月から3月N=814）に調査を行った。この結果を見ると，特に1回目の緊急事態
宣言に伴う自粛生活では42.5％の回答者は，交際相手との生活と性生活自体が
以前よりも良くなったと回答した（Pacher & Hirayama 2020）。今後，コロナ流行
に伴う自粛生活と恋愛・親密性・セクシュアリティの変化をより深く分析し，国
際比較を行うことで，コロナ流行という新たな観点からセクシュアリティへの影
響を分析する目的を持つ。

補　論

セックスレスは雑誌で
どのように論じられてきたか

　補論の目的は，セックスレス現象はマスメディアという公共領域でどのように論じられてきたのかを整理することである。マスメディアでセックスレスが取り上げられるのはファッション・健康（ライフスタイル）に関わる雑誌記事や，ルポルタージュが主であり，当事者の体験談が描かれることが多い。2010 年以降はカップル間のセックスレスの実態が中心的に描かれている小説や漫画[1]も誕生する。雑誌記事やルポは男性と女性の体験談が述べられているが，小説と漫画に関しては，女性目線でセックスレスの体験が描かれていることが特徴的である[2]。

　例えば，2017 年に『夫のちんぽが入らない』という題の小説が注目された。そこでは，女性の主人公は 18 歳で男性と交際し始めるが，セックスの場面になると彼の性器が全く入らない状態となる。いつか入るだろうと 2 人は願うが，交際して結婚に至り，20 年してもセックスはできない。

　　いきなりだが，夫のちんぽが入らない。本気で言っている。交際期間も含めて二十年，この「ちんぽが入らない」問題は，私たちをじわじわと苦しめてきた。周囲の人間に話したことはない。こんなこと軽々しく言えやしない。
　　何も知らない母は「結婚して何年も経つのに子どもができないのはおかしい。一度病院で診てもらいなさい。そういう夫婦は珍しくないし，恥ずかしいことじゃあないんだから」と言う。けれど，私は「ちんぽが入らない？　奥さん，よくあることですよ」と。そんなことを相談するくらいなら，押し黙ったまま老い

1）花津ハナヨ『情熱のアレ』（2010 年）集英社，渡辺ペコ『1122』（2017 年）講談社，まゆ『スキンシップゼロ夫婦』（2017 年）ワニブックス，ポレポレ美『今日も拒まれてます』（2018 年）ぶんか社，ハルノ晴『あなたがしてくれなくても』（2018 年）双葉社，とがめ『実は私セックスレスで悩んでました』（2018 年）Media Factory，武蔵野みどり『レス婚。「してくれない夫」と結婚してしまいました』（2018 年）秋田書店。
2）漫画では，男性は「仕事で忙しい」という理由から，性行為だけではなくパートナーとの会話を拒否し，女性側はセックスレスで不満を感じ，解決策を独自で考える内容が共通する。

　ていきたい。子どももいらない。ちんぽが入らない私たちは，兄姉のように，あるいは植物のように，ひっそりと生きていくことを選んだ。（こだま 2017：3）

　以上に述べた小説は 2019 年にドラマ化され，ネットフリックスで配信されていたが，それ以来日本のセックスレス現象はさらに世界中に注目されるようになり，「セックスレス小説」というジャンルも誕生した。

　セックスレスを経験する当事者の声は主に雑誌記事に掲載されているため，第 1 節では，雑誌記事においてセックスレスがどのように論じられているのかを整理する。ここでは特にセックスレスの解消法の言説について着目し，特徴を確認する。

1 ｜ 2000 年代のセックスレス現象を日本の男性誌・女性誌はどう描いているのか──解消法に注目して

　1990 年からセックスレス・カップルの現象が雑誌記事で取り上げられるようになり，2000 年から 2010 年にかけてセックスレスの言説が増えている。そして，セックスレスの言説においては二重規範が見られる。1 つは，長期間の夫婦関係でセックスレスになるのは「当然」という考えである。雑誌記事では，「セックスレスでも仲良し夫婦」（『アエラ』2004 年 8 月 2 日号），「セックスレスでもいいじゃない」（『婦人公論』2012 年 6 月 22 日号），「セックスレスになってから本当の夫婦」（『女性セブン』2017 年 8 月 17 日号），といったものや，むしろ「（セックスを）しなくても幸せ」（『婦人公論』2015 年 5 月 7 日号）といったセックスレスであっても気にする必要はないという考えが反映されている。2016 年の『アエラ』が提示している性意識についてのアンケート調査結果では，マンネリ化の対処法について，75.7％もの人が「特に何もしない」と答えた。とはいえ，セックスレスだからといって夫と仲が悪いわけではない。妻を異性ではなく「家族」として意識し，特に出産を経験した夫婦は「カップル」よりも，「母子関係中心・子ども中心」の意識が強くなり，互いの性的な要素を排除する傾向が見られる。そのため，「家族とはセックスはできない」と語る女性が多いと言われている（例えば『アエラ』2004 年 8 月 2 日号；『女性セブン』2017 年 8 月 17 日号）。このような場合，セックスレスの改善を求めない傾向にある。一方，セックスレスで不満を抱えており，どうにか解消したいが，解消の方法がわからないと語る記事も存在する。そして，セックスレスが問題提起されてから，さまざまな専門家がセックスレスの解消法

を提供しているのにもかかわらず，カップル間のセックスレスは増加傾向にある。

1.1　マスメディアとセクシュアリティについて

　そもそも日本ではセクシュアリティ研究の中でも「セックスレス・カップル」についての研究は少ない上，「マスメディアとセックスレス」の観点からの研究はさらに限られてくる。

　Holthus（1998）は，1970 年から 1980 年までの日本の女性雑誌におけるセクシュアリティ，身体のイメージの言説の社会的変遷について分析している。同論文では，セックスレスという話題は女性の人生の中では重要な要素であるにもかかわらず，アカデミックな研究は不足していることがすでに指摘されている（Holthus 1998：140）。また，石崎裕子（2000）は 1990 年から 1999 年までの雑誌記事でのセックスレス・カップルの言説を分析し，特に「親密性の変容」に焦点を当てている。しかしながらセックスレスを「親密な関係性の変容しつつあることのひとつのあらわれとしてとらえることができる」と定義しているため，セックスレスの解消の言説については触れていない。

　これらの問題点からも先述のように，マスメディアとセクシュアリティの研究が不足しているとわかる。時代の変化とともに，性の現象とそれらがもたらす言説も異なってくる。そして，マスメディアは時代・社会の変化を反映し，作り出す。そのため，雑誌というマスメディアの側面からセックスレス現象を分析する重要性は十分にあると言えよう。雑誌のようなマスメディアはセクシュアリティに関する文化的な態度［Cultural attitude］を反映し，雑誌によって提供される情報により，人々はセクシュアリティの価値を学ぶことができる。さらに，性の筋描き［Sexual script］が与えられるため，性行動を導く手段でもある（Gagnon & Simon 2005；orig. 1973）。もちろん，人々はマスメディアが提供する筋書きをそのまま鵜呑みにするわけではなく，自己が必要とする情報のみ内面化すると言われている（Steele 1999；Clarke 2009）。

　そして，現代でも性についての重要な情報源として雑誌がある。例えば，「青少年の性行動全国調査報告」によると，最も利用されている性交情報源として「友人・先輩」，「インターネット」の他，「マンガ＋雑誌」がある（日本性教育協会 2013：247）。加えて，筆者が 2012 年から 2013 年，そして 2017 年から 2018 年まで行った 45 人の日本人男女に対する性意識・性行動に関するインタビュー調査でも，男女のインフォーマントの中に，性に関する情報を得るツールとして，「インターネット」以外にも「雑誌」という回答を挙げた人は少なくなかった

(Pacher 2018)。その中で特に 20 代前半の女性の場合，インターネットよりも雑誌で性についての情報収集をしていることがわかった。なぜなら，インターネットで「性」について検索すると，ウィルスにかかる恐れがあるためである。そのため，インターネットが大衆に十分に浸透した現在においても，雑誌記事分析を行うことには大きな意義がある。本書では，紙幅が限られているために，セックスレス言説の中でもセックスレスの解消法がどのように語られているのかについて考察する。以下，次の順序に沿って考察を進めていきたい。まずは，記事の選定基準を紹介する。続いて，女性誌においてどのようにセックスレス現象が取り上げられ，解消法が提案されるのかを分析する。また，同様の手順で男性誌についても分析した。その上で，これらの分析をもとに，セックスレスの解消法がどのように語られているのか考察しまとめを述べる。

1.2　記事の選定基準

　大宅壮一文庫での「セックスレス」の雑誌記事検索のヒット数は 1990 年から2020 年の間で 1220 件（最終検索日 2020 年 2 月 22 日の時点まで）であった。1 年ごとに見ていくと，1990 年はセックスレスに関する記事が 3 件，1991 年は 4 件，1992 年は 15 件と徐々に増え，2010 年は 72 件に上ったが，それ以降はセックスレスの記事は徐々に減少していた。特に 2017 年から減る傾向が見える。1 年ごとのヒット数については図補-1 に表している。続いて，表補-1 では，雑誌別のヒット数を表している。

　本書で取り扱う雑誌記事について整理したい。セックスレス現象に注目した研究自体が少ないなかで，前述のように石崎裕子（2000）はセックスレスの言説を分析しているが，分析する対象記事は 1999 年までである。セックスレスにおける議論は 2000 年以降に広まったため，その時期の雑誌記事がセックスレス現象をどのように取り上げているのかを分析することに意義がある。加えて，同論文では解消法についての考察は触れていないため，今回は「セックスレス＋解消法」というカテゴリーの雑誌記事を対象とする。

　キーワードとして「セックスレス」のみで検索すると，表補-1 の通りであった。「セックスレス」と，「解消」など関係のあるキーワードを合わせて検索した結果は表補-2 に提示してある通りである。

　セックスレス・カップルの中には，セックスレスでも不満を感じなく，むしろその状態の方がいいと考える場合もある。しかし，今回はセックスレスを改善したい男女を想定している記事に焦点を当てる。セックスレスが問題提起されてか

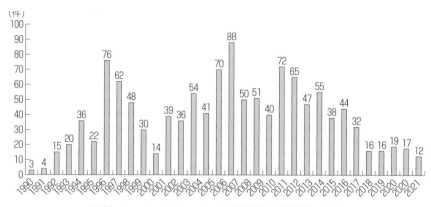

図補-1　セックスレスという言葉がある記事数の変遷

表補-1　「セックスレス」で検索してヒットした記事数（雑誌別）

雑誌名	何年から	何　件	雑誌名	何年から	何　件
アエラ	1992 年以降	50	からだにいいこと	2005 年以降	23
婦人公論	1993 年以降	53	ターザン	1995 年以降	12
週刊現代	1994 年以降	48	an・an	1991 年以降	46
週刊実話	1997 年以降	102	SPA！	1992 年以降	51
週刊女性	1991 年以降	49	サンデー毎日	1993 年以降	15
週刊朝日	1992 年以降	30	アサヒ芸能	1994 年以降	65
週刊ポスト	1993 年以降	51	サンキュ！	2010 年以降	1
女性セブン	1994 年以降	66	コスモポリタン	1998 年以降	1

表補-2　「セックスレス」とキーワードで検索してヒット
　　　　した記事数

キーワード	最も古い記事掲載年と記事数
解消法	2000 年から　19 件
解　消	1996 年から 100 件
改　善	1999 年から　17 件
予　防	1993 年から　　7 件
解　決	2000 年から　20 件

図補-1，表補-1，表補-2の
出所：大宅壮一文庫収納の雑誌
検索（2020 年 2 月 22 日）より
著者作成。

らさまざまな専門家がセックスレスの解消法を提供しているのにもかかわらず，カップル間のセックスレスは増加傾向にある。そのため，解消法の特徴の傾向を明らかにするため，本書では「解消法」というキーワードでヒットした雑誌記事を分析対象とする。表補-2で見られるように，「解消」というキーワードでのヒット数は1996年から100件であり，数は多い。しかし，その中のセックスレスについての雑誌記事では，専門家が解消法を提案する記事のみではなく，セックスレスの解消を希望するか否かの調査結果など，解消を望まない読者の事例などが取り上げられている。そのため今回は「解消法」に限定した記事を対象とした。少数の記事であるが，意義のある分析となるだろう。19件の内訳は，女性誌の記事が10件，男性誌が8件であり，本書の分析対象とする[3]。そして男女ともに読む雑誌については1件であり，数が少ないため，本書では分析対象に含めない。今後の研究においては，セックスレスの解消についてより深く考察するため，より多くの雑誌記事を詳細に分析することを目指したい。セックスレスの言説から男女の性意識・性行動の変化を考察し，解消法の言説の限界を明確にすることは極めて意義深いことである。

　本書で扱う雑誌は次の通りである。女性誌としては『コスモポリタン』『an・an』『からだにいいこと』『女性セブン』『サンキュ！』。男性誌としては，『週刊朝日』『週刊実話』『週刊現代』『アサヒ芸能』『サンデー毎日』を分析対象とする。『コスモポリタン』と『an・an』は女性ファッション雑誌であり，読者層は20代・30代であるため，夫婦のセックスレスだけではなく未婚のセックスレス・カップルも取り上げている。それ以外に扱う雑誌の読者層は主に40代～50代前半であるため，セックスレスに関する議論や解消法は中年層を想定している。本書では，限られた記事を対象とするため，特定の記事雑誌を引用する際，雑誌名と出版年を明示する。

1.3　雑誌記事の構造と特徴（男性誌と女性誌）

■ 構成内容

　男性誌も女性誌も，セックスレス記事を構成するにあたり共通した4段階を踏んでいる。すなわち「セックスレスの定義」「数値的実態」「読者の体験談」「専門家の見解」の4段階である。

3）以下では主に女性を読者対象にしたものを「女性誌」，男性を読者対象にしたものを「男性誌」と表記する。

　第 1 に，セックスレスの定義については，日本性科学会の次の一文が紹介され
ている（『アサヒ芸能』2006,『サンデー毎日』2010）:「特殊な事情が認められないに
もかかわらず，カップルの合意した性交あるいはセクシャル・コンタクトが 1 ヶ
月以上なく，その後も長期にわたることが予想される」状態が，セックスレスと
して議論の対象となるのである。第 2 に，その「数値的実態」として，読者アン
ケートの結果が掲載されているほか，日本性科学会や世界における性調査の結果
が掲載されている。第 3 に「読者の体験談」として，セックスレスになったさま
ざまな原因やその解消法が寄せられている。最後に「専門家の見解」[4]として，
大学教授，ジャーナリスト，産婦人科医やセックス・カウンセラー，AV 関係者
の人々といった性関係の職務従事者が，セックスレスに関する解説と改善方法を
述べる体裁がとられている。

　女性誌では，セックスレスの解消法に対して，Q&A 式が多く見られる。読者
の質問に各専門家，またはセックスレスの経験者（当事者）が解消法を提案して
いる。その他，男性誌も女性誌も専門家はセックスレス解消法をハウツー式に説
明している。

　以上のような，記事の構造はセックスレスを話題にする雑誌記事に広く共通す
る。その他には芸能人（AV 関係者が多い）が個人的な性生活を語り，その中で
セックスレス実態について短く語る対談形式の記事もある。そして，記事の中に
は，セックスレスの専門家とされている人々が最初から話題を決めてセックスレ
ス解消を彼らの専門分野から提案する記事もある。

　今回の分析対象の中には，読者へ「セックスレス解消法」を提案するという期
待を与えるタイトルにもかかわらず，解消法の提案がされていない，または一言
で終わる記事も存在する。特に，AV 関係者の対談形式の記事にはそのような特
徴が見られる（『週刊ポスト』2009,『女性セブン』2013,『アサヒ芸能』2014,『週刊実話』
2014）。

4）実際には「セックスレスの専門家」とは言えないような人々の見解も含まれているが，
　以下では誌面でのあつかいにならい「専門家」と表記する。

2 | 雑誌記事分析の結果

2.1 女性誌の特徴

2.1.1 女性向けの雑誌——セックスレス記事の特徴

　女性誌では写真よりもイラストが提示されることが多い。例えば，漫画やイラストで，カップル（夫婦）が仲良くしているイメージが描かれることが多々ある。また，セックスレス夫婦の日常が描かれている漫画の紹介[5]を提示していることもある（『からだにいいこと』2016）。2000年以降の雑誌記事を見ると，彼女や妻などが彼氏や夫からセックスに誘われないことや拒否されることへの悩みが語られている（『コスモポリタン』2004，『サンキュ！』2010，『からだにいいこと』2010，『an・an』2010，『週刊女性』2012[6]）。そして，セックスは愛情表現とコミュニケーションであるため，セックスレスを解消することが重要だと指摘され，「楽しい性生活」を取り戻すことを勧めた上で専門家がさまざまなアドバイスをするパターンが多い。「セックスは単に肉体的な交わりだけではなく，夫婦のコミュニケーションだからです。言葉で会話を交わすように，肉体でも会話が必要なんです」（『週刊現代』2005）という記事があるようにセックスは「愛情表現」，「コミュニケーション」と一言で述べられているが，それに対して解説がない。このようなパターンは女性誌だけではなく，男性誌でも確認できる。

2.1.2 雑誌記事で取り上げられているセックスレスになる要因

　以上で指摘したように，女性側よりも男性側がセックスを拒否する事例が問題視されている。2004年12月号の『コスモポリタン』の記事の見出しを見ると，「ひょっとして女が強くなりすぎたから!?　セックスレス男，急増中」，続けて「周囲を見ても，やっぱり性的に淡白な男性が増えていると思う」と書かれている。同雑誌では，男性側のセックスレス経験者に意見を聞いている。そこで，

---

[5] 2016年の『からだにいいこと』では「セックスごぶさた相談室」という漫画が紹介され，記事のタイトルは「話題の漫画で"レス"を解決！」と書かれているが，この漫画の事例は解決を示しておらず，ただセックスレス夫婦の日常が描かれている。

[6] ある雑誌では，1人の女性の読者が夫とのセックスを「疲れるから」という理由で拒否し，「夫とまた恋に落ちたいが，どうすればいいのか」ということを脳科学者に相談し，彼がその質問に対し解説している（『週刊女性』2012：72）。

「セックスよりも楽しいことがある」，そして「相手のことが好きだけど，セックスは愛情を示すためには必要ない」という原因が取り上げられている。ある男性は 2 年間彼女と同棲し，「互いの生活時間が合わない」，そして「慢性的に疲れている」という理由で 1 年間はセックスレスが続いている。そして，男友達と遊び回っていると楽しい，というセックスレスになった理由が述べられている。加えて，「セックスをしなくなったことについて彼女も特に何も言わない」，「そもそもセックスが話題にのぼること」がなく，もし性欲がわいたら性風俗を利用すると言う。また，2 年半の交際を続け，交際をはじめて半年後からセックスレスになったという男性の例が挙げられる。その男性によると「相手のことが好きだけど，セックスは愛情を示すためには必要ない」からであると理由が語られる。そして「毎晩，彼女が作ってくれた夕食を一緒に食べて，一緒に風呂に入ったりキスをしたりする。それだけで十分愛情は感じられます。セックスなんかしなくても全然，満たされているし。彼女は特に求めてこない」と述べた。さらに，その男性は「欲望を満たすだけのセックスに飽き」ており，「実際僕がしたくなるのは，女性に僕を好きになってほしいとき。セックスは落としたい女性がいるときの方が，していて楽しい」と述べ，今後も互いの愛情がわかり合えていれば，セックスをする必要はないと主張する。

　以上の 2 つの事例には，男性側がセックスレスになった経緯が詳細に書かれている（『コスモポリタン』2004：103）。例えば，セックスレスの実態について，『からだにいいこと』（2016）では「産後からずーっとない」という声や『週刊女性』（2012）では「ただ疲れるので嫌なんです」という声を掲載している。「産後」と「疲労」という要素がセックスレスの要因として挙げられているものの，それらの説明が詳細になされることはない点が特徴的である。他に，産後から夫との性生活がなく，「子どもが大学を卒業したとき『このまま男性に指一本触れられず死んでいくの？』と思うと，さみしくてたまらない」とある女性が語っているが，この事例もセックスレスの要因について詳しく語られることはない（『からだにいいこと』2010，『サンキュ！』2010）。

　雑誌によってはセックスレスの要因を示すと同時に，読者によるアンケート調査結果を提示することもある。例えば，『an・an』（2010）では，339 人の男女（20 代〜30 代）における性意識・性行動のアンケート調査結果が提示されている。性行動の面では「女性側からの性行動に対する不満」として「前戯が少ない」，「相手は自己中」率が高いことが中心的に述べられている。加えて，男性と女性とのセックスレスの要因を挙げている。女性がセックスを避ける理由として，

「疲れ」，「マンネリ」，「タイミングが合わない」，「理由がわからない」，「相手が求めない」，「自信がない」という項目が挙げられている。同時に女性だけではなく，男性がセックスを避ける理由も提示されている。それは，「疲れていてやる気にならない」，「家族のような存在だから」，「なんとなく」，「面倒くさい」，「自分のテクや体に自信がない」からであるとされている[7]。

2.1.3　セックスレスの解消法

　セックスレスを扱った雑誌記事では解消法を提案しているが，そこにはどのような特徴が見られるのか。まず，日本の雑誌記事では，セクソロジーやセックス・カウンセラー，セックス・セラピストだけではなく，多くの分野に関わる専門家が性の問題に取り組もうとして問題提起をして，さまざまな角度からアドバイスを与えることが特徴的である。セックスレスの改善に向けてアドバイスする専門家は次のような人々である。

　性人類学者（キム・ミョンガン），セックス・セラピスト（アダム徳永），恋人・夫婦仲相談所カウンセラー（二松まゆみ），心理カウンセラー，脳科学者（Dr. 苫米地英人），風水専門家（Dr. コパ），ジャーナリスト，イラストレーター，AV 関係者（AV 女優，AV 監督，AV 男優），風俗（デリヘル嬢），医療関係者（泌尿器科医（熊本悦明），産婦人科医（八田真理子，宋美玄））。

　『an・an』(2010) では，セックスレス経験者の一般男性が登場し，性生活に悩んでいる女性の読者に「リアルな男性目線」でアドバイスを与えている。また，大学教授がセックスレス解消について解説することもあるが，その所属や専門が書かれておらず，信憑性は弱いと言える。そして，問題設定と解決の構造については大きく次の 2 つのパターンが見られる。

① 読者が問題提起を行い，それに対して専門家が改善方法を紹介する（Q & A 形式）

② 専門家が問題提起と改善方法を同時に示す。このような場合，雑誌記事により，1 人の専門家がセックスレスについて考察している場合もあれば，1 つの記事に 3 人から 4 人の各専門家が紹介され，多様な側面からアドバイスを述べることもある。

以下にそれぞれについて記事を分析する。

7）しかし，この調査結果に何%の男女がこのように回答したのかは書かれていない。

① Q&A 形式

　Q&A 形式は男性誌よりも女性誌で多く見られる。この形式では，女性読者は現在の性生活の悩みについての質問をし，各専門家がそれについて改善方法を紹介する。この形式の事例を取り上げる。ある女性誌では性人類学者（キム・ミョンガン）が 3 人の読者の相談に答えている（『コスモポリタン』2004：107）。ある 29 歳の読者は「彼は土日も仕事で出かけることが多く，2 週間に一度デートをするのがやっとです。もちろんセックスも全然…。結婚も考えているので心配です」と語り，それについて人類学者はこのような男性のタイプにはパートナー像の全てを求めてもダメだと言う。「セックスを復活させたかったら，なるべく会う回数を減らしてあなたが常に新鮮な魅力を発揮すること」を勧めている。そして，「相手が仕事を極めるまではある程度 "セックス・オフ" を覚悟した方がいいでしょうね。結婚後は，夫不在の家庭になる確率が高いですから，それでもいいか，よく考えて」と続く。他の 31 歳の女性は，「優しくて頭もいい彼ですが，セックスになるとやけに及び腰。お母さんの話がよく出てくるし，なんだか甘え上手だし，ひょっとしてマザコン!?　マザコン男性はレスになりやすいと聞いて，かなり心配です」。このような質問に対し，この人類学者は次のような回答をする。「マザコン男性をセックスに仕向けるにはあなたが "ママ" になるしかありません。それがムリであれば，彼を教育しないといけない」と言う。そしてセックスについてプレッシャーをかけないこと，一緒に DVD を見たり，アロマオイルでのマッサージをしたりして，自然にスキンシップができる状態に持っていくことを提案し「忍耐強く接してください」と説明している。また，別の 30 歳の女性は，交際中の彼氏が，過去に同棲していた女性に「あなたのペニスは小さいから全然，気持ちよくない」と言われたことを気にしているためか「私とのセックスもいろんな理由をつけて避けようとします」として悩みを述べている。それに対して「このタイプの男性は，長期戦で教育していくか，諦めるかです」と言う。その上で，彼のような男性のタイプだと，まずは人柄について褒め，人格を肯定し，その後にスキンシップの方に進むことを勧めている。

　『an・an』（2010：64-66）では，「セックスレスを経験した男性」3 人が読者の悩みに答えている。例えば，ある女性は「『疲れてるの?』とやんわり探りをいれてもかわされてしまう」（25 歳）と述べる。

　男性の 1 人は「お互いの関係が安定してくると，体でガッツリ繋がってなくてもいいかなって思って，性欲が湧かなくなることもあるよね。自分がまさにそんな感じ…」と解説する。別の男性は同じ質問に対して，相手は浮気をしているの

かを聞くことを提案する。さらに，26 歳の女性が「セクシーな下着で解消を狙ったらまさかのドン引き」という悩みに対して，男性たちは「これは謎ですね。どうして彼がそんな気にならなかったのか不思議。可愛いよね，むしろ」，「自分からなんとかしようとしている気持ちが現れていいよね」と答えた。以上の事例では，専門家ではない，セックスレス当事者男性がアドバイスをしているため，男性の目線に偏っていることが特徴的である。

　他の雑誌記事では，ある女性が夫とのセックスを「疲れるので嫌なんです」という理由で避け，「もう一度，夫に恋することができれば，求めにも応じることができるのかもしれません。夫にドキドキする方法ってあるんでしょうか」と相談している。解決法を提案するのは「世界的脳機能学者」というふれこみの Dr. 苫米地である。彼は「感情をムリに変えようとせず論理的に動きましょう！」とアドバイスをし，次のようなコメントが続く。Dr. 苫米地は，相談者である妻がそもそもセックスをしたくないのなら「別にする必要がない」と述べる。しかし，もしセックスをしないと「夫の欲求が溜まってしまうので，困ってしまう」ことになるかもしれないと述べる。つまり，夫は「あなた以外の何かで処理しなければ」ならず，「浮気をするか」「そういう職業のお店に行くか」という「選択肢」が浮上する。もし相談者が夫がその選択肢を選ぶことが「嫌」なのであれば，この問題に対して「論理的に考える必要がある」と述べる。そして「もう一度，恋をするというのはかなり難しいことです。そんなことをするより，実利を目指すべきなのです」として「あなたがご主人に何かをお願いする，それが叶えられたら，あなたも約束を守るというものです」とアドバイスした。ここで示されたアドバイスとは，「1ヶ月，夫にお皿洗いを頼んで，それが守られたら，夫の求めに応じる」ということである（『週刊女性』2012：72）。

　以上の事例では 3 つの共通点がある。まず，問題を単純化している恐れがある。セックスレスが生じる要因は複雑であり，一面的な方法で解決できないにもかかわらず，専門家とされる回答者たちは単純な提案を示す。加えて，専門知識によらず自己の意見が中心の回答であるために，理論的でも実践的でもない。続いて，質問と回答とが前提としている問題意識にズレが生じている。回答者はカップル間や夫婦間の性生活をどのように改善すればいいのかという質問内容には踏み込まず，逆に「セックス・オフの覚悟をする」というようにセックスレスになることを想定している。「解消」という質問に「覚悟」という回答が返ってくる。そして，読者へ具体的な解消法を提案していない。男性を長期戦で教育させるか諦めるかを選ばせたり，「謎です」と言って答えを濁したり，セックスレスの解消

は無理であるという回答をしたりする。そのため，読者が期待する解消法を提案して安心感を与えるよりも，読者には新たな疑問を残すことになるのである。

　② 専門家が問題提起と解決策を同時に提案する
1．性行動のテクニックの紹介
　専門家（主にセックス・カウンセラー，フリーライター），そして Dr. コパという風水師[8]がさまざまなアドバイスをしているが，問題提起すると同時に解決策も紹介する形式となっている。そこでは，さまざまなハウツーが多様な側面から取り上げられている。そして，女性がどのような行動をとれば，男性を喜ばせられるのかという筋書きが短く，そしてわかりやすく提供されている。提案されているセックス・テクニックは大きく2つに分類することができる。1つ目は性行動におけるテクニックである。2つ目はセックス以前の夫婦関係のあり方である。まず，性行動におけるテクニックとしては，スキンシップの仕方や，キスの仕方とタイミング，男性器の触り方などが紹介されている（『サンキュ！』2010）。例えば，『サンキュ！』(2010) では，「H 気分を盛り上げる」という題で，雰囲気作りについての4つのステップが紹介され，読者へ明確な行動の筋書きを与えている。内容としては以下の通りでる。

　　1．夫に新しい下着を買ってあげよう，2．コンドームをいっしょにつけてあげ
　　る，3．褒めてあげよう，4．機会があれば，ラブホに誘ってみよう。

さらに「愛情が伝わる“楽しい SEX の流れ”」の題では，相手とどのように体を触れ合うべきなのかという紹介がされている。

　　1．上から夫にキスできる体勢をとる，2．キスしながらそけい部のアダム・
　　タッチ[9]，3．じらしながらペニスタッチを，4．ゆっくり下半身へ。

　以上のような事例からわかる通り，セックスをする以前のステップが詳細に，そして簡単に述べられ，このようなステップをフォローすると，読者が望む結果になるという期待を与えている。ここに取り上げたタイトルには「盛り上がる」「愛情が伝わる」「楽しい」というキーワードが加えられており，読者の期待を膨

8）この専門家は，性行動における script だけではなくお風呂のタオルは白かベージュにするというアドバイスもしている（『サンキュ！』2010）。
9）セックス・カウンセラーのアダム徳永は，スローセックスを提唱し，その中で「アダム・タッチ」というマッサージ法を開発した。

らませようとする狙いが看取できる。だが，この提案は一般論であり，各ステップがあまりにも具体的であるため，相談者は個々人の状況に応じて調整できない。

2．結婚前のカップル関係

　性行動における筋書きの他に，結婚前のカップル関係に着目するアドバイスも見られる。そこで，まずはセックスよりもカップルとしての気分を味わうことを産婦人科，セックス・カウンセラー，フリーライター，AV関係者が勧めている。その中には，一緒に食事に行くこと，非日常な場所へ行くこと（例えば，映画館，ホテル，旅行）が提案されている。また，多様な提案の中で，「お風呂に入って互いの裸に慣れること」，「一緒にお風呂に入るとか，裸で話をしてみるといったことから始めるといい」といったような提案も見られる（『週刊女性』2016：80）。

　加えて，非日常的な行動だけではなく，コミュニケーションを取ることの重要性も書かれている。AV関係者とセックス・カウンセリングの専門家は，「男性は褒められたり，感謝されたりするのを好む」ので「夫を言葉で立て」て「感謝を表現すること」が大切であると述べている（『女性セブン』2003）。そのため，「セックスの前段階のコミュニケーションから始めてみてはどうでしょうか」と述べられ，コミュニケーションを含むセックスレス解消モデルが提案されている（『週刊女性』2016）。まずは相手と「会話」をし，それがうまくいくと，「スキンシップ」に移動することが勧められている。その後には「キス」のステップに進む。全部のステップを踏んでから「Sex」というゴールにたどり着くことが提示されている。そして，AV関係者は女性に，相手からセックスを求めてこられたら「男性は一度拒まれるとすごく傷ついて誘えなくなるので，できるだけ受け入れてあげましょう」と説明もしている（『週刊女性』2016）。

　このようにセックスレスを解消する提案として，セックス以前の行動の筋書きを紹介していることは興味深いことである。

3．外的変化の提案

　ここでは，外的なファクターの変化を勧める事例を挙げる。外的なファクターとはまず，「環境」を意味し，そこにはセックスをする環境・場所や，デートをする環境などを変えることによって，セックスレスを解消することが意味されている。加えて，あるセックスレス・カウンセラー（恋人・夫婦仲相談所の所長）は夫と少し距離を置き「プチ別居して夫の目を覚ます」ことを提案している（『女性セブン』2003，『からだにいいこと』2010）。さらに，外的な変化は環境だけではな

く，外見の変化も意味している。しかし，このような提案は女性側への提案であり，男性側には外的な変化をアドバイスすることは見られない。この場合，「(…) エステや，マッサージ，ネイルに行く，多少はお金を使って女を磨かないとだめですよ」と AV 女優が主張している（『週刊女性』2016：83）。

　また，女性はメイクをすること（派手にする），下着を変えること，そして家で着ている洋服を変える（ヨレヨレのふだん着をやめる）ことを勧めていることも少なくない。「夫の前で"母乳"を出さない」というセックスレス解消法も見られる（『からだにいいこと』2016：93）。

４．浮　気

　セックスレス解消法の中には，異性との浮気（不倫）を提案するケースも見られる。このような提案は，性風俗産業界の関係者の男女（AV 監督，AV 女優，AV 男優，そして熟女デリヘル）が主に述べている。ある AV 監督は，「長期間付き合うと，セックスレスになるのは当たり前と最初から思った方がいい」，「飽きるのは普通」と述べている。そして「ときどき，夫以外の別の男性を想像しながらセックスするのもいいでしょう」とアドバイスしている（『週刊女性』2016：80）。他にも，「夫は嫌いだけど，セックスはしたいなら，他の男性とするしかないでしょう。男性はすぐバレますが，女性はウソをつくのが上手で浮気をしても中々バレません」というコメントも見られる（AV 監督，『週刊女性』2016：81）。ある性風俗嬢は，「夫がセックスしてくれないと悩んでいる人には心の浮気」を勧めている。「毎日が楽しくなり，イキイキとする」。そのため，「夫以外に好きな男性をまず見つけましょう」。しかし，「もし不倫をするなら，大人として社会人として絶対，家族にバレないようにし，誰も傷つけないならあり」という主張が見られる（『週刊女性』2016：82）。

　ここでは，夫婦間のセックスレスを解消するよりも，夫婦外で性欲を解消することが提案されている。

５．マスターベーション

　AV 関係者の専門家は，セックスレス解消法として不倫（浮気）の提案の他，マスターベーションについても述べていることが特徴である。この解消法は２件提案されたのみで，他の解消法よりも少ない。ある AV 女優はセックスレス解消法として「マスターベーションをする方法もある（…）」と語り，マスターベーションは「女性にとっては"権利"」であると断言している（『女性セブン』2013：

143）。そのほかにも，AV監督は『SEXしなくてもキレイでいられる』というタイトルで，マスターベーションでのセックスレス解消法を以下のように述べている。「自分を女性として見てほしいと夫やパートナーに動きかけるには，夫の横でマスターベーションをしてみるというのも一つの方法です。『あなたがしてくれないから自分で慰めるけれど，協力してくれるならお願い』という姿勢を毎晩続けるんです」（『週刊女性』2016：80）。

6．医学的治療

　医学的には，セックスは女性から拒否する前提となっている。年齢とともに膣の萎縮が進み，セックスに痛みを感じる人が増えると産婦人科医は言う。セックスレスを解消するため，産婦人科医は最新のレーザー治療の提案をしている。例えば，『週刊女性』では，「モナリザタッチ」という治療を紹介し，この治療を利用した女性がセックスの時の「感度がアップして」，彼女も夫も喜んでいるという感想が述べられ，「膣が若返ることで自信がついて，夫を誘いやすくなる女性が多い」とセックスレス解消への希望を与えている（『週刊女性』2016：85）。この直前のページには性交痛のためのゼリーの広告が目立つ。

2.1.4　女性誌の考察

　以上，1．から6．についての考察をまとめていきたい。相談者の悩みに対して，専門家は夫婦間の性生活の意識や行動に踏み込まず，一般に普及している性行動のテクニックや外的なファクターによる解消法に焦点を当てていたことが明らかになった。また，回答者は，カップル間のセックスを復活させるために，相談者にマスターベーションを勧めたり，セックスに「飽きるのは普通」とか「セックスレスになるのは当たり前」であるという前提に立って，浮気を勧めたりしたことも確認した。これらの回答は，そもそも夫婦間のセックスレスを解消するという質問に十分に答えていないことは明らかである。

　女性誌では，読者の質問に対して，各専門家がセックスレスの解消法を提案する。現状では男女の半数がセックスを拒否し，セックスに関心がない女性の数字が高い。しかし，この雑誌記事では，妻が夫とのセックスに関心がないパターンは1件しかなく，男性が何らかの理由でセックスを避けるという悩みを多く取り上げている。

　セックスレスを経験した一般男性が回答する場合もあり，女性たちにアドバイスを与えている。専門家のアドバイスはセクソロジーによった理論ではなく，個

人の意見が中心である。また，専門家が問題提起をした上で解決方法を提案するという記事には性行動のテクニックを示す記事も存在する。このような記事では，一緒に食事や映画館，旅行へ行くといった結婚前のカップル関係に戻ることをセックスレスの解消法として提示している点が興味深い。

　そして，女性誌では，セックスレスの原因を夫婦間の性生活の実態ではなく，外的なファクターに求めている。その中でも女性誌では「女性らしさ」を忘れないため，メイクをする，エロチックな下着を着るなどの外見へのアドバイスばかりが挙げられる。同じく，AV 関係者の専門家は浮気や不倫を提案し，夫婦間での性生活の改善について言及しないのが特徴である。

2.2　男性誌の特徴

2.2.1　男性向けの雑誌——セックスレス記事の特徴

　男性向けの雑誌は女性向けの雑誌と異なり，漫画のイラストよりも，主に女性のエロチックな写真が目立つ。女性が快感に浸っているような写真を大量に並べ，男性の写真は少ない。加えて，本書で分析した男性誌は中高年が読む雑誌であるため，「妻」「夫」，または 40 代，50 代に向けた記事が目立つ。そこで，セックスレスに関する読者の事例を紹介する中で，セックスレス時期が 5 年以上続いた事例が主である（『週刊現代』2005：194）。その中でも，男性側（夫）が女性（妻）とのセックスを拒否するパターンと，女性側が夫とのセックスを拒否するパターン[10]が述べられている。

2.2.2　雑誌記事で取り上げられているセックスレスになる要因

　セックスレスの要因は，読者事例とセックスレスにおける実態調査の結果から挙げられている。読者のセックスレス要因としてはまず，「育児に手がかかるようになった」ため男性の方はセックスをしなくなった（『週刊現代』2005：195）。他のケースでは立ち合い出産をセックスレス原因としている。このような事例については『サンデー毎日』（2010：126）で取り上げている。そこでは，女性の方が望む通りに，男性が出産の間にサポートしていなかったため，女性がセックスを拒否するようになった事例が挙げられている。特に，男性の場合，セックスレスになる要因として，「妻に対して性欲がない」ため「愛しているのかもわから

10）このようなケースは，読者事例として述べられ，妻は出産後に育児にフォーカスしていることが挙げられている。

248

ない」、「妻に魅力を感じない」。また、「妻とはセックスをしたくないけれど、浮気はする」、そして「浮気願望はある」が「ただめんどくさい」という事例が述べられている（『週刊現代』2005：193）。加えて、セックスレスが生じる要因を示す場合、セックスレスのアンケート調査結果が提示されることもある（『週刊現代』2005, 2009,『サンデー朝日』2010,『週刊朝日』2010）。例えば、『週刊現代』（2005：192-193）では、最も多い男性側の要因としては「勃起不全」、「したいと思わない」、「する時間がない」、「その他」とされている。精神科医の阿部輝夫は、以上の実態調査で示されている「勃起不全」といったような「性機能障害」が原因であるものの、男性はそれを理由にせず、セックスに「飽きた」とか「年だから」セックスができないといった理由を挙げることが多いと主張している（『サンデー朝日』2010：126）。

　別の雑誌記事では、性意識・性行動の実態を示すアンケート調査が提示され、女性が男性のセックスへどのぐらい不満を抱えているのかという結果が示されている（『週刊現代』2009）。

　そこで、男性の方はセックスの場面で「非常に一方的である」、「前戯をもっと長くしてほしい」ということが書かれ、「日本男児はさらに女性の満足度を高めるためにも、今度ますますテクニックを向上させ、回数を増やす精神が必要だろう」と解釈されている（『週刊現代』2009：182-183）。

2.2.3　セックスレスの解消法

　男性誌の問題設定と解決方法の構造について考察する。その前に、セックスレスの改善に向けてアドバイスしている専門家を列挙する。

　恋人・夫婦仲相談所カウンセラー（二松まゆみ、山本亮）、セックス・セラピスト（アダム徳永）、東京家族ラボ心理研究所（池内ひろ美）、心理カウンセラー（根本裕幸）、医師（精神科医）、産婦人科医（北村邦夫）、フリーライター（男性と女性）、漫画家（成田アキラ）、元 AV 女優。

　男性誌では、女性誌のような Q&A 式の雑誌記事は見当たらず、以下のような解消法の提案の構造が見られる。

① セックスレスに対する問題提起としては読者のセックスレス事例、性の実態調査の結果が示され、それらに対して各専門家が解消法を紹介する。
② 専門家が問題提起と解消法を同時に紹介する。

① 読者が問題提起を行い，それに対して専門家が改善法を紹介する

　ここで，興味深いのはセックスレスという問題提起と，各専門家のセックスレス解消法の紹介までにいたる過程である。そこで，今回は男性誌のみで見られる２つの特徴，つまり，(1)専門家がセックスレス解消を勧める理由と，(2)読者のセックスレス事例と解消法のズレについて考察する。２つの特徴は一緒に提示されているため，１つの雑誌記事の事例から併せて考察する。

　精神科医の阿部輝夫は雑誌記事で，セックスレスの場合「したくてもできない」よりも「しなくてもいい」人たちが大半であることを主張している（『サンデー毎日』2010）。例えば，男性側のセックスレスについては「妻に愛情を感じているかどうか，自分でもよくわからない」「妻の体に魅力を感じられなくなり，もう10年近くセックスレス状態が続いています」。妻とセックスをするのではなく，「性欲はもっぱら風俗で満たしている」と続けて述べられている（『週刊現代』2005）。同記事では，他の男性は疲労で，家に帰るとすぐ寝てしまい「妻に性的な興味を抱けなくなった」と述べられている。このさまざまな事例の後に，ある男性の漫画家がセックスレスの専門家としてセックスレスに陥る危機の状況を説明している。妻はセックスレスを原因として夫に離婚を求めることもあるため，セックスレス解消法を提案している。「しかし，性的な要求を満たしてくれないダメ夫に，妻がいつまで耐えてくれるかどうかは非常に疑わしい。セックスレスが原因で離婚届を突きつけられ最悪の事態を迎える前に，なんらかの対処が必要だろう」と主張されている。そして，最後に，セックスレス解消の提案としては，妻を褒めること，夫婦で食事に行くことであり，セックスの場合，射精をしなくてもいいことも述べられ，楽な気持ちで臨むことを勧めている。セックス・テクニックとしてスローセックスが勧められている（『週刊現代』2005：197）。

　この雑誌記事では，セックスレスになる要因として，妻に愛情を感じるかどうかの疑問と妻の体に魅力を感じないということが述べられているが，セックスレスの経験者はこのような状況を改善したいかという望みについては書かれていない。他の記事でも夫からセックスを拒否する理由として「妻に対して性欲がないから」，「したいと思わない」，「飽きた」，「年だから」，「女性の性欲が強い」ということが示されているが（『サンデー毎日』2010），ここでもセックスレスの改善を希望することは書かれていない。それにもかかわらず，さまざまな分野の専門家がセックスレスにおける解消法を勧め，セックスを復活する必要性を述べている。以上の事例では妻が離婚を求める不安を想定している。他の雑誌記事でも，セックスレス状態が続くと，「女性は浮気を考えるケースは少なくない」（『アサヒ芸

能』2006），「セックスをしたがらない夫に満たされない妻たちが『不倫』という形で，夫以外に性欲のハケ口を求めているというのだ」と挙げられている。そして，浮気・不倫が発生する理由としては，女性の性欲の強さという点が提示されている。つまり，「女性の年齢と性欲の関係は，男性のそれとは逆だと言えます。男性は30代に入ったあたりからどんどん性欲が減退していきますが，女性はむしろ上がっていきます。もしも，彼女たちが社会的な足かせから完全に解放されたら，性欲はそれこそ底なしに膨らんでいくでしょう」と漫画家の成田アキラは述べる（『週刊現代』2005）。

そして，「熟年離婚を避けるため」や「減らすため」，セックスレスを解消しようということが提示される（『週刊現代』2005，『アサヒ芸能』2006，『週刊実話』2008）。

② 専門家が問題提起と解決策を同時に提案する

1．セックス・テクニック

男性側が女性をどのようなテクニックで喜ばせるのかという目的に対して「スローセックス」の方法が順番に示される（『週刊現代』2005，『週刊実話』2008）。スローセックスは女性誌でも取り上げられており，特に「アダム・タッチ」という方法が男性の専門家により紹介される（『週刊現代』2012，『週刊実話』2008）。また，恋人・夫婦仲相談所所長の二松まゆみは「楽で濡れやすい体位」という題でセックスレスを解消するための体位を紹介している（『週刊現代』2009）。ある夫婦カウンセラーは，セックス・テクニックを学ぶことで「小さなセックスのバリエーションを増やす」ことができる大切さを述べる。そして，「セックスとはミラーリング（鏡像効果）」するべきであり，「お互いの反応を見ながら，二人で喜びを分かち合うものです」と述べられている（『サンデー毎日』2010）。

2．勃起と射精を求めない

セックス・テクニックを紹介する際には無理に勃起や射精を求めないことも書かれている。このような情報は女性誌では述べられず，男性誌の特徴である。勃起や射精を求めないというアドバイスにより，プレッシャーから抜け出して，互いの触れ合いを楽しむことを目的とする。「肌と肌が触れ合うことすべてが二人にとっての性の営み。無理に勃起しなくてもいい」，「イクかイカない，勃起する・しない，などのこだわりを捨てよう」，挿入することを忘れて，「手を繋ぐなどのスキンシップから始めることが大切です」と説明されている（『週刊朝日』2010：137，『週刊現代』2009：184）。

　このようにセックスの際に勃起や射精を求めなくて構わないという説明が，男性向けの雑誌でも取り上げられるのは，男性の「勃起不全」がセックスレスをもたらす１つの大きな要因であるからだろう。阿部が『サンデー毎日』で主張しているように，勃起不全を経験する男性が増えているという。その中でも，そもそも性欲はあるが，妻には性欲が向かない，つまり「妻だけ ED」という事例もある。

３．結婚前のカップル関係

　男性誌では，女性誌と同様に，セックス以前に夫婦のコミュニケーションを重要なセックスレス解消法として取り上げている。つまり相手を褒めたり，感謝の気持ちを伝えたり，恋人時代のようにメールをするなどが提示されている（『アサヒ芸能』2006）。また，食事に出かける，場所を変える（デート，そしてセックスをする場所），思い出の場所に行くという外的なファクターの変化についても言及している。風呂に一緒に入ることで互いの体に慣れるのもセックスレスを解消する１つの方法である（『週刊現代』2005，『週刊現代』2009，『サンデー毎日』2010，『週刊朝日』2010）。ある医療関係者[11]が「SEX の回数を増やしたり，女性の満足度を高めたりするために，まずは二人で歩く時はたまには手を繋いでみてはいかがでしょう。夫婦で一緒にお風呂に入ってみたり，寝る前や風呂上がりにマッサージしたりしてみるのもいいですね」と述べる（『週刊現代』2010：183）。

　他にも，産婦人科医の北村邦夫は「まずは目と目を合わせて会話をして見てください。たまにはお互いに労をねぎらった言葉をかけ，『お父さん』『お母さん』ではなく，名前で呼び，手をつないで映画にでも行ってください」と述べる（『週刊朝日』2010：137）。

　男性誌では，結婚前のカップル関係の親密性を重視する提案を女性のセックス・カウンセラー，フリーライターが述べ，男性の医療関係者（産婦人科医，精神科医など）も提案する。

　以上のような提案はさまざまに述べられるが，それらには実施する順番もある。『週刊現代』（2009）では，医療関係者により，セックスに至るまでの順番が詳細に説明される。まずは手を繋ぐ→スキンシップを取る→風呂に一緒に入る→マッサージから始めることである。他の雑誌記事でも似た流れが説明されている。つ

11）ここではどのような医療関係者なのかが書かれていないため，信憑性を明確に把握することができない。

まり，会話→スキンシップ→キス→オーラル・セックス→挿入である（『週刊現代』2012）。

4．外見の変化の提案

　最後に，外見の変化の提案を紹介する。男性誌では，女性誌と同じように，女性側の見た目に焦点を当て，男性側の見た目には触れていないことが興味深い。家族愛を男女愛に戻すため，女性は化粧をしたり，下着を変えたりすることを提案され，次のようなことが言われている。阿部輝夫は「夫婦はまずエロチックな目で相手を見るようにしてください。妻の場合，やりすぎない程度に化粧をしたり，下着を変えてみる，それができたら夫婦で自宅を離れ，出会った頃に訪ねた土地を旅し，思い出のホテルに泊まることを勧めます」と述べる（『サンデー毎日』2010）。

　男性誌においてもセックス・テクニック，結婚前のカップル関係（コミュニケーションを取る，デートするなど）の意識を高めるといったアドバイスは女性誌と同様である。唯一異なる点としては無理に勃起や射精を求めないというアドバイスである。雑誌記事では，男性のセックスレス要因として「勃起不全」が取り上げられている。その中でも「妻だけ ED」の事例は少なくない。しかし，勃起不全のような個人ごとに原因の所在が異なる問題に個別具体的な解消法を提供せず，専門家は一般論とされているアドバイスを読者に与えている。例えば，セックス・テクニックの改善や結婚以前のカップル関係を楽しむ他に，体力を増やすことの重要性から，食生活の改善までもが提案される。

2.2.4　男性誌の考察について

　男性誌では，妻とのセックスに関心がないという読者の事例が挙げられている。つまり，妻との性生活を改善したいという願望よりも，セックスは「しなくてもいい」という願望である。妻が不倫や離婚を考えることを未然に防ぐために，専門家はセックスレスを解消する必要性を述べる。しかし，同時にセックスは重要なコミュニケーションであるとも書かれているが，その側面に対しては深く触れていない。Fehmi（2015）はアメリカの恋愛・性についてのハウツー本の構成を分析している。彼の研究を踏まえると，セックスレス議論の原則的指標は，まず問題を解決可能なものとして特定するところにある。セックスレス解消法は，次の 3 つの文脈から構成される。

　第 1 に「望まない現状」，第 2 に「望みたい目標とそこに至るまでの障害」，第

3 に「『～である』という否定的状況から『あるべき』という肯定的状況への転換」である。日本の雑誌におけるセックスレス議論の場合，女性誌では状況改善を望む読者の声が掲載されており，Fehmi の示したような解決的指標に基づく構成となっている。

　一方，以上に述べたように，男性誌ではセックスレスの生じる要因のみが指摘され，状況改善を望む読者の意見には触れられていない。Fehmi の指標に則せば，男性誌のセックスレスの記事はセックスレスの解消法についての議論はしていないと言える。雑誌では各専門家の見解もセックスレスが熟年離婚の契機となりうる点を警告するに留まり，読者の危機感ばかりが煽り立てられる。このように，男性誌はセックスレスの解決可能性を提示しない点が特徴と言える。また，男性誌では勃起障害（ED）をセックスレスになる要因として取り上げている。勃起障害は身体的な血管，神経の障害，心理的不安や緊張などで生じる場合があり，原因は多様であり，解消法も多様であることは無視できない。しかし，雑誌記事では，このような実態が単純化され，勃起障害の解消法としてはスローセックスや夫婦関係以前のあり方などが示される。ある男性は妻とのセックスにおいて性欲を感じないため，専門家に相談せずに勃起機能改善薬（バイアグラ）を使用した。その結果，「ペニスが硬いままなので気持ちが悪くて仕方がない」という事例も存在する（『週刊現代』2005：196）。

　雑誌記事では，複雑な構造を単純化して，読者に解消法を紹介する。筆者としては，より専門知識を示す場合は参考文献を提示する，または，専門家へ相談できるホームページや相談所を紹介することによって，解消法の偏りと読者の疑問が減るのではないかと考える。

2.3　考察とまとめ

　本書では，男性向けおよび女性向け雑誌から，セックスレスの解消法の提案方法を分析した。以上のようなハウツー形式［Ratgeberliteratur］を分析すると，その効果について，いくつかの疑問がわいてくる。つまり，セックスレスを改善したい人々にとって，各専門家のアドバイスはどれほど活用できるのか，それらが提案している問題解決の効果はどれほどなのかという問いである。本書で扱った雑誌記事の場合，さまざまな分野の専門家がセックスレスの解消法を提案していることが特徴である。そして，その解決方法は本当に効果があるのかどうかは提示されず，信憑性がない。さらに，紹介されている問題提起の根本的な部分と各専門家の提案とに齟齬が生じている場合も多い。つまり，読者がセックスレスに

なる要因は短く説明され，セックスレスの状況についての複雑さには触れられていない。その代わりに，各専門家において，セックスレスが生じる要因としては行動不足（セックス・テクニックの提案），外的なファクター（デートする場所，セックスをする場所の工夫などの提案）または，自己の配慮不足（女を磨く，相手を褒める，メールをもっとする，会話をするなどの提案）が主張される。さまざまな分野の専門家が筋書き［Script］を細かく提案し，読者は，その提案を実行すれば，性生活が満たされるようになると感じる。そして，専門家とされる AV 関係者は夫婦間のセックスレスは解消できないと考えて，婚外セックスを提案し，産婦人科医は治療を勧める。

　他に，日本のハウツーものの特徴は，セックスレスを取り上げる際に，個人の背景は無視され，「男性」と「女性」と一般化されていることが目立つ。このことは，各専門家が解消法を提案する前から見られる。「男性のセックスレス」と「女性のセックスレス」，「男性の性欲」と「女性の性欲」という構造の上でセックスレス解消法が提案される。セックスレスの解消法にはさまざまな専門家の視野から提案される。そのため，多様な側面からの解消法のアイデアが得られる一方，1 つの記事に 3 人から 5 人までの価値観が異なる専門家が簡潔に解消法を提案する。こうした状況において読者はどのアドバイスを利用すればいいのかという戸惑いから，セクシュアル・コンピテンス（性に関する能力・知識）［Sexual competence］が不足していると感じる可能性もあると筆者は考える。

　以上，セックスレスになる背景や根本的な部分は複雑な構造であるにもかかわらず，解消法は肯定的な行動の筋書きが紹介されていた。紹介される解消法は単純化され，行動の順番は詳細に提案され，手段的であり，行動範囲が狭くなることも考えられる。そして，夫婦間の性生活をどう作り上げるのかという問いと同時に各々の性的な価値や意識については触れていないことが明らかとなった。さらに個々に事例を見なければ，雑誌が述べるようなハウツーでは限界があると筆者は考える。専門のセクソロジストによるセックスレス現象についての言説が，より社会的に公的な領域でもアクセスしやすくなり，それらの議論が注目されることに意義があると筆者は考える。

　最後に，今後の研究課題を述べよう。① 雑誌記事が提供する性に関する筋書きは，人々にどのような影響を与えるのかを，明確に把握したい。② 本書では少数の雑誌記事の分析を行ったが，今後は分析する記事を増やし，セックスレスの言説が時代の変遷によりどのように変化しているのかを考察したい。そこで，解消法についても変化があるのかも考察したい。雑誌は，男性誌と女性誌だけで

はなく，例えば本書でも扱った『アエラ』のような両者を読者として想定する雑誌の分析もより深めたい。③2010年以降からセックスレスを取り上げる記事が減少し，不倫をテーマとした記事が増加する。そのため，不倫とセックスレスの関連も考察する。

■ セクシュアリティについて議論できる新しいマスメディア

　2010年以降からセックスレスを含めたセクシュアリティにおける新しい言説も見られる。例えば，本書で詳細に言及しなかったが，ファッション雑誌以外に，2015年4月から朝日新聞夕刊で「オトナの保健室」という女性を対象とする企画を通じて，女性のセクシュアリティ問題に着目している。カップル間のセックスレスについては度々話題に上がる。セックスをしたくても相手が拒否するパターン（男女共にこのような悩みが読み取れる）と，女性では特にパートナー側の自己中心的なやり方でセックスをしたくないという悩みが見られる。読者が不満と思っている性的な経験を生の声として掲載し，産婦人科医や社会学者，心理士，フリーライターというセクシュアリティの専門家が女性の性について解説している。

　女性が自分自身のセクシュアリティについて議論できるメディアはまだ登場して間もない。朝日新聞「女子組」取材班『オトナの保健室』（集英社，2018年）だけではなく，こだまの『夫のちんぽが入らない』（扶桑社，2017年），そしてMioの『夫のHがイヤだった』（亜紀書房，2019年）と続けて女性側がセクシュアリティの問題を発言するメディアが進み「セックスレス小説」というジャンルが誕生した。2010年以降からセックスレスをテーマとする漫画も増えているため，今後マスメディアにおけるセックスレス言説を考察する場合は，新しいメディアの登場に注意する必要がある。

あ と が き

　2010 年に交換留学生として日本に滞在した頃，2 人の 50 代の主婦と出会い，会話をしている際，夫婦関係の話題が出た。私はその時に初めて「セックスレス」という言葉を聞いた。日本に留学する前に，セックスレスという表現を聞いたことがなく，耳をすまして聞いた。その主婦 2 人は，夫と長年の間セックスレスであることを，互いに共感し合い，そして，笑いながら話していた。この出来事において驚いた要素は 2 点ある。1．カップル（夫婦）間で長期間，性行為がないのにもかかわらず，夫と離婚せずに付き合っていること。そして 2．セックスレスの話をし，互いに共感し，笑いながら話していること。性生活がなくて，不満はないのかと私が質問すると，「外で恋愛をしているから平気」と笑顔で説明された。また，離婚しない原因を聞くと「そんな簡単ではないのよ。旦那といると，自分は家政婦を演じるのよ。外ではたくさん楽しんでいるよ。家では家政婦の気分。お金をもらって，我慢」との言葉に，驚きのオンパレードだったことはいまだに覚えている。

　現代，オーストリアを含めてドイツ語圏では，「セックスをしないこと」は「カップル関係に問題がある」という考えと強く結びついている。身体的，もしくは慢性的な疾患から生じるセックスレスではない限り，長期にわたってセックスをしなかったり，性生活に不満を抱き続けたりすると，離婚や別れに至ることも少なくないのだ。しかし，私が知り合った日本人の主婦 2 人のケースでは，セックスレスであっても，離婚を考えずに，そして，不倫の話を笑顔で話したことが当時の私には衝撃的だった。その日，私は心の整理ができなかったが，この経験を通じて性，そして夫婦（カップル）の価値観は文化・社会によって異なることを知った。「性生活のないカップル（夫婦）関係はどのように成り立つのだろうか」，「セックスレスになる理由はなんだろうか」，「どうして人は不倫をして離婚はしないのだろうか」という疑問が湧いた。

　その後，明治大学で「身体と社会」という授業を受け，その授業でたまたま「現代日本社会におけるセックスレス現象」について取り上げられ，私はこの現象についてもっと知りたいと思った。授業後，担当していた平山満紀先生に声をかけ，セックスレス現象について理解を深めたいことを伝えた。これがきっかけとなり研究の旅が始まった。平山先生は博士課程まで私の指導教員になり，現在

では共同で研究を行っている。

　以上のようなことから，単純なきっかけで研究を始めたが，研究を進めれば進めるほど，セックスレス現象の複雑さ，奥深さに関心を持ち，セックスレスをもたらす社会構造についての研究をますます発展させたいという気持ちが高まった。

　また，本研究はインタビュー調査が中心であった。調査に協力をしてくれたインフォーマントの中には，カップル間で「セックスレスだからこそ幸せ」という方もいれば，初めてセックスレスの経験を話せたことで号泣したインフォーマントもいる。普段の生活では，プライベート領域とされている性生活について語ることはなかなか少ないのだが，インタビューを受けた側は，各々がおかれている状況（交際経験・恋愛経験・性経験）を振り返ることができ，「自分と向き合う」ことができたと実感している。この研究はインタビュー調査にご協力いただいた皆様のおかげで成り立っている。調査の重要性を理解して，インフォーマントを紹介してくださった方々，調査に回答し，お考えを語ってくださった方たちには心より感謝を申し上げたい。

　とはいえ，まだまだ現代日本社会におけるセックスレス現象を完全に理解したわけではなく，研究が足りないところも多くある。性意識・性行動における歴史的な変遷の取り組みや，インタビュー調査の多角的な考察などといった点はまだまだ不十分であると考えている。また，現時点では，西欧の価値観が中心となるセクシュアリティ研究の理論にも疑問を感じ，今後，「セクシュアリティ研究の実態と限界」をさらに深く追究したいという目標を持っている。現代日本社会では，ジェンダー，特に男女平等の話題が広く議論されている中，性生活の学問領域における議論はまだ乏しい現状である。だが，セクシュアリティはジェンダーにも関連する大事なテーマであるため，社会学と切り離すことはできないと考える。

　本書の元になった博士論文の審査にあたっては，主査の平山先生はもちろんのこと，副査の加藤秀一先生（明治学院大学）や，細谷実先生（関東学院大学），寺田良一先生（明治大学）から今後の研究に活かせる貴重なご指摘とご指導をいただいた。最終審査では，特に理論の観点，国際比較に関するコメントをたくさんいただいた。博士論文執筆にあたっては，平山先生が立ち上げたセクシュアリティ研究会の皆様から大きなご助力をいただき，日本社会におけるセクシュアリティの現状についてより理解を深められた。このような貴重なご意見によって，本書は成立している。特に研究会のメンバーである高橋幸さんには晃洋書房の吉永恵利加さんを紹介していただいた。いつも相談に乗ってくださり，セックスレスの

定義についての意見交換をしていただき，背中を押していただいた森木美恵先生（国際基督教大学）にも心から感謝を申し上げます。

　国際比較については Barbara Holthus（ドイツ日本研究所副所長），Nora Kottmann（ドイツ日本研究所責任研究員），Dariusz P. Skowroński（テンプル大学）に心から感謝を申し上げる。国際比較の研究では，彼らの意見によって新たな視点を得られた。日本性科学会セクシュアリティ研究会の皆様にもお礼を申し上げます。日本性科学会に参加させていただくことで，多くのことを学びました。早乙女智子先生にもいつもお世話になっており，国際学会に参加する度，セクシュアリティを国際的な観点から議論する姿に，いつも刺激を受けております。

　また，荒木乳根子先生，大川玲子先生からは本書で使用したグラフの掲載の快諾を頂きました。心から感謝を申し上げます。

　この他にも名前を挙げられなかったたくさんの人たちにもお礼を申し上げたい。各研究発表の際にいただいた鋭いコメントやアイディアによって，研究をより深めることができた。

　交換留学生の頃からご指導をしていただいた平山満紀先生と，本書の刊行に尽力していただいた晃洋書房の吉永恵利加さんに深謝している。この研究の意義を深く理解してくれて，支えてくれたのはこのお2人である。

　なお，本書の刊行にあたっては2021年度明治大学大学院文学研究科学生研究奨励（成果公開促進）基金をいただきました。感謝申し上げます。

　最後に，本書を書くにあたって精神的なサポートをしてくれた家族，友達やパートナーにもお礼を言いたい。特にパートナーの木下幸太は，「西欧ではなぜセックスレスが議論されないのか」というこれまでの研究を相対化する視点を与えてくれた。本書がこのような形になったのはパートナーのおかげだと思う。心から感謝している。

　本書を多くの人に読んでもらい，その中で読者1人ひとりにカップル関係・性関係・恋愛観を振り返ってほしい，そして，「自分と向き合う」きっかけになるようにと願っている。

2022年1月7日

パッハー・アリス（Alice L. PACHER）

参 考 文 献

阿部輝夫. 1991. 「セックスレス・カップルと回避型人格障害」『日本性科学会』8(2), 14.

―――. 2004. 『セックスレスの精神医学』筑摩書房, 18-19.

―――. 2012. 「セックスレスの中でも治療困難な性嫌悪症」『日本性科学会雑誌』30(1/2), 109.

赤川学. 1999. 『セクシュアリティの歴史社会学』勁草書房, 385-386.

Akalin, Fehmi. 2015. How to seduce hot women. Sexuelle Kommunikationsstrategien und Geschlechtertypologien in Verführungsratgebern für Männer. In *Sexuelle Vielfalt und die Unordnung der Geschlechter : Beiträge zur Soziologie der Sexualität,* 293-321.

秋山謙一郎. 2017. 『友達以上，不倫未満』朝日新書.

荒木乳根子. 2014. 「配偶者間のセックスレス化――2012年調査で際立った特徴」『日本性科学会雑誌』 32, 7-21.

荒木乳根子「日本性科学会・セクシュアリティ研究会」. 2019. 「第5章　言葉以外で伝えてみる」『中高年のための性生活の知恵』アチーブメント.

朝日新聞デジタル「セックスレス夫婦，過去最高の47.2％家族計画協会」https://www.asahi.com/articles/ASK2B4TCNK2BUTFK00B.html（2021年7月6日閲覧）

朝日新聞「女子組」取材班. 2018. 『大人の保健室　セックスと格闘する女たち』集英社.

Asienspiegel. 2010. Sexloses Japan. https://asienspiegel.ch/2010/02/sexloses-japan（2021年8月25日閲覧）

Bancroft, John. 1993. Impact of Environment, Stress, Occupational, and Other Hazards on Sexuality and Sexual Behavior. *Environmental Health Perspectives,* 101（Suppl 2）, 101-107.

Bänziger, Peter-Paul ; Beljan, Magdalena ; Eder, Franz X ; Eitler, Pascal hg. 2015. *Sexuelle Revolution ? Zur Geschichte der Sexualität im deutschsprachigen Raum seit den 1960er Jahren.* Transcript Verlag : Bielefeld. 15.

Bauer, Yvonne. 2003. *Sexualität, Körper, Geschlecht. Befreiungsdiskurse und neue Technologien. Studien zur indisziplinaeren Geschlechterforschung.* Bd. 26.

BBC. 2013. No Sex Please, We're are Japanese. https://www.bbc.co.uk/programmes/b03fh0bg（2021年2月閲覧）

Beck, Ulrich & Beck-Gernsheim, Elisabeth. 1990. *Das ganz normale Chaos der Liebe.* Suhrkamp.

ベネッセ次世代育成研究所. 2011. 「第1回妊娠出産子育て基本調査・フォローアップ調査（妊娠期～2歳児期）」. https://berd.benesse.jp/up_images/research/research20_report1.pdf（2021年7月6日閲覧）

Benkel, Thorsten & Akalin, Fehmi. 2010. Vorwort. In *Soziale Dimensionen der Sexualität.* Psychosozial-Verlag. 9-11.

Bodenmann, Guy. 2010. Die Liebe braucht Pflege. *Zentralschweiz am Sonntag.* http://www.psychologie.uzh.ch/dam/jcr : ffffffff-ed7a-4e03-0000-00002896f8f7/20100905_ZentralschweizAm-Sonntag.pdf（2021年7月9日閲覧）

Breuer, Franz. 2009. *Reflexive Grounded Theory: Eine Einführung für die Forschungspraxis.* Wiesbaden : VS Verlag für Sozialwissenschaften.

Burkart, Günter. 2018. *Soziologie der Paarbeziehung. Eine Einführung.* Deutschland : Springer VS.

Bundeszentrale für gesundheitliche Aufklärung (BZgA). 2015. *Jugendsexualität: Die Perspektive der 14-25 jährigen.* Ergebnisse einer aktuellen Repräsentative Wiederholungsbefragung.

————— (Infoblatt). 2020. Neunte Welle der BZgA-Studie "Jugendsexualität". Bundesweite Repräsentativbefragung-Zentrale Studienergebnisse.

Byers, E. Sandra & Demmons, Stephanie. 1999. Sexual satisfaction and sexual self-disclosure within dating relationships. *Journal of Sex Research,* 36(2), 180-189.

Cabinet Office, Government of Japan. 2009. 'Nippon Keizai 2009-2010' https://www8.cao.go.jp/shoushi/shoushika/data/ottonokyouryoku.html（2019 年 9 月 20 日閲覧）

Clarke, Juanne. 2009. Women's work, worry and fear : the portrayal of sexuality and sexual health in US magazines for teenage and middle-aged women, 2000-2007. *Culture, Health & Sexuality: An Interventional Journal for Research, Intervention and Care,* 11(4), 415-429.

Clement, Ulrich. 2004. *Systemische Sexualtherapie* (11. Auflage 2011). Stuttgart : Klett Cotta.

—————. 2005. Erotik-eine Frage der Entscheidung. *Psychologie heute.* Juni 2005, 26-29.

—————. 2011. *Guter Sex trotz Liebe: Wege aus der verkehrsberuhigten Zone.* Ullstein Verlag.

Davis, Michele Weiner. 2017. *Lustlos: Was Frauen tun können, wenn er nicht mehr will.* Klett-Cotta.

Durex Network. 2005. '2005 Global Sex Survey results'. http://www.durexnetwork.org/en-GB/research/faceofglobalsex/Pages/Home.aspx（2019 年 9 月 20 日閲覧）

—————. 2008. 'The Face of Global Sex 2008'. http://www.durexnetwork.org/en-GB/research/faceofglobalsex/Pages/Home.aspx（2019 年 9 月 20 日閲覧）

Eder, Franz X. 2002. *Kultur der Begierde.* C. H. Beck Verlag.

—————. 2015. *Sexuelle Revolution ? Zur Geschichte der Sexualität im deutschsprachigen Raum seit den 1960er Jahren.* Bänziger, P. P. & Beljan M. & Eder, F. X. & Eitler P. (eds). Transcript Verlag Bielefeld.

衿野未矢. 2012.『セックスレスな女たち』祥伝社.

Foucault, Michel. 2017. *Der Wille zum Wissen. Sexualität und Wahrheit* 1 (21. Auflage). Suhrkamp Verlag.

二松まゆみ. 2012.『夫とは，したくない』ブックマン社.

Gagnon, John H. 2004. *An Interpretation of Desire. Essay in the Study of Sexuality.* The University of Chicago Press, Ltd., London, 136.

Gagnon, John & Simon, William. 2005. *Sexual Conduct: The Social Sources of Human Sexuality,* Second Edition. US : Routledge.

Genda, Yūji. 2005. *A nagging sense of job insecurity: The new reality facing Japanese youth.* Tokyo : International House of Japan.

玄田有史・斎藤珠里. 2007.『仕事とセックスのあいだ』朝日新聞社.

Ghaznavi, Cyrus, et. al. 2019. Trends in heterosexual inexperience among young adults in Japan : analysis of national surveys, 1987-2015. *BMC Public Health:* April 8. https://bmcpublichealth.biomedcentral.com/articles/10.1186/s12889-019-6677-5 ; Doi : 10.1186/s12889-019-6677-5（2019 年 10 月 27 日閲覧）

Giddens, Anthony. 1993. *Wandel der Intimität: Sexualität, Liebe und Erotik in modernen Gesellschaften.* Fischer.

Gläser, Jochen & Laudel, Grit. 2010. *Experteninterviews und qualitative Inhaltsanalyse*（4. Auflage）. Wiesbaden：Springer VS.

Goffmann, Erving. 2000. *Rahmen-Analyse. Ein Versuch über die Organisation von Alltagserfahrungen.* Suhrkamp Verlag：Deutschland.

グループわいふ．1984.『性――妻たちのメッセージ』グループわいふ.

花津ハナヨ．2010.『情熱のアレ』集英社.

ハルノ晴．2018.『あなたがしてくれなくても』双葉社.

Harvey, Valérie. 2016. Maternity and work：The impossible challenge of Japanese women. *Journal for Social Thought,* 1(1).

長谷川裕雅．2017.『不倫の教科書――既婚男女の危機管理術』イースト・プレス.

Henning, Ann-Marlene. 2017. *Liebespraxis. Eine Sexologin erzählt.* Rowohlt Taschenbuch.

平山満紀．2015.「性の戦後史概略――1960 年～ 1980 年」『明治大学心理社会学研究室』10, 1-17.

Hirayama Maki. 2019. Developments in Information Technology and the Sexual Depression of Japanese Youth since 2000, *International Journal of the Sociology of Leisure,* 2, 95-119. https://link.springer.com/article/10.1007/s41978-019-00034-2（2021 年 7 月 14 日閲覧）

久田恵．1998.『欲望する女たち――女性誌最前線を行く』文藝春秋. 51-631.

Holthus, Barbara. 1998. Sexuality, Body Images and Social Change in Japanese Women's Magazines in the 1970s and 1980s. *International Research Center for Japanese Studies,* 137-161.

堀口貞夫．2014.「単身者の性に関する考え方と規範意識――2003 年調査と 2012 年調査より」『日本性科学会雑誌』32, 22-31.

Illouz, Eva. 2012. *Warum Liebe weh tut：Eine soziologische Erklärung.* Suhrkamp Verlag Berlin. 221-229.

今井伸「日本性科学会・セクシュアリティ研究会」．2019.「勃起できない，維持できない――ED のリスクと原因」『中高年のための性生活の知恵』アチーブメント.

今村久美子・茅島江子．2013.「産後 4 ～ 5 ヶ月の女性の性機能と影響要因」『日本性科学会雑誌』31(1), 15-26.

Irmer, Jörg von. 2008. Die Rolle des Sexuallebens in einer romantischen Partnerschaft für die Beziehungszufriedenheit. Der Fragebogen zum Erleben von Sexualität in engen Partnerschaften（FESP）. *Zeitschrift für Familienforschung,* 20(3), 230.

石川弘義・斎藤茂男・我妻洋．1984.『日本人の性』文藝春秋, 303.

石崎裕子．2000.「現代日本社会における親密性の変容――セックスレス・カップルをめぐる雑誌記事の分析を中心に」『日本女子大学人間社会研究科紀要』6, 113-124.

岩田歩子・林文子・早乙女智子ほか．2018.「Female Sexual Function Index 調査票を用いた青年期女性の性機能調査」『日本性学会雑誌』36(1), 37-44.

Jamieson, Lynn. 2011. Intimacy as a Concept：Explaining Social Change in the Context of Globalization or Another Form of Ethnocentrisms？ *Sociological research online,* 16(4), 15. DOI：10.5153/sro. 2497. https://doi.org/10.5153/sro.2497.

JEX Japan Sex Survey. 2020. https://www.jfpa.or.jp/sexsurvey2020/（2021 年 7 月 7 日閲覧）

Kaesler, Dirk. 2011. *Max Weber.* Beck C. H.

亀山早苗．2003.『「妻とはできない」こと』WAVE 文庫.

―――. 2006.『不倫の恋で苦しむ男たち』新潮文庫.

264

―――. 2010a. 『「夫とはできない」こと』WAVE 文庫.

―――. 2010b. 『女の残り時間――ときめきは突然、やってくる』中公文庫.

―――. 2011a. 『男と女…セックスをめぐる五つの心理』中公文庫.

―――. 2011b. 『妻と恋人――おぼれる男たちの物語』中公文庫.

―――. 2012. 『セックスレス――その時女は』中央公論新社.

―――. 2013. 『恋が終わって家庭に帰るとき』WAVE 出版.

―――. 2014. 『婚外恋愛』Kadokawa メディアファクトリー.

―――. 2016. 『人はなぜ不倫をするのか』SB 新書.

亀山早苗・山路徹. 2012. 『おとなの関係』中央公論新社.

柏木恵子. 2011. 『親と子の愛情と戦略』講談社.

Kingston, Jeff. 2014. *Japan In Transformation 1945–2010*（2nd Edition）. Routledge. 63.

北村邦夫. 2011. 『セックス嫌いな若者たち』メディアファクトリー新書.

Klimke, Daniela. 2010. Umrisse der Weltgesellschaft. In *Soziale Dimensionen der Sexualität*. Psychosozial-Verlag. 91–116.

こだま. 2017. 『夫のちんぽが入らない』扶桑社.

Köhler, Angela. 2011. Japan；"Pflanzenfresser" ohne Lust auf Sex. In *Die Presse,* 26. 10. 2011. https://diepresse.com/home/panorama/welt/628645/Japan_Pflanzenfresser-ohne-Lust-auf-Sex （2019 年 10 月 2 日閲覧）

国立社会保障・人口問題研究所. 2011. 「第 14 回出生動向基本調査（結婚と出産に関する全国調査）」 http://www.ipss.go.jp/ps-doukou/j/doukou14_s/doukou14_s.pdf （2019 年 10 月 2 日閲覧）

―――. 2017. 「第 15 回出生動向基本調査（結婚と出産に関する全国調査）調査研究報告資料」 http://www.ipss.go.jp/ps-doukou/j/doukou15/NFS15_reportALL.pdf （2019 年 10 月 2 日閲覧）

Laumann, Edward O. et.al. 2006. A Cross-National Study of Subjective Sexual Well-Being among Older Women and Men：Findings from the Global Survey Study of Sexual Attitudes and Behaviors. *Archives of sexual behavior,* 26, 399–419.

Lautmann, Rüdiger. 2002. *Soziologie der Sexualität: Erotischer Körper, intimes Handeln und Sexualkultur.* Deutschland：Juventa Verlag GmbH.

Lenz, Karl. 2009a. Sexuelle Interaktion von Paaren. In *Soziale Dimension der Sexualität*. Psychosozial-Verlag. 219–249.

―――. 2009b. *Soziologie der Zweierbeziehung-Eine Einführung*（4. Auflage）. VS Verlag für Sozialwissenschaften.

Lewandowski, Sven. 2008. Diesseits des Lustprinzips：über den Wandel des Sexuellen in der modernen Gesellschaft. *SWS-Rundschau,* 48（3）, pp. 242–263.

―――. 2010. Sex does（not）matter. Von der sozialstrukturellen Irrelevanz des Sexuellen und der Ausdifferenzierung autonomer Sexualitäten. In *Soziale Dimensionen der Sexualität*. Psychosozial-Verlag. 71–90.

Luhmann, Niklas. 2012. *Liebe als Passion: Zur Codierung von Intimität*. Suhrkamp.

松岡宏行. 2015. 『できる男は不倫する』幻冬舎.

松崎祐子. 2018. 「6 割の夫婦が陥るセックスレス。夫に断られ続けて心が折れたとき、妻は…」Esse. online. https://esse-online.jp/107721 （2019 年 10 月 2 日閲覧）

Matthiesen, Silja. 2007. *Wandel von Liebesbeziehungen und Sexualität: Empirische und theore-*

tische Analysen. Psychosozial-Verlag. 54.

まゆ．2017．『スキンシップゼロ夫婦』ワニブックス．

McCurry, Justin. 2007. 'No sex please, wère Japanese.' In *The Guardian,* 14th March, 2007. https://www.theguardian.com/world/2007/mar/14/japan.justinmccurry（2019 年 10 月 25 日閲覧）

水無田気流．2015．『居場所のない男，時間がない女』日本経済新聞出版社．

Mio. 2019．『夫の H がイヤだった。』亜紀書房．

Moriki, Yoshie. 2017. Physical intimacy and happiness in Japan: Sexless marriages and parent-child co-sleeping. In Wolfram Manzenreiter, Barbara Holthus（eds）. *Happiness and the good life in Japan.* 41-52, New York: Routledge.

森木美恵．2017．「日本における夫婦間の性交渉の頻度と親密性の文化的脈絡」http://www.paoj.org/taikai/taikai2017/abstract/1049.pdf（2019 年 10 月 22 日閲覧）

武蔵野みどり．2018．『レス婚 「してくれない夫」と結婚してしまいました』秋田書店．

奈良林祥．1990．『性を病むニッポン──母親の執着が息子をマザフィグ族にする』主婦の友社．

─────．1997．『セックスレス・カップル──時代が生み出した病』あゆみ出版．

成田江梨香・砂原彩加・伊東美由紀・谷るみ子・森脇里美・久保治美．2012．「産後 1 ヶ月健診まで完全母乳育児を継続できない要因とそのケアに関する一考察──母乳育児継続へのケア向上を目指して」『看護研究集録』平成 21 年度，112-114.

NHK 放送文化研究所．2002．『データブック NHK 日本人の性行動・性意識』NHK 出版．

日本家族計画協会．2016．「第 8 回男女の生活と意識に関する調査」CD-Rom.

─────．2017．「夫婦半数がセックスレス 割合最高 家族計画協会調査」https://mainichi.jp/articles/20170211/ddm/012/040/109000c（2019 年 10 月 20 日閲覧）

日本性科学会セクシュアリティ研究会．2007．『からだと気持ち──シングル版』三五館．

─────．2014．「2012 年・中高年セクシュアリティ調査特集号」『日本性科学会雑誌』32.

─────．2016．『セックスレス時代の中高年性白書』haru no sora.

─────．2018．『セックス・セラピー入門』金原出版．

─────．2019．『中高年のための性生活の知恵』アチーブメント出版．

日本性教育協会．2013．『「若者の性」白書──第 7 回青少年の性行動全国調査報告』小学館．

─────．2014．「児童・生徒の性に関する調査報告」https://www.jase.faje.or.jp/jigyo/journal/seikyoiku_journal_201412.pdf（2021 年 7 月 7 日閲覧）

─────．2017．「中高年性白書」https://www.jase.faje.or.jp/jigyo/journal/seikyoiku_journal_201702.pdf（2019 年 10 月 25 日閲覧）

─────．2019．『「若者の性」白書──第 8 回青少年の性行動全国調査報告』小学館．

日本精神神経学会ほか．2014．DSM-5 病名・用語翻訳ガイドライン（初版）.『精神神経学雑誌』116(6), 429-457. https://www.jspn.or.jp/uploads/uploads/files/activity/dsm-5_guideline.pdf（2019 年 10 月 7 日）

Nippon.com. 2019. Shut-Eye Deficit: OECD Survey Reveals Japan Most Lacking in Sleep. https://www.nippon.com/en/japan-data/h00424/shut-eye-deficit-oecd-survey-reveals-japan-most-lacking-in-sleep.html（2019 年 10 月 2 日）

大川玲子．1998．『愛せない理由』法研．

Pacher, Alice. 2018. Sexlessness Among Contemporary Japanese Couples. In Beniwal, A., Jain, R., Spracklen, K.（eds.）*Global Leisure and the Struggle for a Better World. Leisure Studies in a Global Era*. Palgrave Macmillan, Cham.

Pacher, Alice & Hirayama Maki. 2020. "Impact of COVID-19 on Sexuality in Japan", The politics and intersections of COVID-19 : Critical perspectives from gender studies, https://sola.kau.se/covid19andgender/seminar-day-1/impact-of-covid-19-on-sexuality-in-japan/（2021 年 10 月 10 日閲覧）

ポレポレ美. 2018.『今日も拒まれてます』ぶんか社.

Poschenrieder, Beatrice. 2011. *Sex-Bewusstsein : So finden Sie erotische Erfüllung*. Rowohlt. 16.

Retherford, Robert D./ Ogawa, Naohiro. 2005. Japan's baby bust : Causes, implications, and policy responses. In F. R. Harris（ed.）*The baby bust : Who will do the work ? Who will pay the taxes ?* Lanham, USA : Rowman & Littlefield. 5–47.

Rothmüller, Barbara. 2020. *Intimität und soziale Beziehungen in der Zeit physischer Distanzierung : Ausgewählte Zwischenergebnisse zur COVID-19 Pandemie*. Sigmund Freud Universität, Wien.

Runkel, Gunter. 2010. Entwicklung und Zukunft der Sexualität und Liebe. In *Soziale Dimensionen der Sexualität*. Psychosozial-Verlag. 195–216.

産後夫婦ナビ. 2017. https://www.3522navi.com/guide/archives/46（2019 年 10 月 20 日閲覧）

Saotome, Tomoko, Tanaka ; Yonezawa, Keiko, et. al. 2018. Sexual Dysfunction and Satisfaction in Japanese Couples During Pregnancy and Postpartum. *Sexual Medicine,* 6(4), 348–355. https://www.smoa.jsexmed.org/article/S2050-1161(18)30083-7/pdf（2019 年 10 月 20 日閲覧）

Schmid, Wilhelm. 2013. *Die Liebe atmen lassen*. Suhrkamp Verlag Berlin. 271–278.

Schnarch, David. 2006. *Die Psychologie sexueller Leidenschaft*. Klett-Cotta Verlag.

─────. 2011（orig. english 2009）. *Intimität und Verlangen : Sexuelle Leidenschaft wieder wecken*. Stuttgart : Klett-Cotta Verlag.

瀬地山角. 2017.『ジェンダーとセクシャリティで見る東アジア』勁草書房.

社会実情データ図録「配偶者のセックスレスの割合」https://honkawa2.sakura.ne.jp/2265.html（2019 年 10 月 29 日閲覧）

篠田有子. 2004.『家族の構造と心──就寝形態論』世織書房.

汐見和恵. 2001.「現代家族における夫婦関係の変容──セックスレスの言説化をめぐる自明性の再考」（立教大学大学院社会学研究科博士課程）.『家族研究年報』26, 19–30.

Sigusch, Volkmar. 2002. Lean Sexuality. *Zeitschrift für Sexualforschung,* 15(02), 120–141.

─────. 2011. *Auf der Suche nach der sexuellen Freiheit*. Campus Verlag.

Simons, Jeffrey & Carey, Michael. 2001. Prevalence of Sexual Dysfuncions : Results from a Decade of Research. *Arch Sex Behav,* 30(2), 177–219.

Steele, Jeanne Rogge. 1999. Teenage sexuality and media practice : Factoring the influence of family, friends and school. *Journal of Sex Research,* 36(4), 331–341.

Stern.de. 2017. 'Warum Japans Sexlosigkeit auch Deutsche sorgen sollte.' https://www.stern.de/familie/sex-verzicht--in-japan-haben-immer-weniger-leute-sex-7354128.html（2019 年 10 月 22 日閲覧）

Sydow, Kirsten. 2015. *Sexualität in Paarbeziehungen*. Deutschland : Hogrefe Verlag.

高岡純子. 2009.「夫婦関係の変化」https://berd.benesse.jp/jisedaiken/research/pdf/research06_6.pdf（2019 年 10 月 30 日閲覧）

Ting-Toomey, Stella. 1991. Intimacy Expressions in Three Cultures: France, Japan, And the United States, International Journal of Intercultural Relations, 15, 1, 29-46; https://doi.org/10.1016/0147-1767(91)90072-O（2019 年 10 月 22 日閲覧）

とがめ. 2018.『実は私セックスレスで悩んでました』メディアファクトリー.

Tsuji, Rika. 2018. Sexless Marriage in Japan as Women's Political Resistance, Feminist Encounters. *A Journal of Critical Studies in Culture and Politics,* 2(2), 22.

筒井淳也. 2015.『仕事と家族——日本はなぜ働きづらく，産みにくいのか』中公新書.

露木幸彦. 2012.『みんなの不倫〜お値段は 4493 万円⁉』宝島 SUGOI 文庫.

————. 2014.『イマドキの不倫事情と離婚』祥伝社黄金文庫.

内田由紀子. 2013.「日本人の幸福感と幸福度指標」『心理学ワールド』60, 5-8. https://psych.or.jp/wp-content/uploads/old/60-5-8.pdf（2019 年 10 月 25 日閲覧）

Uchida, Yukiko & Oishi, Shigehiro. 2016. The happiness of individuals and the collective. *The Japanese Psychological Research,* 58(1), 125-141.

宇都宮京子. 2009.『よくわかる社会学第 2 版』ミネルヴァ書房.

Vogel, Suzanne Hall. 2012. Japanese Society under Stress: Diagnosis and Prescription. *Asian Survey,* 52(4), 687-713. Doi: 10.1525/as.2012.52.4.687.

渡辺ペコ. 2017.『1122』講談社.

Willett, Megan. 2013. 'Almost half of young Japanese women are not interested in Sex'. In *Businessinsider,* 22nd October 2013. https://www.businessinsider.com.au/young-japanese-arent-interested-in-sex-2013-10（2019 年 10 月 28 日閲覧）

The World Health Report（WHO）. 2019. https://www.who.int/reproductivehealth/topics/sexual_health/sh_definitions/en/（2019 年 10 月 20 日閲覧）

Wylie, Kevan. 2009. A Global Survey of Sexual Behaviours. *Journal of Family and Reproductive Health,* 3(2), 39-49.

山田昌弘. 2019.『結婚不要社会』朝日新書. 40.

山田昌弘・白河桃子. 2008.『「婚活」時代』ディスカヴァー・トゥエンティワン.

吉廣紀代子. 1994.『セックスレス・カップル』日本放送出版協会.

Zittlau, Jörg. 2014. *Wer braucht denn noch Sex？Warum wir es immer seltener tun-und warum das nicht so schlimm ist.* Gütersloher Verlagshaus.

【雑誌記事】

女性誌

「ひょっとして女が強くなりすぎたから⁉　セックスレス男，急増中」『コスモポリタン』2004 年 12 月号，100-108.

「もっと夫婦で LOVE LOVE しましょ！　ハッピー SEX ライフのススメ」『サンキュー！』2010 年 2 月号，126-128.

「話題の漫画で"レス"を解決！『セックスごぶさた』相談室」『からだにいいこと』2010 年 6 月号，92-95.

「男性 200 人，女性 139 人に緊急リサーチ。アンケートと体験談で判明——セックスレスの"実態"を完全調査。」『an・an』2010 年 11 月 10 日号 No.1733, 61-68.

「人生相談劇場」『婦人公論』2012 年 6 月 22 日号，53-57.

「世界的脳機能学者 Dr. の 120 歳まで生きれる！　超能力健康講座——みんな実は気になっている!?　セックスレスの解消法とは…」『週刊女性』2012 年 11 月 20 日号，72.

「壇蜜激白。セックスとセックスレスと権利と SM」『女性セブン』2013 年 3 月 28 日号 Vol. 12，141-143.

「私たち，しなくても幸せです」『婦人公論』2015 年 5 月 7 日号，114-117.

「OVER50 でもイケる！　SEX を死ぬまで楽しむコツ」『週刊女性』2016 年 11 月 22 日号 12/6 号，77-84.

「セックスレスになってからが本当の夫婦」『女性セブン』2017 年 8 月 17 日号，46-52.

男性誌

「200 人アンケート実施『ミドルよ，スローセックスを楽しもう』」『週刊現代』2005 年 12 月 3 日号，194-197.

「夫婦セックスレス——今夜からできる一発解消法はこれだ」『アサヒ芸能』2006 年 9 月号，56-58.

「早漏，精力減退，勃起不全，性の達人・アダム徳永が徹底アドバイス——熟年スローセックス実践講座」『週刊実話』2008 年 3 月号，7-18.

「夫婦のゲキジョー」『週刊ポスト』2009 年 7 月 17 日号 Vol. 41 Nr. 30，62-63.

「諦めてはいけない——心新たに再び SEX を楽しむ『方法と技術』」『週刊現代』2009 年 11 月 28 日号，182-167.

「ご無沙汰夫婦に捧げる——セックス再開法」『サンデー毎日』2010 年 11 月 28 日号，126.

「パートナーとの心とろけるつながりを！　40 代からの幸せセックス」『週刊朝日』2010 年 12 月 10 日号，136-137.

「熟年 SEX 講座。50 歳から妻とやり直すその方法」『週刊現代』2012 年 6 月 23 日号 Vol. 54 Nr. 23，164-167.

「痛快！　“超薄口”対談第 3 弾——川奈まり子・杉村太蔵『セックスレスの解消法教えます』」『週刊実話』2014 年 4 月 24 日号，217-219.

男性と女性が読む雑誌

「気になる社会の変質。男と女のゆらぐ関係」『アエラ』1992 年 7 月 14 日号 No. 28，74.

「セックスレスでも仲良し夫婦」『アエラ』2004 年 8 月 2 日号 Vol. 27 No. 56，18-19.

「No 家事・育児は No セックス！」『アエラ』2015 年 10 月 19 日号，24-25.

「日本人とセックス 500 人調査——セックスは好き。だけどできない」『アエラ』2016 年 10 月 24 日号 No. 46，10-19.

【CINII で掲載されているセックスレスに関する学術論文】（2021 年 7 月 9 日時点）

2021 年

パッハー・アリス，横山陸（訳）. 2021. 「家族は家族，愛は愛——日本におけるセックスレス現象と婚外関係について，ドイツ語圏との比較から（2010-2019）」『中央大学総合政策研究』（Japanese Journal of Policy and Culture）29，104-115.

2020 年

荒木乳根子. 2020. 「中高年のセクシュアリティ——これまでの研究から見えてきたこと」Journal of Japanese Society of Geriatric & Gerontological Behavioral Sciences, 25(0), 2-24.【医療】

2019 年

パッハー・アリス. 2019. 「2000 年代のセックスレス現象を日本の男性誌・女性誌はどう描いているの

か──解消法に注目して」『文学研究論集（明治大学大学院）』50, 147-167.【社会学】

2018 年

佐藤龍三郎. 2018.「少子化とセクシャリティ──日本人の性行動はどのように変わったのか」『中央大学経済研究所年報』51, 109-133.【社会学】【人口学】

川名好裕. 2018.「男女の愛情関係のスタイル──クラスタ分析」『立正大学心理学研究年報 2018』9, 1-14.【心理学】

スコブロインスキー ダリュシュ・ピオトゥル. 2018.「Couple Sex Therapy in the Japanese Context」『家族療法研究』35(1), 25-29.【医療】

政岡永佳, 赤松恵美, 池内和代. 2018.「夫に関する立ち会い分娩の効果と現状の把握：夫婦間親密性尺度を利用して」『高知大学看護学会誌』12(1), 49-57.【医療】

2017 年

稗田真由美, 宇津宮隆史, 矢島潤平, 大嶋美登子. 2017.「不妊クリニックにおけるセックスレス夫婦の初診時の生活充実感と夫婦関係コーピング方略について」『別府大学臨床心理研究』12・13, 2-7.【心理学】

パッハー・アリス. 2017.「Analyses of extramarital affairs in contemporary Japan: Life event, meaning of sex, identity」『文学研究論集（明治大学大学院）』48, 233-253.【社会学】

山本優美. 2017.「研修症例 醜い自分を愛せなかった女性との面接過程：現実との狭間で精神分析研究」 *The Japanese journal of psycho-analysis,* 61(4), 564-569.【心理学】

2016 年

パッハー・アリス. 2016.「Sexual Consciousness and Behavior of Men and Women in their Twenties in German-Speaking Countries: Comparison with Japanese Couples」『明治大学心理社会学研究』12, 113-133.【社会学】

2015 年

パッハー・アリス. 2015.「Why Couples are Getting "Sexless": Research on Sexual Consciousness and Sexual Behavior of the Japanese 30's」『文学研究論集（明治大学大学院）』43, 95-111.【社会学】

2014 年

荒木乳根子. 2014.「配偶者間のセックスレス化：2012 年調査で際立った特徴（2012 年・中高年セクシュアリティ調査特集号）──調査結果と分析」『日本性科学会雑誌』32(Suppl.), 7-21.【性科学】

田頭弘子. 2014.「セクシュアリティ（セックスレス，性交痛）特集お母さんを診よう：子育て世代の女性の健康問題に取り組む」『治療』96(2), 177-179.【医療】

Alice Pacher. 2014.「Why Couples are Getting "Sexless": Survey of Sexual Consciousness and Sexual Behaviour of 20's Japanese」『文学研究論集（明治大学大学院）』41, 69-82.【社会学】

2013 年

阿部輝夫. 2013.「セックスレス・カップル」『精神科』23(5), 510-516.【性科学】

荒木乳根子, 石田雅巳, 大川玲子［他］. 2013.「Sexuality of couples of middle and advanced ages, especially sexless issues: A comparison of two survey results」『日本性科学会雑誌』31(1), 27-36.【性科学】

阿部輝夫. 2013.「男性サイドの多様なセックスレス（公開講座の記録 臨床心理学とセクシュアリティ：親密性とその多様なあり方）」『東京大学大学院教育学研究科心理教育相談室年報』8, 11-22.【性科学】

2012 年

阿部輝夫. 2012.「シンポジウム セックスレスの中でも治療困難な性嫌悪症（第 32 回日本性科学会学
術集会）」『日本性科学会雑誌』30(1・2), 109-111.【性科学】

永尾光一，尾崎由美. 2012.「シンポジウム セックスレスに関する当センターでの取り組み（第 32 回
日本性科学会学術集会）」『日本性科学会雑誌』30(1・2), 99-102.【性科学】

金子和子，渡辺景子. 2012.「シンポジウム セックスレス今：性治療の現場から」（第 32 回日本性科学
会学術集会）」『日本性科学会雑誌』30(1・2), 95-98.【性科学】

2011 年

北村邦夫. 2011.「「女性の性」と生殖（特集 不妊診療のすべて）」『産婦人科治療』102(-), 459-465.
【性科学】

2010 年

信田さよ子. 2010.「家族をめぐる性とこころ──セックスレスという問題をめぐって（性とこころ
──女と男のゆくえ）（性と家族）」『L'Esprit d'aujourd'hui』521, 66-76.【社会学】

藤井省三. 2010.「現代シンガポール家族像における非婚とセックスレス──陳華彪小説集『スー
パー・チェーン・ボーイの物語』と梁智強監督映画『私のお役所時代』をめぐって（特集 映画に
みるシンガポールの家族・都市・国家）」『中国語中国文化』7, 184-193.【文学】

2009 年

森木美恵，松倉力也. 2009.「セックスレス夫婦の背景：社会・文化的要因に注目して」『日本性機能学
会雑誌』24(2), 204-205.【性科学】

2005 年

杉村由香理，北村邦夫，佐藤郁夫. 2005.「254 セックスレスの背景要因に関する研究（避妊，家族計
画 1，第 46 回 日本母性衛生学会総会 学術集会抄録集）」『母性衛生』46(3), 187.【性科学】

2001 年

汐見和恵. 2001.「現代家族における夫婦関係の変容──セックスレスの言説化をめぐる自明性の再考」
『家族研究年報』26, 19-30【社会学】

2000 年

石崎裕子. 2000.「現代日本社会における親密性の変容──「セックスレス・カップル」をめぐる雑誌
記事の分析を中心に」『日本女子大学大学院人間社会研究科紀要』6, 113-124.【社会学】

1998 年

阿部輝夫. 1998.「増え続けるセックスレス・カップル」『看護』50(8), 151-159.【医療・性科学】

阿部輝夫. 1998.「性と心身医学：男性の側面から」『心身医学』38(4), 247-257.【医療・性科学】

【補足資料】

インタビュー調査の資料

(1)聞き取り調査へのご協力のお願いに関する手紙

拝啓

　時下ますますご清祥のこととお喜び申し上げます。

　突然お手紙を差し上げる失礼をお許しください。

　私は明治大学大学院で臨床社会学を専攻しております，パッハー・アリスと申します。私はオーストリア・ウィーン出身で，2011 年にウィーン大学を卒業し，2012 年 4 月から明治大学で勉強をしています。

　さて，この度私は，これまでの研究を基に「セックスレスを生み出す性意識・性行動の変遷と現状」というテーマで博士論文研究に取り込むことといたしました。

　現在日本ではセックスレスの傾向が見られ，毎年，その数は増加しています。既存のデータ分析のみで学ぶのではなく，実際に日本の人々の性意識・性行動のお話をお聞きしパートナーがいる方，いない方それぞれのセックスレス現状を明らかにしたいと考えております。性についてなかなか話しにくいこともあると思いますが，答えたくない質問にはお答え頂く必要はありません。お名前はもちろん匿名扱いし，個人のプライバシーは完全に守り，調査結果を他人に知らせることは絶対にありません。

　つきましては，ご多忙のところ大変恐縮ではございますが，XX 様に直接お話を伺いたく思いますので，ご都合のよい時に一時間ほどお時間をいただきたいと願っております。ご協力賜わりますようお願い申し上げます。

　改めてご連絡をさせていただきますので，よろしくお願い申し上げます。

敬具

2019 年 XX 月 XX 日

明治大学大学院　文学研究科
臨床人間学専攻　博士後期課程 D3

(2)インタビューの質問項目

【全員への質問】

〈日常生活〉

Q1：あなたの年齢を教えてください。

Q2：あなたの職業はなんですか。

Q3：一日の就業（学業）時間はどれぐらいですか。

Q4：今までの結婚歴についてお答えください。結婚している場合，何年になりますか。

Q5：子どもはいますか。（何人ですか）

Q6：職業や学業，生活に必要な活動や睡眠を除いた余暇の時間は平日どれぐらいですか。

Q6.1：また，休日ではどれぐらいですか。

Q7：余暇の過ごし方を教えてください。

Q8：ご実家暮らしですか，それとも一人暮らしですか。

Q9：兄弟はいますか。

Q10：あなたと，家族との関係は良好ですか。

Q10.1：あなた以外の家族同士の関係は良好ですか。

Q11：親友とは週に何回会いますか。（親友：信頼でき，相談もできる相手）

Q11.1：同性，異性の親友の数は何人ぐらいですか。

Q11.2：その中で何人と深い話をすることができますか。

〈性意識・性行動〉

Q12：セックスの意味（１つ，または複数を選んでください）

1．愛情表現

2．触れ合い（コミュニケーション）

3．安らぎ

4．子どもを作るための行為

5．快楽

6．ストレス解消

7．義務

8．征服欲をみたすもの

　　9．不快・苦痛

　10．自分とは関係ないもの

　11．その他

Q13：セックスと愛の関係について，あなたの考えを教えてください。

Q14：セックスに関心がありますか。

（関心がある・どちらかといえば関心がある・どちらかといえば関心がない・関心がない）

Q15：あなたにとってのセックスという行為の重要度

（重要・どちらかといえば重要・どちらかといえば重要ではない・重要ではない）

→重要ではない・どちらかといえば重要ではない場合「セックスをしない理由について回答してください」

Q16：配偶者や恋人とセックスをする・した理由（答えは複数でも構いません）

　　1．愛情を表現するため

　　2．触れ合い（コミュニケーション）のため

　　3．安らぐため

　　4．子どもが欲しいから

　　5．性的な快楽のため

　　6．ストレスを解消するため

　　7．義務だから

　　8．相手を征服したいから

　　9．相手に求められるから

　10．相手に強要されるから

　11．なんとなく

　12．その人とセックスしたことがない

Q16.1：配偶者や恋人とセックスをしない・しなかった理由（答えは複数でも構いません）

　　1．性的な欲求を感じないから

　　2．性的な快感を感じないから

　　3．絶頂感に達することができないから

　　4．性的機能が衰えたから

　　5．性機能障害だから

　　6．相手に性的魅力を感じないから

7．セックスが嫌いだから

8．セックスに関心がないから

9．セックスに自信がないから

10．セックスが苦痛だから

11．相手に拒否されたから

12．セックスをする年齢ではないから

13．そのようなことはなかった

14．その他

Q17：あなたにとって不倫はありえますか，あるいはありえませんか。

Q18：あなたにとって風俗に行くことはありえますか，あるいはありえませんか。

Q19：あなたにとってセフレはありえますか。

Q20：どういった性教育をうけましたか。→その年齢と具体的内容を教えてください。

Q20.1：学校は男子校・女子校でしたか。

Q21：ご両親はあなたのまえでイチャイチャしたりすることはありますか，またはありましたか。

Q22：避妊はどのようにしていますか。

Q22.1：また，避妊の情報はどこから得ましたか。

Q23：AV は見ますか。

Q23.1：1 人で見ますか，それともパートナーと見ますか。

Q23.2：あなたが男性である場合：パートナーと付き合ってから，（既婚者の場合）または結婚後，出産後に AV を見る頻度に変化はありましたか。

Q24：セックスに関する話を恥ずかしがらずにオープンに話せる友達がいますか。（友達は異性なのか同性なのか）

Q25：あなたが男性の場合：オーストリアでは，彼女が産婦人科に行くときは彼氏も一緒に行くことが多いですが，あなたは産婦人科に行かれたことがありますか。

Q26：セックスについてオープンに話すことができますか。それとも恥ずかしいですか。

Q26.1：話せない場合：どうしてですか。

Q27：あなたにとってセックスは癒しですか。

Q27.1：癒しをどうやって求めていますか。（アニメ・スポーツ・ペット・マッサージ・エステなど）

※パートナーのいる方は Q28 へ，パートナーのいない方は Q69 へお進みください。

【パートナーがいる】

〈パートナーシップ〉

Q28：今のパートナーと付き合ってどれぐらいの期間になりますか。

Q29：どうやって今の相手と知り合いましたか。

Q30：パートナーのどこが好きですか。

Q31：今までの付き合った相手の数

Q32：今までのセックスしたことのある人の数（付き合いなしのセックスも含みます）

＊同棲している場合：

Q33：毎日，一緒に過ごす時間は何時間ぐらいですか。

Q33.1：家事の分担はどうしていますか。

＊同棲していない場合：

Q34：週に何回会いますか。

Q34.1：また，会う場合，どれぐらいの時間ですか。

Q34.2：そして会っている時間はどのように過ごしますか。

Q35：一緒に住みたいですか。

Q36：今のパートナーとの結婚願望はありますか。

Q37：結婚してから，パートナーとの関係は変わりましたか。

Q38：人生のなかで，次のどちらの方が大事ですか：パートナーとの関係か親友の関係。

Q39：パートナーに対して気を遣うことが多いですか。それとも自分らしくいられますか。

Q39.1：セックスに関して自分の意見をしっかりと言えますか。それとも無理をして，パートナーの行動・意見に合わせますか。

Q40：パートナーとのセックスの頻度はどれぐらいですか。

　　1．ほぼ毎日

　　2．週4・5回

　　3．週2・3回

　　4．週1回程度

　　5．月に2・3回

　　6．月に1回程度

　　7．2ヶ月に1回程度

　　8．年3・4回

　9．年1・2回

Q41：また，セックスの頻度に変化はありましたか。（付き合い始めてから，結婚後，出産後の変化など）

Q42：どちらからセックスをしようと誘いますか。

Q43：パートナーとセックスをする理由を教えてください。（答えは複数でも構いません）

　1．愛情を表現するため
　2．触れ合い（コミュニケーション）のため
　3．安らぐため
　4．子どもが欲しいから
　5．性的な快楽のため
　6．ストレスを解消するため
　7．義務だから
　8．相手を征服したいから
　9．相手に求められるから
　10．相手に強要されるから
　11．なんとなく
　12．その人とセックスしたことがない

Q44：パートナーとセックスについてオープンに話すのはどのような時ですか。その時，どんなことを話しますか。

Q45：パートナーがどういうセックスが好きなのか知っていますか。

Q46：あなたがどういうセックスが好きなのかパートナーは知っていますか。

Q47：セックスをする時，どちらがリードしますか。

Q47.1：それについてはどう思いますか。

Q48：セックスについてパートナーに不満を感じますか。

Q49：パートナーとのセックスの満足度はどれぐらいですか。（満足・どちらかと言えば満足・どちらかと言えば不満・不満）

Q50：パートナーと長い間会えない時，寂しいと感じることはありますか。

Q51：セックスについていろいろ工夫をしたり試したりしますか。（例えば道具を使う，体位を変える，下着を変えるなど）

Q51.1：「はい」の場合，どちらがそれを進めましたか。

Q52：パートナーが，自分よりももっとセックスをしたい場合，あなたはどういう反

応をしますか。

Q53：あなたがパートナーよりもっとセックスしたい場合，あなたはどうしますか。

Q54：パートナーとのセックスがあまり楽しくない場合，あなたはどうしますか。自分の不満の理由を明確に相手に伝えますか。

Q55：結婚後，あるいは妊娠後にセックスレスになった場合，あなたはどのように思いますか。

Q56：あなたが女性である場合：パートナーが AV を見ていたら，どう思いますか。

Q56.1：パートナーが AV に影響されていると考えられますか。

Q57：セックスを含めて，全般的なパートナーとの関係の満足度（満足・どちらかと言えば満足・どちらかと言えば不満・不満）

〈パートナー間でセックスレスである場合〉

Q58：セックスレスになったのは，付き合ってどれぐらいからですか。

Q59：セックスレスになったきっかけを教えてください。

Q60：セックスレスになる前，生活の変化はありましたか。セックスレスになってから，生活の変化を感じますか。

Q61：普段，パートナーと抱きしめあったり，キスをしたりするなどの行為はありますか。

Q62：セックスをしなくても，パートナーは満足だと思いますか。

Q63：パートナーとセックスをしなくてもあなたは満足ですか。

Q64：現在のセックスの状態を良い方向に変えるために，何か取り組んでいることはありますか。（例えば会話を増やす，セックスしたくなる雰囲気を作るなど）

Q65：パートナーが浮気していると思ったことはありますか。

Q65.1：「はい」だとすれば，どういう時にそう思いましたか。

Q66：セックスレス後，浮気について考えが変わりましたか。

Q67：他の人とセックスをしたいという願望はありますか。または想像することはありますか。

Q68：セックスレスになってから離婚したい・別れたいと思ったことはありますか。

※Q87 にお進みください。

【パートナーがいない】

〈パートナーシップ〉

Q69：いつからパートナーはいませんか。

Q70：パートナーと別れた理由は具体的になんですか。

Q71：今までの付き合った相手の数

Q72：今までのセックス経験の人数（付き合っていない人も含む）

Q73：パートナーが欲しいと思いますか。

〈理想の相手〉

Q74：どういう相手が理想か。

Q75：気に入った相手があなたの近くにいるとしたら，どういう行動をとりますか。また行動しない場合の理由を教えてください。

Q76：パートナーがもしいるとしたら，どれぐらいの頻度（週に何回か月に何回）で会いたいですか（理想）。

Q77：パートナーと一緒に住みたいのか（一緒に住むとしたらどれぐらい付き合ってから）。

Q78：結婚願望はありますか。

Q78.1：あなたは結婚を前提に恋人と付き合いますか。

〈パートナー間のセックス〉

パートナーがいるとしたら：

Q79：パートナーとのセックスの重要度（すごく重要・どちらかといえば重要・どちらかといえば重要ではない・重要ではない）→1つを選んでください

Q80：パートナーがいるとしたら，理想的なセックスの頻度はどれぐらいですか。

1．ほぼ毎日

2．週4・5回

3．週2・3回

4．週1回程度

5．月に2・3回

6．月に1回程度

7．2ヶ月に1回程度

　8．年3・4回
　9．年1・2回

Q81：パートナーがあなたよりももっとセックスしたい場合，あなたはどういう反応
　　　をしますか。
Q82：あなたがパートナーよりももっとセックスしたい場合，あなたはどうしますか。
Q83：パートナーとのセックスがあまり楽しくない・苦痛である場合，あなたはどう
　　　しますか。自分の意志を相手に伝えますか。
Q84：パートナーがいることを想像してください。喧嘩もせず，わりと仲よかった
　　　パートナーと結婚後や妊娠後にセックス頻度が段々減り，セックスレスになりつ
　　　つあるとします。どう思いますか？（不満・どちらかといえば不満・どちらかと
　　　いえば満足・満足）。
Q85：あなたが女性である場合：パートナーがAVを見ていたら，どう思いますか。
Q86.1：あなたが男性である場合：AVを週に何回ぐらい見ますか。
Q86.2：パートナーがいたとしても，AVを見ると思いますか。
Q86.3：パートナーと付き合うと，AVを見る頻度は変わると思いますか。

【全員への質問】

〈過去のパートナーについて〉

Q87：パートナーとはセックスについてオープンに話しましたか。
Q88：パートナーとのセックスについての会話頻度（よく話した・たまに話した・
　　　めったに話をしなかった・全く話をしなかった）
Q89：セックスについてパートナーに不満を感じましたか。
Q90：パートナーとのセックスの満足度はどれぐらいでしたか。（満足・どちらかと
　　　言えば満足・どちらかと言えば不満・不満）
Q91：セックスについていろいろ工夫をしたり試したりしましたか。（例えば道具を
　　　使う，体位を変える，下着を変えるなど）
Q91.1：「はい」の場合，どちらがそれを進めましたか。
Q92：子どもがいる場合：過去のパートナーは子どもの世話をどのくらいしましたか。
　　　家事の手伝いなどはどうしていましたか。
Q93：出産後，セックスに対する興味やセックスに対する意識は変わりましたか。変
　　　わった場合，具体的に教えてください。

※男性は Q104 へお進みください。

〈出産を経験したインフォーマント〉

Q94：出産後と出産前で変わったことについて。

Q95：産まれた時の赤ちゃんの状態（普通，弱かったのかなど）

Q96：会陰切開をしましたか。どれぐらいの期間まで痛かったのか。

Q97：夫は出産の時に立ち合いましたか。

Q98：授乳期間とその変化。

Q99：出産後の体の変化はいかがでしたか。（例えば骨盤の変化など）

Q100：夫は育児をどれぐらい手伝っていますか。

Q101：結婚後にお互いの役割が変化しましたか。それについて不満を感じますか。

Q102：自分の「女」としての意識の変化の有無。夫にとっての「女」の意識は変わりましたか。

Q103：夫は自分のことを「女」として見ているのか，「母」として見ているのかを具体的に教えてください。

〈婚外恋愛・性風俗産業について〉

＜現在の関係性＞

Q104：結婚して何年目ですか。

Q105：子どもはいますか。（何歳）

Q106：どこで相手と知り合いましたか。

Q107：相手とはどのぐらい知ってから結婚しましたか。

Q108：なぜその相手と結婚しようと思いましたか。（選んだ基準）

Q109：結婚生活に満足していますか，満足していませんか。詳しく説明してください。

Q110：相手への愛情について

＜配偶者以外の異性との付き合い＞

Q111：どのような付き合いですか。（恋愛のみ，セックスのみ，長期間の関係性，1回きりなのかなど）

＜意識について＞

Q112：自分が配偶者以外の異性と親密な付き合いをすることについて

　　1）性的な関係がないなら構わない

　　2）家庭に迷惑がかからないなら構わない

　　3）家庭に迷惑がかかっても仕方がない

　　4）付き合うのが自然だ

Q113：相手も婚外恋愛していいのかどうか。

Q114：婚外恋愛の経験はありますか。（過去か現在）

Q115：婚外恋愛の相手とはどのように知り合いましたか。

Q116：相手は既婚者ですか，未婚者ですか。

Q117：相手は子どもがいますか。

Q118：結婚して何年目に婚外恋愛をしましたか。

Q119：その相手との付き合いはどのぐらいになりますか。

Q120：婚外恋愛を始めたきっかけはなんですか。

Q121：婚外恋愛を始めた頃，家庭の状況はどうでしたか。→具体的に話してください。

Q122：あなたにとって婚外恋愛のセックスはどのような意味を持ちますか。

Q123：あなたにとって夫婦間のセックスはどのような意味を持ちますか。

＜行動について＞

Q124：夫婦間ではセックスはしますか。

Q125：夫婦間と婚外恋愛のセックスの違いはなんですか。

　　1）身体的な触れ合い

　　2）コミュニケーションの取り方，セックスへの願望の伝え方

　　3）性交渉，前戯にかける時間

　　4）肉体的な満足度

Q126：相手と過ごす時間の質の違い

Q127：夫にバレないようにどのような工夫をしますか。

＜性風俗について＞

Q128：性風俗に通うきっかけはなんですか。

Q129：婚外恋愛も経験したことはありますか。

Q130：夫婦間のセックスでは得られないが，性風俗で得られるものはなんですか。

《著者紹介》

パッハー・アリス（Alice L. Pacher）

2010 年　ウィーン大学日本学専攻卒業
2011 年　明治大学大学院文学研究科臨床人間学専攻臨床社会学専修博士前期課程修了
2020 年　明治大学大学院文学研究科臨床人間学専攻臨床社会学専修博士後期課程修了
　　　　　博士（人間学）
現在，明治大学文学部助教

《主要業績》

Working environment and childbirth: An exploration of sexual inactivity in contemporary Japan, (*Environment and Sustainable Development,* Routledge India, 2022)

「新型コロナ感染症流行下での日本人のセクシャリティとカップル関係の関係性―― 2020 年，2021 年の調査結果の分析から」（『明治大学心理社会学研究』第 17 号，27-47，2021 年）

Selected Aspects of Couple Functioning in Poland and Japan During COVID-19 Pandemic (*Studia Edukacyjne,* Nr. 63, Uniwersytet im. Adama Mickiewicza w Poznaniu, 2021)

Familie ist Familie, Liebe ist Liebe": Sexuelle Inaktivität und außereheliche Beziehungen in Japan im Vergleich zum deutschsprachigen Raum (2010-2019), 2021 （横山陸訳 *Japanese Journal of Policy and Culture,* Chuo University, Vol. 29, 89-115, 2021)

したいけど，めんどくさい
日本のセックスレス現象を社会学する

2022年5月30日　初版第1刷発行　　＊定価はカバーに
　　　　　　　　　　　　　　　　　　表示してあります

著　者　　パッハー・アリス©

発行者　　萩　原　淳　平

印刷者　　江　戸　孝　典

発行所　株式会社　晃　洋　書　房

〒615-0026　京都市右京区西院北矢掛町7番地
電話　075(312)0788番(代)
振替口座　01040-6-32280

装幀　安藤紫野　　　　　印刷・製本　共同印刷工業㈱

ISBN978-4-7710-3593-5